# 무명교회전*

말씀대로 길을 걷는 작은교회 분투기

# 무명교회전 ★

말씀대로 길을 걷는 작은교회 분투기

**초판 1쇄 발행** 2021년 11월 10일

**지은이** 현상웅 최종학 김진호 김민수 윤용

**펴낸이** 윤용
**펴낸곳** 도서출판 세미한

**책임편집** 강기원
**교정교열** 박선왜

**이미지 출처** 게티이미지뱅크

주  소  경기도 화성시 10 용사로 221, 105동 1208호
전  화  010-4475-4015  팩 스  0504-325-4015
메  일  yyipsae@daum.net 페이스북 facebook.com/yyipsae

**출판등록** 제2019-00006호
I S B N  979-11-967304-6-8  03230

ⓒ 현상웅 최종학 김진호 김민수 윤용, 2021

# 무명교회전 <sup>*</sup>

말씀대로 길을 걷는 작은교회 분투기

현상웅, 최종학, 김진호, 김민수, 윤용 지음

세미한

• **먹어야 사는 인생, 참으로 광야다.** 그곳에는 별 볼 일 없다. 별것 없다. 그래서 막막하고 밋밋하다. 화려하고도 열광적인 것은 도회지와 대형 공간에 있다. 아무것도 없지만, 단 하나가 있다. 바로 하나님이다. 하나님의 원초적 사랑과 찐 만남이 있다. 저자들의 삶이 그야말로 광야다. 대단한 성취도, 내세울 만한 업적도 없다. 그냥 작고 이름 없는 교회 목사들의 애잔하고 쓸쓸한 분투기이다. 그러나 광야의 요한처럼, 언젠가 도래할 하나님 나라를 준비하는 이들의 이야기다. 홀로 높지 않고 함께 한 발을 내딛는 작은 자들의 노래다. 이 책 속에서 광야에서 지쳐 잠든 엘리야를 일깨우는 한 마디가 들린다. "일어나서 먹어라." • 김기현 목사(로고스서원 대표, 『내 안의 야곱 DNA』, 『모든 사람을 위한 성경묵상법』 저자)

• **혼자인 것 같았습니다.** 교회를 사랑했고, 교회가 아팠기에 벗은 발로 교회를 나와 다시 교회를 일궈보겠다고 했던 그때. 울창했던 나무들이 시들어 보였고, 생명을 다한 숲 한복판에 서 있는 것 같았습니다. 고개를 떨구고 하염없이 울었고, 걸었습니다. 그러다 멈춰선 자리, 수많은 새싹이 연두색 빛을 발하며 새로이 자라나고 있었습니다. 생명이 다한 숲이라고 생각했는데, 다시 또 바닥에서는 생명이 움트고 있었습니다. 교회 개척을 하면서 만난 무수한 작은 교회와 무명의 목회자들이 그날 제가 발견한 새로운 생명이었습니다. 제 마음속 다시금 기쁨과 기대가 차올랐습니다. 함께하면 다시 숲을 이룰 수 있겠구나!

우연한 계기로 지난 6개월, 가장 가까이에서 이 책이 쓰이고, 엮이는 것을 보았습니다. 참여하신 분들이 대부분 전문 작가가 아니기에, 진솔히 그리고 겸손히 글을 적어 내려가셨습니다. 이 책이 나와도 될까? 내 글이 세상에 도움이 될까? 하는 마음들을 나누셨습니다. 저는 제가 발견한 그 희망을 이 책을 통해 발견할 분들이 많을 거라고 말씀드렸습니다. 사실 가장 흔한 무명교회 이야기입니다. 어쩌면 가장 흔한 동네의 목회자들 이야기입니다. 그러나 그곳에서 찾을 수 있는 무언가가 있습니다. 고개를 조금만 숙이면 됩니다. 이 책은 그런 기대를 찾고 있는 분들께 어울립니다. • 김병완 목사 (우리가꿈꾸는교회 담임)

• **교회에 대한 이야기가 많다.** 하지만 교회 이야기는 없다. 교회에 대한 이야기는 '교회 성장론'에 감춰져 있다. 이렇게 했더니 교회가 커졌다, 성장했다, 잘 됐다 그러니 이렇게 하라. 마치 교회의 프랜차이즈화를 권하듯이 말이다. 교회 이야기, '교회론'을 품고 있는, 고유의 이야기들이 그리운 시절을 보내고 있다.

이 책『무명교회전』은 그런 마음을 달래준다. 성장이라는 이름으로 자라는 교회가 아닌, 고유의 교회론이란 색을 갖고 있는 교회 이야기다. 다 읽고 나면, 검색해도 나오지 않는 혼자만 알고 있는 동네 맛집을 알게 된 것 같은 뿌듯함이 밀려온다. 홍수처럼 넘쳐나는 교회에 관한 이야기 속에서, 부디 이 교회 이야기가 잘 살아남아 무지개를 만날 수 있길 바라며 기쁘게 추천한다. • 김정주 전도사(『안녕, 기독교』, 『파전행전』 저자)


• **교회가 망해가는 시대**, 목회가 어려운 시대라고 합니다. 굳이 통계수치를 들춰보지 않아도 누구나 그 사실을 압니다. 그러나 여전히 우리 동네 골목 골목에는 구수한 복음의 밥 내가 풀풀 나는 따스한 교회들이 살아있습니다. 기적 같은 부흥이나 인생 역전, 누구나 감탄할만한 새로운 유형의 교회는 아닐지라도, 이 이름씨 없는 교회들의 소박한 이야기들은 매일 먹어도 질리지 않는 우리네 집밥 같이 오늘도 누군가의 생명을 살리며 작은 기쁨을 나누고 있습니다. 평범해 보이는 이야기들 속에 치열한 전쟁이 있고, 뜨거운 가슴이 있고, 누군가를 위한 눈물이 있습니다. 그리고 이 이야기는 오

늘도 복음을 위해 하루하루를 살아내는 작은 교회, 바로 우리들의 이야기입니다. • 박종현 목사(전도사닷컴 편집장)

• 이 글들은 개척교회와 미자립교회를 이끌어가시는 목사님들이 눈물과 땀으로 쓴 고군분투 목회일기입니다.

재정적 어려움으로 마음이 무너질 때 하나님을 붙들고 씨름할 수밖에 없는 가난한 목회자, 가진 것은 없어도 다른 어려운 교회와 선교지를 도와주기 위해 자기 살을 내어놓는 무명의 교회들, 한 영혼을 붙들고 밤낮으로 씨름하는 목회자들의 이야기입니다. 복음이 삶의 현장에서 부딪히게 될 때 일어나는 많은 에피소드를 중심으로 수많은 교회가 널려 있는 이 땅 위에 내가 왜 또 하나의 교회를 세워야 하는지, 나는 어떤 목회를 해야 하는지에 관한 개척 목사님들의 치열한 고민이 고스란히 담겨 있습니다.

앞길이 한창인 젊은 청년이 왜 고달픈 목사의 길로 들어섰는지, 왜 저렇게 고생하면서 개척하려고 하는지, 목사는 어떤 삶을 살고 있는지 들여다보게 해주는 개척 목사님들의 목회일기입니다. 현실에 안주하지 않고 하나님께서 맡기신 사명을 위해 새로운 시도를 하며 영적 블루오션을 개척하며 나가는 열정의 비전 메이커들이신 목사님들을 응원합니다. • 백상욱 목사 (요한서울교회 담임)

• 코로나19로 말미암아 온 세상에 이제까지 보지 못했던 큰 변화가 일어났습니다. 교회도 그 변화의 중심에서 예배, 선교, 교육,

만남의 모든 분야가 속절없이 무너졌습니다. 그리고 어떻게 당면문제를 해결해 나가야 할지 그 해법을 찾아가기 어렵기만 합니다. 모든 것이 위축된 상황을 당연히 여기는 때에, 자신에게 맡겨진 사랑하는 교회를 지켜가는 이들의 모습을 이 책을 통해 보게 됩니다. 어려운 여건과 환경이지만 자신의 은사를 중심으로 교회가 무엇이며, 그리스도인이 누구인가를 실제로 보여주고 있습니다.

글씨를 통해 사람의 습관을 보고, 글을 통해서 그 사람의 생각과 신앙을 보게 되는데, 저자들은 자신의 신앙과 삶의 현장에서 치열하게 거둬들인 열매들을 진솔하게 꺼내고 있습니다. 어려운 시대에 무명교회들의 치열한 사투가 담긴 이야기를 통해 교회가 나아가야 할 방향과 목회자로서의 바른 삶의 모습을 엿볼 수 있어서 감히 이 귀한 책을 추천합니다. • 이도행 목사(전곡성결교회 담임)

• **어떤 책은 머리로 읽고, 어떤 책은 성공을 위해 읽는다.** 그러나 삶을 변화시키는 것은 마음을 움직이는 글이다. 『무명교회전』은 사역자 스스로 교회가 되기 위해 혼신으로 발버둥 치시고 계신 다섯 분의 목회자 이야기를 담고 있다. 책을 읽는 내내 목사인 내 가슴에 그간 그들이 흘렸던 땀과 눈물이 계속 밀고 들어왔다. 한 번 잡은 책을 놓을 수 없었다. 가물어 갈라진 죽은 한국교회라는 이미지에 생수를 부어 다시 부드러운 토양으로 일구시는 하나님의 손을 볼 수 있었다. 교회가 조직이 아니고, 목적이, 성공이 아니라는 숱한 슬로우건 보다 한 분 한분의 갈등하며 순종하는 인간 그대로의 모

습과 순종 가운데 잔잔히 그러나 분명히 일하시는 하나님의 손길을 보았다. 정말 교회다운 교회를 갈망하시는 성도님들에겐 기쁨과 위로를 주는 책이고, 목회 열정이 시들어가는 사역자들에겐 초심으로 돌아갈 마음을 일으킬 생수 같은 이야기다. 이 책의 일독을 강력히 추천한다. • 이승제 목사(엠씨넷대표, 가까운교회 담임)

•『무명교회전』이라는 제목이 붙은 책의 원고를 추석 연휴 기간에 읽었더랬습니다. 사실 부담이었습니다. 숨 가쁘게 돌아가는 사역에서 잠시라도 벗어나 좀 쉬려고 했건만…. 그런데 읽어가면서 흠뻑 몰입되고 말았습니다. 다섯 목사님이 각자의 교회를 목회하면서 온몸과 마음으로 경험하고 깨달은 이야기를 읽으면서 때로는 공감하고 때로는 부끄러움을 느끼며 강한 도전을 받았습니다. 술술 잘 읽혔지만, 결코 가볍지 않은 이야기는 지금의 내 목회를 돌아보게 했고 청년 시절, 저를 목회자로 부르신 하나님 앞에 다시 저를 세우기에 충분했습니다. 결과적으로 이 글을 읽게 된 것은 제게 그 무엇보다 훌륭한 '추석 선물'이었습니다.

다섯 목사님은 서로 사역하는 지역도 다르고 교회의 상황이나 배경, 심지어 교단도 달랐습니다. 그런데도 이분들을 하나로 묶어주는 것은 책의 부제에서 말하고 있듯이 하나님 '말씀대로 길을 걷는' 목회라는 것입니다. 오늘날 많은 목회자가 다양한 소스에서 잘 되는 길만을 찾을 때 이분들은 우직하게 말씀에서 길을 찾으며 말씀의 길을 걷고 있었습니다. 그것이 저를 감동시켰고 희망을 보게 하였습니다. 『무명교회전』이라는 제목을 붙였지만 이 교회들과 목사님들은 사도 바울의 표현처럼 무명한 것 같지만 하나님께 유명한 자임에 틀림이 없다고 생각합니다. 책이 제게 그랬듯이 미래의 모든 독자에게 귀한 선물이 될 것을 믿으며 기쁜 마음으로 추천합니다.

• 이재기 목사(사랑빛는교회 담임, 성서침례대학원대학교 교수)


9 무명한 자 같으나 유명한 자요 죽은 자 같으나 보라 우리가 살아 있고 징계를 받는 자 같으나 죽임을 당하지 아니하고 10 근심하는 자 같으나 항상 기뻐하고 가난한 자 같으나 많은 사람을 부요하게 하고 아무 것도 없는 자 같으나 모든 것을 가진 자로다(고후6:9~10)


• **책을 읽는 내내 계속해서 맴돌았던 성경 구절입니다.** 이 책은 무명의 교회를 섬기는 무명의 목사들이 쓴 교회에 대한 묵상입니다. 여러 목회자의 공저이기 때문에 각 저자의 다른 사역과 가치관, 다른 생각과 문체를 경험하는 시간이었습니다. 분명한 것은 이 책의 모든 글은 책상에 앉아 머리로 쓴 글이 아니라는 것입니다. 여기에는 한국교회 대부분을 차지하는 작은 교회들, 그 교회를 전심으로 섬기는 목회자들의 사명과 미소와 탄식과 눈물이 들어 있었습니다. 그리고 그 모든 것 위에 그 모든 것을 가능하게 하는 '하나님의 은혜'가 있습니다. 이 이야기들이 저자들만의 이야기가 아니라는 생각도 들었습니다. 오늘도 신실하게 주님의 교회를 섬기는 많은 이들, 무명의 저자들은 바로 그 모든 분을 대표하는 이들이었습

니다.

　이렇게 살면, 이렇게 목회하면 앞으로도 이분들은 유명해지기 어려울 것 같습니다. 이분들이 걷는 길을 따라 걷겠다는 이도 별로 없을 겁니다. 그러나 우리의 주인 되신 하늘 아버지 앞에서 이 길을 걷는 이들은 유명하고, 살아 있고, 죽임당하지 않고, 항상 기뻐하며, 많은 사람을 부요하게 하고, 모든 것을 가진 자일 것입니다. 참 좋은 교회, 참 좋은 목회자, 참 좋은 성도 이야기를 읽었습니다. 당신을 이 빛나는 교회 이야기로 초대합니다. • 조영민 목사(나눔교회)

# 교회는 무엇일까?

교회의 형성 이후 우리는 끊임없이 질문하며 되묻는다. 이미 교회에 대한 정의와 의미가 성경을 통해 드러나 있지만, 시대를 살아가는 우리에게는 끊임없이 고민이 되는 지점이다. 마치 한 사람의 삶 속에 세부적으로 일어나는 수많은 일들에 대해 일일이 답을 구하는 것과 같다.

특히나 시대의 흐름 속에서 다양한 문화와 생활의 변화 가운데 더욱더 교회의 의미와 역할에 대해 고민할 수밖에 없다. 지금의 경우에는 교회가 도리어 세상의 비판과 비난의 중심부에 있게 되었다. 이와 반대로 역할과 영향은 주변부로 밀려난 듯한 모양새다.

이런 시대적 소용돌이 속에서도 교회는 존재한다. 당연히 본연의 의미와 역할을 붙잡고 씨름한다. 하나님의 살아계심과 역사하심

가운데 순종하며 따르는 이들이 연합하여 함께 걸어간다. 만물을 충만케 하시는 하나님의 은혜 안에서 지금도 교회는 세워지고 있다. 하나님은 지금도 믿음의 백성들을 통해 교회를 세워 가신다. 각자의 서로 다른 길 위에 치열하게 고민하며 씨름하는 교회의 모습이 보인다.

고민과 갈등의 태풍이 목회 현장 속에 불어왔다. 무너질 듯한 고통의 쓰라림 속에서 우리의 걸음과 방향을 점검하기 시작했다. '우리는 잘 걸어가고 있는가. 우리는 바르게 감당하고 있는가.' 각자의 자리에서 서로 다른 사역들을 감당하면서도 교회를 고민하며 하나님의 뜻을 구하던 이들이 이야기 보따리를 풀어놓았다. 부족하고 연약한 걸음이지만 하나님의 부르심 앞에서 씨름하던 일들을 기록하기로 했다.

거창한 거대 담론이나 쌈박한 해결점을 제시하기 위한 책이 아니다. 예리한 분석이나 치밀한 전략을 말하는 내용도 아니다. 단지 시대의 힘겨운 언덕 위에서 바른길이 무엇인지를 고민하며 눈물과 웃음으로 써내려간 이 시대 교회 리포터다. 교회에 대한 획일적인 의미와 역할이 아닌 다채로운 모습들로 인해 더욱 아름다울 수 있다. 마치 꽃밭의 풍경같이 서로 다른 색깔과 크기와 모양들이 함께 어우러져 아름다운 조화를 이루는 것 같다.


어떤 내용은 공감하면서 어떤 내용에는 의문을 품을 수도 있다. 때론 피식 웃으며 함께 기뻐하면서도 금세 울컥하는 마음에 눈물을 훔치며 가슴 아파할 수도 있다. 다만 이런 실제적인 이야기가 필요했었다는 사실을 느낄 것이다. 향방 없이 달리며 역주행하는 자동차만큼 위험한 것도 없다. 잠시 멈추어 방향을 점검하는 짧지만 깊은 호흡이 되길 소망한다.

성경과 역사를 통해 정의된 교회만큼이나 각 시대의 교회에 관한 정의도 필요하다. 이론과 생각으로 정의된 교회의 의미와 역할을 넘어 현장 속에서 치열하게 살아 내온 교회도 나눌 수 있어야 한다. 건물로서의 교회를 넘어 하나님 나라의 백성들이 말씀 안에서 낯선 길을 함께 울고 웃으며 새로운 플랫폼을 형성하고 있다. 하나님의 섭리와 경륜을 신뢰하며 '지금, 여기'에서 온전한 교회로 세워지기를 기대한다. 기꺼이 기쁨으로 교회가 되어가길 소망한다.

책의 구성은 다섯 명의 목회자가 각자 시간 속에서 교회에 관해 고민하고 느끼며 표출했던 이야기를 묶은 것이다. 각자의 목회자가 너무나 색다르게 사역과 삶을 걸어왔지만 결국 '교회가 무엇인가?'라는 질문에 답한 내용이다. 우리는 이렇게 고백한다. '교회는 말씀으로 충분한 곳이다. 교회는 하나님 나라의 시식 코너다. 교회는 낯선 여행이다. 교회는 함께 울고 웃는 곳이다. 교회는 플랫폼이다.' 당신은 어떻게 고백하겠는가.

- 2021년 9월 김민수 목사

# 차례

## 1장

# 교회는 하나님 나라의 '시식코너'다
– 현상웅 목사

쌍욕을 했다
안테나를 세우다
죄떨이를 심었다

# 2장

# 교회는 플랫폼이다

– 최종학 목사

추탕 한 그릇에 사랑을 싣고
갑작스런 초대
월동 준비의 필수템
마을 사람으로 거듭나다
아빠, 오늘은 아들 병원 심방 좀 하세요
나를 숨쉬게 하는 사랑

**4장**

# 교회는 낯선 여행이다
– 김민수 목사

# 5장

# 교회는 말씀이면 충분하다

## - 윤 용 목사

# 교회는 하나님 나라의 '시식코너'다

먼저 맛보다
함께 맛보다
맛을 보이다

# 현상웅 목사

아직도 비틀거리며 주를 따라가는 제자이자 벧엘성서침례교회의 성도들을 섬기며 함께 걷는 사람이다. 혼자서도 목회를 잘할 줄 알았지만 그 생각이 틀렸다는 것을 깨닫고 열 마디 말보다 한 번의 행동을 하려고 애쓰고 있다. 하나님의 사랑으로 생명을 살리는 교회가 되는데 작은 밑거름이 되기를 소망한다.

어느 날. 갑자기 일상이 휴거 되었다. 지상에 남은 것은 혼란뿐이었다. 교회가 어느새 민폐가 되었다. 예수의 가르침과 너무도 다른 모습이었다. 예수께서는 하나님 나라의 백성 된 자들은 빛으로 소금으로 살아야 한다고 말씀하셨다. 나는 이를 빛과 소금의 활동성, 즉 '행함'을 강조하는 것이라 본다. 그러면 교회로서 어떻게 행해야 하는가?

　'예수의 맛을 보여주는 시식 코너로 살아가자.'

　앞으로 이어질 짧은 글들은 시식 코너로 살아가고자 발버둥 치는 나와 우리 교회의 모습이다. 정말 정말 대단한 것은 없다. 작고 작은 하나의 몸짓에 불과하다. 누구나 할 수 있고 하고 있는 일들이라 보여주기 부끄럽기까지 하다. 하지만 별거 아닌 것을 보며 누군가는 '나도 잘하고 있구나'라며 위로를 얻고 더욱 힘낼 수 있기를 소망하며 글을 썼다.

# ① 먼저 맛보다

## 눈깔사탕이 시작일지도

숨이 막혀 왔다. 눈물이 차올랐다.

'이렇게 죽는 건가?'

결혼한 지도 얼마 안 됐고 아직 아들은 간난 아기인데. 무조건 살아야겠다는 생각만 들었다. 목에 걸린 눈깔사탕을 빼내야 한다는 생각뿐이었다. 아무리 힘을 써도 나오지 않았다. 더군다나 운전 중이었다. 달리는 차 안에서 의식은 흐려오고 도와줄 사람은 없었다. 정말 숨이 넘어가기 직전이었다. 목의 기도가 막히자 나도 모르게 하나님을 향한 기도가 튀어나왔다.

'주님, 살려만 주시면 주님이 원하시는 길로 갈게요.'

인간의 본능이었을까? 나도 모르게 주님께 불경스러운 거래를 하고 있었다. 그때, 갑자기 '컥!' 하고 눈깔사탕이 목 밖으로 튀어나왔다. 누가 하임리히법(질식한 환자의 목에서 이물질을 제거하는 데 사용되는 응급처치법)으로 있는 힘껏 복부를 눌러 준 것도 아닌데 목이 '컥' 하니 '툭' 하고 튀어나왔다. 지금까지 살면서 경험한 기도 응답 중 제일 빠른 응답이었다. 얼마나 극적인 응답이었는지 평생 잊을 수 없는 기적이다.

그날 이후, '그날을 감사하고 그 기도를 날마다 기억하며 살았더라...' 하고 해피엔딩으로 끝나면 좋았으련만. 며칠 만에 평생 잊을 수 없는 기적을 잊어버리고 살았다. 마치 출애굽 한 이스라엘 백성이 홍해가 갈라지고 구름 기둥 불기둥을 보고도 하나님을 잊고 살았던 것처럼. 그렇게 하루하루 시간이 흘러갔다.

당시 난 총신대 교회음악과에서 성악을 전공하고 있었는데 어느 날 성대에 이상이 생겼다. 사탕 사건 이후 별문제 없다고 생각했었는데 목이 다쳤었다. 처음에는 그냥 별거 아니라고 생각했다. 점점 목소리가 잘 안 나기 시작했다. 소리를 찾아보려고 연습을 하면 할수록 더 정확한 음정을 낼 수 없게 되었다. 결국, 노래를 할 수 없는 상황이 되었다. 그렇게 나는 성악을 전공하는 음치가 되었다.

덕분에 3학년 기말시험을 완전히 말아 먹었다. 실기 시험을 봤는데 노래를 잘하고 못하고를 떠나 음정 자체가 엉망이었다. 아마 '너의 목소리가 들려'라는 프로그램에서 음치 출연자가 노래 부르는 모습이었을 것이다. 뭔 일인가 웅성거리시던 교수님들의 모습이 기억난다. 내 아버지가 교수였다 해도 도저히 점수를 줄 수 없는 상황이었다. 이건 100% 낙제 각. 그때! 구세주가 나타났다. 다행히 나의 상황을 알고 계셨던 소프라노 김애엽 선생님이 교수님들에게 설명을 해주셨다. 교수님의 중재로 간신히 F를 면했다. 이것도 잊을 수 없는 기적이었다.

어쩔 수 없이 휴학을 했다. 노래를 전혀 할 수 없었으니 학교를 다니고 싶어도 다닐 수 없었다. 선택지가 없는 선택이었다. 휴학 중 모교회에서 찬양제가 있었다. 한 뿌리 다섯 교회(노량진교회와 이 교회에서 분립한 상도교회, 송학대교회, 봉천제일교회, 남현교회)라고 모 교회와 형제 교회들이 일 년에 한 번씩 모이는 행사였다. 찬양을 못 하고 있었던 나는 연합성가대의 찬양을 듣고만 있었다. 솔리스트가 나왔다. 나와 같은 테너다. 조효종? 처음 듣는 이름이었다. 이름만큼 신선한 아름다움이었다. 너무 좋아하는 목소리, 닮고 싶은 목소리였다. 모든 순서가 끝났다. 마치 침례(세례)를 받고 성령에 이끌려 광야로 나가신 예수님처럼, 나도 무언가에 이끌려 솔리스트 대기실로 향했다. 어느 순간 그 목소리 앞에 섰다. 그렇게 부끄러움 많은 내가 처음 보는 분께 노래를 가르쳐 달라고 부탁했다. 아마 엄청나게 놀라셨을 것이다. 감사하게도 생각해 보겠다고 했다.

결국, 레슨을 받게 됐다. 덕분에 발성도 많이 자리가 잡혔고 소리도 어느 정도 돌아왔다. 감사하게 복학도 했다. 놀라운 일이 벌어졌다. 내가 복학한 그 학기부터 조효종 선생님이 총신대 강사로 오게된 것이다. 아직 소리가 회복되지도 않아 완전히 잡힐 때까지 학교에 다니며 따로 레슨을 받아야 할지 고민하던 차였다. 그런데! 선생님이 학교로 오셨다니! 이건 있을 수도 없고 잊을 수도 없는 기적이었다.

어느 순간 인간적인 계산을 하게 됐다. 유학을 꿈꿨다. 교회음악을 계속하기 위해 신대원 생각도 있었다. 유학을 꿈꾼 것, 신대원에 갈 생각을 한 것이 왜 인간적인 생각인지 의문이 드는 분도 있을 것이다. 왜냐, 전혀 소명이 아니었기 때문이다. 평신도보다는 목사가 교회음악을 하는 데 유리하겠다는 아주 인간적인 생각이었다. 총신대 신대원을 나왔다고 하면 일단 교단 내에서는 먹고(?) 들어가겠다는 악한 생각이었다. 당시 타과 무시험전형으로 소수를 뽑았기에 총신 신대원에 어렵지 않게 들어갈 수 있는 길이 보였다.

같은 시기에 나는 두 교회를 섬기고 있었다. 모 교회와 장인어른이 시무하시는 교회. 모 교회에서는 주일 1부 예배 성가대로 섬기고 다른 교회에서는 학생부 선생님으로 섬겼다. 새벽 다섯 시 반에 일어나 저녁이 되어서 들어오는 살인적인 스케줄이었다. 주일이 너무 피곤했다. 신경은 날카로워져 있었고 빨리 집에 가고 싶은 마음뿐이었다. 그러나 당시 학생부 전도사님이셨던 오상권 목사님은 나를 붙잡아 두고 밥을 먹였다. 사발에다 커피를 타 줬다. 그렇게 먹고 나면 일어날 수가 없었다. 식사 후 교제가 시작되면 보통 12시가 넘어 끝났다. 신대원 계획을 알고 있던 전도사님이 제안했다. 어차피 신대원에 가면 조직신학이라는 것을 공부할 텐데 먼저 배워 보지 않겠냐고. 괜찮은 제안이라고 생각했다.

구원론부터 시작했다. 시간이 지날수록 뭔가 이상했다. 지금까지 죽어서 천국 갈 것을 1도 의심해보지 않은 모태신앙이었는데 말씀을 알아갈수록 말씀과 내 생각 사이에 다른 점이 보이기 시작했다. 시간이 지나며 알게 된 사실은 내가 가지고 있던 확신은 성경이 말하는 구원의 확신이 아니었다. 그저 근거 없는 맹신이었다.

호기심에 시작한 구원론 공부가 나를 회심으로 이끌었다. 주님을 인격적으로 만나게 했다. 인간적인 욕망으로 가득 찬 생각을 내려놓게 했다. 교회음악을 내려놓게 했다. 하나둘 내려놓게 하더니 결국 나의 야망을 이루어 줄 방편이었던 총신 신대원도 내려놓게 했다. 그렇게 알 수 없는 힘에 이끌려 성서침례대학원대학교에 입학을 하게 되었고 결국 목회자가 되었다. 이 또한 잊을 수 없는 기적이다.

아무리 생각해도 나는 목회자가 될만한 사람이 아니었다. 학창 시절 공부보다 혼자 놀기를 좋아하던 사람이다. 자기중심주의가 가득했던 사람이다. 물론 겉보기에 착하게 보였을 수는 있다. 그러나 소위 말하는 목회자 감은 아니었다. 목회자가 된 것은 일견 내 선택 같아 보이나 내 선택이 아니었다. 하나님이 나에게 맛보여준 기적이었다.

지난 시간을 돌아보면 참 기적들이 많았다. 그 기적들이 쌓여 하나님이 어떤 분이신지 알게 되었다. 내가 앞으로 어떻게 살아야 하는지를 알게 되었다. 기적으로 보여주시고 스스로 깨닫게 하신 것처럼 말이 아닌 삶으로! 어쩌면 하나님 나라의 '시식 코너'를 꿈꾸는 삶은 나를 죽음 직전까지 몰고 갔던 눈깔사탕이 시작일지도 모르겠다.

## 오래된 커피를 마시다

간만에 목양실을 정리했다. 책장 칸칸이 먼지를 닦고 책을 정리했다. 어떤 책을 처분할까 말까 한 참 고민하기도 했다. 가장 아래 칸을 점검할 때다. 한 귀퉁이에 먼지가 쌓인 오래된 드립 커피가 있었다. 후~ 불어 봉지를 뜯고 가장 좋아하는 스테인리스 텀블러에 커피를 내렸다. 이 커피를 처음 맛봤던 좋은 기억이 떠올랐다. 기분 좋은 상상을 하며 텀블러에 코를 갖다 대고 천천히 숨을 들이마셨다. '어? 이상하다.' 이번엔 좀 더 깊숙이 들숨을 쉬었다. 역시 이상했다. 커피 향이 나지 않는다. '호록' 조심스럽게 한 모금 마셔 본다. 맛이 안개 같다. 살짝 커피 향이 나는 것 같더니 이내 사라져 버린다. 역시 커피의 맛은 향이다.

향을 잃은 오래된 커피를 마셨는데 문득 교회가 생각났다. 소금이 그 맛을 잃으면 버려져 사람에게 밟힌다고 했는데 지금 교회가 딱 그런 모습 아닌지. 가슴이 먹먹했다. 교회는 하나님 나라의 '시식 코너'로서 맛을 보여주는 삶을 살아야 하는데 그렇지 못한 현실에 너무 가슴이 아팠다. 어떻게 하면 다시 맛을 보여줄 수 있을까? 어떻게 하면 조금이라도 그 향기를 풍길 수 있을까? 오래된 커피의 향을 살리는 방법이 있을까? 이리저리 알아보니 핸드 드립의 경우 뜸을 들일 때와 물을 내릴 때 좀 더 천천히 하라고 한다. '천천히'라는 말이 왠지 무겁게 다가왔다.

내 속도는 어땠을까? 이 땅의 교회를 보며 답답한 마음에 나도 모르게 급발진을 한 적이 많았다. 하루라도 빨리 바꾸고 싶다는 마음으로 일주일에 14명씩 2년간 양육과 제자훈련을 하기도 했다. 결과는 좋지 않았다. 그 2년 동안 매년 말이면 일주일씩 쓰러져 있었다. 뜸을 천천히 들이고 물을 천천히 내려 충분히 원두 속 향을 끄집어냈어야 하는데 뜨거운 물을 냅다 부어버린 모양새였다.

그렇게 부어진 물은 향을 충분히 우려내지 못하고 그냥 쓱 지나쳐 버렸다. 그러니 커피 향이 날 리가 없었다. 성도님들이 뜨거운 물에 덴 것처럼 느껴졌다. 양육과 제자훈련에 질려 버린 것처럼 느껴졌다. 훈련 과정을 통해 하나님 나라의 맛을 충분히 보여주었어야 했는데 그러지 못했다.

지난 일들을 돌아보며 교회가 하나님 나라의 '시식 코너'가 되기 위해 목회자의 삶이 얼마나 중요한지 깨닫는다. 목회자는 성도에게 맛을 보여주기 전에 먼저 맛을 봐야 한다. 난 양육과 제자훈련 과정에서 나를 이끄시는 주님의 맛을 더 깊게 누렸어야 했다. 하나님은 그리 급한 분이 아니신데 난 너무 급했다. 하나님은 답답하고 느려도 믿고 기다려 주시는데 나는 변화되지 않는 상황에 답답해 닦달하지 않았나 싶다. 말은 하나님 나라의 넉넉함을 말하며 보여준 것은 이 땅의 조급함으로 살았으니 내게서 무슨 맛이 났을까? 향은? 그나마 다행히 성도님들은 심심하고 향 없는 커피도 따뜻함으로 마셔주셨다. 그저 성도님들이 고마울 뿐이다.

우리 교회가 하나님 나라의 '시식 코너'가 되려면 먼저 내가 맛을 봐야 한다. 그다음 맛을 보여줘야 한다. 이것은 목회자인 나에게도 성도님들에게도 동일하게 적용되어야 할 핵심이다. 급할수록 돌아가라는 말처럼 '시식 코너'가 되려면 먼저 하나님 맛을 보자. 성과 이전에 묵상 속에서 주님 품에 안겨 따스한 맛도 좀 보고, 기도하며 성령님이 주시는 평안도 맛보자. 찬양하며 은은한 하나님의 살냄새도 느끼고 말씀을 실천하며 뜨거운 맛도 좀 보자. 때로 하나님 앞에서 정신 못 차리고 깨방정 부리다가 매운맛도 보겠지만 그것도 좋다. 먼저 맛보고 그 향이 몸에 배어 자연스럽게 하나님을, 하나님 나라를 맛보여 줄 수 있다면 무엇인들 마다할까?


하나님의 형상을 온전히 비추도록 꼭 잊지 말자. 오래된 커피 저 깊이에 남아 있는 향을 뽑아낼 수 있도록. 꼭 잊지 말자. '천천히!' 그리고 '꾸준히!' 먼저 맛을 보는 사람이 되길. 향을 잃은 오래된 커피 한 잔의 가르침이 참 구수하다.

## '받아들임!' '받아! 드림!'

예수께서 제자들과 이야기를 나누고 계신다. 갑자기 호흡을 고르신다. 어딘가 불편해 보이는 얼굴로 말씀하신다.

"내 빵을 먹는 자가 나를 배반하였다'한 성경 말씀이 이루어질 것이다."(요 13:21, 새번역)

예수님은 누가 자신을 배신할지 알고 계셨다. 그때 예수께서 유다에게 말씀하셨다.

"네가 할 일을 어서 하여라." (요 13:27, 새번역)

가룟 유다를 대하시는 예수님의 모습은 가히 충격적이다. 가룟 유다를 배신자, 혹은 죄인으로 보지 않으신다. 마태복음에서 "차라리 태어나지 않았더라면, 자기에게 좋았을 것"이라며 안타까워하셨지만 정죄하거나 비난하지 않으신다. 그저 나지막이 말씀하신다.

"네가 할 일을 어서 하여라."

한 사람을 대할 때 눈에 보이는 모습 그대로가 아니라, 그 존재 자체를 받아들이시는 예수님의 모습이다. 한 사람을 둘러싸고 있는 포장이 아닌 그 사람 자체로 받아들여 준다는 것은 심리적 생명을 부여하는 것이다. 정혜신은 『당신이 옳다』에서 "심리적 목숨을 유지하기 위해서 끊어지지 않고 계속 공급받아야 하는 산소 같은 것이 있다."(정혜신, 48쪽)라고 말한다. 이것이 무엇일까? "'당신이 옳다'는 확신이다." 당신이 옳다는 말은 당장 눈에 보이는 잘잘못의 문제에 집중하지 않는다. 존재 자체에 집중하며 상대방을 받아들인다. 이렇게 받아들여진 사람은 다시 숨을 쉬게 된다. 숨을 쉬어야 비로소 하늘을 보게 된다. 이것이 예수님을 믿는 사람들이 보여줘야 할 예수의 맛이 아닐까?

언젠가 목회를 그만두고 싶었던 적이 있었다. 내가 목회를 잘 못하고 있다는 생각 때문이었다. 그러나 쉽게 그만둘 용기가 없었다. 그럴 때마다 끊임없이 맴도는 질문이 있었다.

'먹고 살 문제 때문에 참고 붙어 있는 것은 아닐까?'
'그렇다면 그건 삯꾼이 아닌가?'

이런 생각이 한 번 들면 날이 밝을 때까지 잠을 잘 수가 없었다. 어떤 때는 매일 저녁 '알바천국'을 뒤져 보면서 일상의 천국을 살아보려고 고민했던 적도 있다. 이조차 생각이었을 뿐, 용기가 없어서 실천하지는 못했다.

'목회하다가 그만두고 아르바이트를 하면 사람들에게 실패자로

보이지는 않을까?'

온갖 걱정을 달고 살았다. 그럴 때마다 신기한 일이 일어났다.


"저는 목사님이 좋습니다. 소고기 사겠습니다."

"같이 양고기 먹자! 내가 쏠게! 가족 다 데리고 나와!"

"목사님 생각하면서 책을 골라 봤어요."

"목사님이 생각나서 그냥 전화했어요."

"계좌번호 좀 불러봐!"

"뭐 하세요? 함께 평냉 먹어요!"

"함께 여행 갑시다. 경비는 내가 낼게요!"

"국밥이나 한 그릇 합시다."


부족한 모습에 뭐라 하기보다 존재 자체를 받아주신 분들이 너무 많았다. 보이는 모습을 탓하지 않고 그저 묵묵히 시간을 나누고, 음식을 나누고, 물질을 나누고, 마음을 나눠주셨다. 그분들이 계셨기에 지금까지 버티고 서 있다고 해도 과언이 아니다. 난 그들을 통해 영원한 생명을 주신 예수님을 보았다. 그들이 나를 능력이 아닌 존재로 받아들여 주었을 때 비로소 숨통이 트였고 다시 살아갈 힘을 얻었다. 그들은 나를 받아들여 준 것이 아니라 다시 일어날 꿈을 던져준 것이었다.

이런 경험들이 반복되고 나서야 깨달았다. "아! '받아들임'이 '받아! 드림!'이구나." "누군가를 존재 자체로 받아들여 주는 것이 꿈을 잃은 사람에게 다시 꿈을 주는 행위구나!" 나는 그렇게 '받아들임'을 맛보았고 그런 관계 속에서 하나님 나라를 맛보았다. 그 맛을 나만 알고 싶지 않았다. 성도들에게, 사람들에게 그 맛을 나누겠다고 결심했다. 말이 아닌 행동으로 하나님 나라의 맛을 보여주는 '시식 코너' 같은 삶이 되길 그렇게 꿈꾸게 되었다. 그리고 조용히 '받아들임'을 실천하고 있다. '받아드림'은 그렇게 누군가에게 꿈을 던져주는 외치는 말, '받아! 드림!'이 된다.

## 어울어-Gym

난 혼자서도 사역을 잘하리라 생각했다. 착각도 이런 착각이 없었다. 현실은 내 힘만으로 할 수 있는 것은 없었다. 지금까지 목회를 할 수 있는 것, 벧엘성서침례교회가 서 있을 수 있는 것은 혼자만의 힘이 아니다. 모든 것이 하나님의 은혜라는 진리를 빼면 일차적으로는 성도님들이 함께 해주셨기에 교회가 고개를 들고 서 있을 수 있었다. 그러나 이것도 전부가 아니다. 눈에 보이지 않게 나와 교회를 돕는 분들이 정말 많았다. 하나님은 그분들을 통해 나에게 겸손을 훈련시키고 어떻게 하나님 나라를 살아가는 것인지 배우게 하셨다.

처음 교회 앞면에 대형 현수막을 걸 수 있었던 건 사촌 형님 덕이었다. 걸고 싶어도 재정 때문에 못 걸고 있을 때 대금을 다 대주셨다. 심지어 새로 건 현수막도 반액을 지원해주셨다. 요한서울교회와 함께할 당시는 요한서울교회가 반액을 감당해주셨다. 덕분에 지금까지 계속 '복음의 전함'과 협력하며 현수막을 걸 수 있었다.

어느 날은 갑자기 사촌 동생에게 전화가 왔다.

"형님 새해가 될 때마다 저희 교회에 감사헌금을 하는데요. 이번엔 형님네 교회에 헌금해도 될까요?"

정말 조심히 물어봤다. 짧은 순간이지만 곰곰이 생각했다.

'만약에 누군가 우리 교회보다 어려운 교회가 있어 그 교회로 헌금을 하겠다고 했을 때 어떤 마음이 들까? 우리가 받아도 되는 건가?'

해당 교회 목사님 심정부터 우리 교회에 헌금하고자 했던 동생의 심정까지 짧은 순간 많은 생각이 스쳐 지나갔다. 고심 끝에 동생 의견을 존중하기로 결론 내렸다. 우리가 좀 더 어려운 곳이니 흘러가는 것도 괜찮다고 나 자신을 설득시켰다. 뭔가 딱 거절하며 "난 하나님만 믿어!!"하고 큰소리쳤다면 좀 멋있었을 것 같은데 그러지 못했다. 당시 내 심정은 교회와 성도들에게 이득이 된다면 불법이 아니라면 얼마든지 고개를 숙일 수 있었다. 지금도 목사란 그런 사람이라고 생각한다.

정말 놀라운 것은 해당연도에 신년감사헌금이 거의 안 나왔다. 신년감사헌금을 하라고 강조를 안 했기 때문이기도 하겠지만 코로나 이후 모이지도 못했고, 무엇보다 성도님들의 삶이 힘들었기 때문이라 생각한다. 어쩌다 보니 한 사람이 전교인 헌금보다 많이 헌금한 셈이 되었다. 일반적이지 않은 일이기에 너무 놀랐고 감사했다.

'이음디자인파트너스'라는 교회 건축 전문 건축사 사무소를 운영하는 대학 친구 한 명도 3년째 수시로 지목 헌금을 해주고 있다. 동양공전 건축과 졸업 이후 연락이 끊겼었는데 이 친구가 먼저 수소문해서 연락을 주었다. 이후 나와 벧엘성서침례교회의 사역에 관심을 가져주었고 어느 날 직접 찾아와 헌금해도 되는지 물어봤다. 아마도 하나님께서 우리 교회의 사역 방향을 보면서 함께 교회를 세우고 싶은 마음을 주신 것 같다. 정말 어려울 때마다 어떻게 알고 보내는지 단비도 이런 단비가 없다.

멀리 이사를 하셔서 우리 교회를 출석하지 못하시는 집사님이 계신다. 일 년에 한 번 정도 찾아오셔서 함께 예배를 드리고 옛 교우들을 만나신다. 이분이 어느 날 큰돈을 헌금하셨다. 재정팀 보고를 받고 놀라서 전화를 드렸더니 예전에 본인이 서원하신 것이 있었다며 교회에 도움이 되고 싶다고 하셨다. 전혀 생각 못 한 일이었다.

어느 날, 한 치 앞도 보이지 않아 한 참 힘겨워하고 있을 때 존경하는 목사님으로부터 갑자기 연락이 왔다. 가족 전부를 불러내시더니 양꼬치를 사주셨다. 도움이 될 거라며 책도 두 권 주고 가셨다. 사역에 대해 이런저런 말씀을 나눠주셨을 수도 있을 텐데 전혀 사역 말씀은 하지 않으셨다. 후배 목사 주눅 들까 봐 그랬나보다. 이분은 늘 힘들 때를 어찌 아시고 마음을 든든하게 해주신다. 심지어 힘들 때 한번 쉬라고 설교도 해주신 적이 있다.

도움의 손길들을 생각하다 보니 힘들 때 설교해주신 분이 또 계신다. 총신 교회음악과 대 선배님이시다. 정말 감사하게도 먼저 연락을 하셔서 도움을 주셨다. 아직도 그 은혜를 갚지 못하고 있어 죄송한 마음이 가득하다. 얼마 전에는 이웃 교회 목사님께서 어린이날에 아이들에게 맛있는 것 사주라고 선물과 금일봉을 하사하고 가셨다. 어떻게 나의 상황을 그리 잘 아시는지 너무 신기하고도 감사했다. 교회가 되어 살아가는 데 정말 큰 힘이 되었다. 이 모든 것이 혼자만의 힘으로는 교회가 세워지지 않는다는 것을 보여주신 사건들이었다.


얼마든지 고립될 수 있는 상황에서 끄집어내 길을 걷게 하고 힘내게 해주신 분들, 함께 글을 쓰며 살아 있음을 느끼게 해주신 분들, 묵상을 통해 힘을 주시는 분까지. 헤아릴 수 없이 많은 분들이 옆에서 함께 지탱해주고 계시기에 지금까지 서 있을 수 있었다. 난 이런 분들을 통해 하나님 나라를 맛봤다.

'아! 혼자서는 살 수 없구나. 반드시 누군가 옆에 있어 줘야 하는구나!'

'교회는 더불어 사는 하나님 나라를 배우는 훈련장이구나!'

'이것이 하나님 나라의 맛이구나!'

우리 교회도 나도 이 맛을 결코 잊지 못할 것이다. 또한 누군가에게 하나님 나라의 맛을 보여주는 삶을 멈추지 않을 것이다. 주 예수와 함께 하나님 나라를 배우고 익히는 삶을 살아갈 것이다. 그럴 때 이 땅은 마냥 힘들고 소망 없는 곳이 아닌 서로 하나님 나라의 맛을 알아가는 단련장, 어울어-Gym이 되지 않을까?

## ② 함께 맛보다

### 함께 살아가 보‘으리!’

어느 날 처음 뵙는 분이 교회를 찾아오셨다. 나는 성향이 내향성이 강해서 낯을 많이 가리는데 처음부터 뭔가 친근한 느낌을 주시는 분이었다. 어색한 인사를 나누고 보니 요한기독학교(YCS) 문순삼 교감 선생님이었다. 요한기독학교는 요한서울교회에서 운영하는 기독교 대한 학교다. 찾아오신 이유는 학교를 한 교회의 학교가 아닌 지역 내에 좋은 기독학교로 만들기 위해서였다.

'다들 자기 사역 만들기 바쁜데 학교 사역을 공동으로 하자고?'

나름 충격적이었다. 우리 교회도 지역 교회와 어떻게 하면 소통하고 연합하면서 지역을 섬길까 고민만 하던 차에, 그 충격은 전혀 상상해보지 못한 방식의 기도 응답이었다. 그렇게 한 번 두 번 모이기 시작했다. 어느 순간 학교에 대한 이야기는 더 이상 진행되지 않았다. 모임은 다른 방향으로 흐르기 시작했다. 지역주민센터와 연계해 취약 계층을 돕는 일에 마음이 모였다. 이때 정해진 이름이 '좋은동네만들기교회연합'이다.

처음 섬김은 '사랑의 김장김치'였다. 당시 6개 교회(처음 모인 멤버는 성광교회 천귀철 목사님, 서울성산교회 장태영 목사님, 요한서울교회 백상욱 목사님, 영광교회 김변호 목사님이고 현재는 원일교회 박병우 목사님도 함께하고 계신다.)의 목사님들과 성도님들, 지역 부녀회 분들 등이 함께 모여 김장을 했다. 버무림팀, 속 배달팀, 정리팀 등등 일사불란하게 마무리했다. 뿌듯했던 이 날의 기억을 잊을 수가 없다. 섬김의 규모는 점점 커졌다. 복날에는 지역 어르신들을 위한 '삼계탕 데이', 지역 축제인 '자마장 축제', 취약 계층을 돕기 위한 자양 1동 지역센터 '일일 찻집' 등 다양하게 후원을 했다.

코로나가 온 이후에는 교회별로 마스크를 모아 나누었고, 지역 방역 활동에 등에 '좋은동네만들기교회연합'이 앞장섰다. 자양동 전체 교회에 비하면 몇 교회 안 되는 교회가 모였지만 구청, 주민 센터 등과의 협력은 관과 지역 주민들에게 하나님 나라의 연합을 보여주기에 충분했다. 이제는 관이 먼저 협조를 구하기도 하고 교회에 대해 먼저 배려를 해주기도 한다. 코로나 이후 타지역에서는 관에 대한 이런저런 불평과 불만도 많이 나왔는데 우리 동네는 감사하게도 서로 돕고 도우며 잘 버텨내고 있다. 교회가 먼저 넉넉한 하나님의 마음을 보여주었기 때문이라고 믿는다.

뜬금없는 고백이긴 하지만 난 사실 이러한 섬김이 부담스러웠다. 후원 대부분은 돈이 들기 때문이다. 재정적 여력이 약한 우리 교회 같은 경우, 최선을 다하기는 하지만 다른 교회들의 후원과 섬김을 따라가기에는 역부족이다. 성향 때문일까? 늘 미안하고 눈치가 보였다. 어느 날 함께 식사 도중 조심히 말을 꺼냈다.

"제가 더 이상 함께 섬기기 어려울 거 같습니다."
"왜요? 무슨 일이 있으세요?"
"재정적으로 너무 부담이 돼서요. 좋은 일이지만 우리 성도들도 어려운데 눈치가 보입니다."

너무도 죄송한 마음으로 이야기를 꺼냈다.

"어려우면 그만두셔야죠!"
"그렇게 돈이 없으면 시작을 말았어야죠."라고 말하는 분들이 한 분이라도 있었다면 아마 정말 상처를 받았을 것이다. 그러나 누구도 그렇게 말씀하는 목사님은 없었다. 오히려 위로해 주시고 힘을 주셨다.

"한 마음으로 섬길 수 있는 것만으로도 너무 좋습니다."
"물질의 적고 많음이 아니라 함께 연합해서 하나님 나라를 살아간다는 마음으로 같이해요."

　이날 목사님들을 통해 맛본 하나님 나라는 교회의 크고 작음에 상관없이 예수 안에 하나로 버무려진 환상의 맛이었다. 그 이후 계속 함께 지역을 섬기고 있다. 오히려 이런 마음은 더 자라나 현재 원일교회 박병우 목사님도 함께 동역하고 있다. 얼마 전에는 원일교회 추천으로 기아대책과 '희망상자'를 만들어 나누기도 했다. 이번에는 함께 참여하지 못했는데도 여전히 보듬어 주시고 서로 돌아보고 부족한 부분을 채워주시기도 했다.

　영광교회에서는 좋은 동네 만들기 동역 교회 목사님들께 새해 선물을 보내주시기도 했다. 개인적으로 연약한 나에게 힘을 주시기도 하신다. 이런 사랑이 서로에게 하나님 나라를 맛보게 해주었다. 만일 혼자였다면 이런 모습을 상상이나 해 봤을까? 서로 하나님을 향해 이웃을 향해 마음을 쏟아내는 이 모임 참 좋다. 동생 같은 목사를 꼭 붙들어주는 목사님들이 계셔서 참 좋다. 이분들께 의리를 지키며 하나님 나라를 함께 맛보고 싶다. 그 마음으로 소리쳐 본다. 끝까지 함께 살아가 보'으리!'

## 교회, 나뉘면 안 되나요?

벧엘성서침례교회가 나뉘었다. 여기서 나뉘었다는 말은 '쪼개졌다'나 '분열되었다'는 부정적인 말이 아니다. '공유'되었다는 의미다. 일생일대 처음 겪는 큰 사건이었다. 이 사건은 <좋은동네만들기교회연합> 모임에서 시작됐다. 어느 날 모임 후에 기도 제목을 나누었다. 요한서울교회가 신축을 해야 하는데 공사 기간 중 마땅히 예배드릴 공간이 없다고 했다.

"기도하겠습니다!"

하고 끝났더라면 아마 교회가 나누어지는 일생일대의 사건은 없었을 것이다. 그러나 가만히 있을 수 없었다. 벧엘성서침례교회로 와서 마음속에 품게 하신 꿈이 생각났기 때문이다.

사실 기도 제목을 듣기 전부터 오랫동안 고민했던 것이 있었다. 이 땅에 세워진 하나님 나라 공동체로서 하나님 나라를 막 드러내며 살고 싶은데 할 수 있는 것이 아무것도 없었다. 재정은 늘 부족했고 성도님들은 어쩔 수 없이 각자의 삶에 바빴다. 그렇다고 담임인 나는 뭔가를 만들어 낼 능력이 없었다. 어떻게 교회로서 나누며 살아갈 수 있을까? 고민하고 고민하며 하나님께 물었다. 어느 날이다. 그날도 교회 마당에서 교회를 바라보며 기도했다.

'주님 우리 교회는 뭘 나눌 수 있을까요?'

하나님께 매번 던지는 질문이었다. 바로 그때 교회 건물이 눈에 들어왔다. 똑같은 건물인데 뭔가 살짝 도드라져 보였다고 할까? 순간 빛이 번뜩였다.

'교회를 나누면 되겠구나!'
'왜 그 생각을 못 했지?'

그 이후, 개척 교회나 작은 교회와 건물을 나누어 쓰면 좋겠다는 생각을 품고 살았다. 공간 문제만 해결돼도 한 교회가 세워지는 데 도움이 되겠다 싶었던 거다. 하지만 이런 생각을 나눌 사람이 없어 혼자만 가지고 있었다. 그러던 중 이 마음이 더 부풀어 올랐던 바로 그때! 공간에 대한 기도 제목을 듣게 하신 것이다. 나도 모르게 말이 먼저 튀어나왔다.

"우리 교회 쓰세요!"

요한서울교회의 규모도 사역 스타일도 모르고 아무것도 모른 채 마음이 앞서 뱉은 말이었다. 이 말이 정말 씨가 됐다. 시간이 지나 싹을 내더니 열매를 맺었다. 우리 교회보다 10배나 큰 요한서울교회가 한 지붕 아래 교회를 나누어 쓰게 된 것이다. 많은 분들이 관심을 가져줬다. 신문 기사와 뉴스에도 나왔다. 몇 번의 인터뷰를 하면서 이런 경우가 별로 없다는 것을 알았다. 그렇게 걸어 보지 않은 길을 함께 걸었다.

과정이 마냥 은혜롭지만은 않았다. 그건 요한서울교회도 마찬가지였을 것이다. 난처한 상황도 있었고 서로에게 미안한 상황도 있었다. 하지만 서로 '아름다운 하나님 나라'를 바라보고 있었기 때문에 서로 한발 물러서거나 품는 것이 어렵지는 않았다. 처음엔 1년으로 약속했던 기간이 2년 3개월로 늘었다. 시간이 지날수록 요한서울교회의 배려는 더 커졌고 우리 성도님들의 마음 그릇도 커졌다. 함께한 시간이 지난 뒤에 돌이켜 생각해 보니 하나님이 두 교회를 향해 하나님 나라의 맛을 보여주신 것이었다.

요한서울교회가 예배당을 완공해서 각자의 자리로 간 지금도 길 가다 요한서울교회 목사님들과 성도님들을 보면 여전히 우리 식구처럼 반갑다. 백상욱 목사님은 아직도 함께했던 시간을 감사해하시며 큰형님처럼 늘 추켜세워 주신다. 서로 다른 교회라는 생각이, 교회 건물을 나누어 사용하면서 하나의 교회라는 생각으로 바뀌게 되었다는 것! 이것이 하나님의 큰 그림이었을까? 요한서울교회와 교회를 나눈 일은 너무도 복된 경험이었다. 하나님 나라를 맛보기 위해서라면 교회 건물은 좀 나누어져도 괜찮다!

## 막연한 기도, 현실이 되다

너무도 충격적이었다. 다른 교회에서 사역하다 청빙 설교를 하러 다시 벧엘성서침례교회에 왔을 때 받은 느낌이다. 벧엘성서침례교회에서 부교역자로 사역하는 기간에는 몰랐다가 담임으로 다시 돌아온 후에야 알게 된 느낌이다.

'답답하다.'
'어둡다.'
'들어가고 싶지 않다.'

정말 오랜만에 1층 홀 문을 열던 그 순간 움찔했다. 나도 이런데 기존 성도님들 빼고 '누가 들어오고 싶을까?' 담임이 되고 나서도 그 느낌은 사라지지 않았다. 매일 마당에 나가 교회 건물을 보면서 기도했다.

'하나님 1층 담벼락 좀 허물어주세요. 우린 돈이 없어요.'
'하나님 교회 담장 좀 무너뜨려 주세요. 여리고 성 주위를 돌 듯 돌다 소리 지를까요?'
'하나님 교회 1층 홀이 카페같이 누구나 들어오기 편한 공간이 되면 좋겠어요.'

매일 같이 똑같은 기도가 반복됐다. 나중엔 일상이 될 정도로. 하지만 솔직히 너무 막연한 기도였다. 공사 기간 3년을 포함 4년을 한결같이 기도했지만 교회 환경은 크게 변할 기미가 보이지 않았다. 그러다 다시 돌아온 지 5년 차가 되던 때 막연한 기도가 현실이 되었다. 요한서울교회와 동거를 하게 되면서 모든 기도 제목이 이루어진 것이다. 기도를 이루겠다고 억지로 요구한 것도 아니다. 요한서울교회에서 먼저 일 층 공간을 요한기독학교(YCS) 공간으로 일주일 내내 사용해야 하니 사용에 맞게 리모델링을 해도 되냐고 물어왔다. 요한서울교회가 나간 다음에는 벧엘성서침례교회가 계속 사용을 하게 될 테니 필요를 반영하겠다고 하셨다.

'도대체 이게 어찌 된 일인가?'

너무 놀랐지만 혹시나 해서 기도했던 내용을 하나씩 제안해 봤다. 제안이라는 것이 공사비와 연관되는 문제라 조심스러웠다. 그럼에도 우리의 제안을 최대한 받아주셨다. 실제로 공사비가 많이 추가되었다. 너무 죄송한데도 요한서울교회 백상욱 목사님은 늘 하나님 나라의 일로 받아들여 주시고 오히려 감사해주셨다. 그 모습을 통해 나는 하나님의 마음을 맛보았다.

'다른 건물을 빌렸다면 철거까지 해주고 나가야 하는데 우리가 나간 후에도 교회가 사용할 수 있다는 것이 얼마나 감사해요. 교회를

나누어 주셔서 감사합니다.'

벧엘성서침례교회가 하나님 나라를 꿈꾸며 사소한 일상을 살아낼 수 있는 것은 바로 이런 맛보기가 있었기 때문이다. 하나님 나라는 결코 우리 교회만으로 맛보여줄 수 있는 나라가 아니다. 하나님은 요한서울교회를 통해 다른 교회도 '우리 교회'임을 깨닫게 하셨다. 하나님 나라는 힘이 없어도 품을 수 있고 힘이 있으면 더욱 넉넉히 나누어 줌으로 서로 하나 되는 나라다. 이 일을 통해 성도님들이 하나님 나라의 맛을 아주 조금이나마 봤을 것이라 생각한다. 우리가 어떻게 살아야 할지 경험을 통해 배웠으리라 믿는다. 그리고 점점 더 하나님 나라를 맛보여주는 교회가 되길 소망한다.

나는 혹여라도 이 글이 '끝까지 기도하면 이루어집니다.'로 보이지 않으면 좋겠다. 나의 욕망을 이루기 위한 기도가 아닌, 막연한 기도를 현실이 되게 하신 하나님을 통해 실제로 하나님 나라를 맛보게 하시는 그분의 일하시는 방식만 드러나기를 원한다. 내가 경험한 하나님은 하나님 나라의 맛을 보고 싶어 하는 자녀를 위해 때로 막연한 기도도 때로 현실이 되게 하시는 분이시다.

## 하나님 나라! 맛깔나라!

　최근 3년간 여름휴가는 속초로 다녀왔다. 그중 첫해는 잊을 수가 없다. 사실 우리 집 형편에 휴가는 사치라 생각해서 아예 안 가려고 계획했었다. 어떻게 이 사실을 알았을까? 영광교회 김변호 목사님이 숙소를 마련해주시면서 꼭 가라고 하셨다. 교회 장로님께서 속초해변 앞에 숙소를 가지고 계시는데 <좋은 동네 만들기 교회 연합> 목사님은 언제든 사용해도 좋다고 하셨단다. 숙소비가 여행 경비 중 차지하는 비중이 크기에 마음의 부담이 덜어졌다. 교회에서도 조금 보태주셨다. 휴가 당일, 꼭 잘 쉬고 오라고 두 분의 지인께서 경비를 보태주셨다. 그야말로 십시일반의 은혜로 다녀온 휴가였다.

　속초에는 유명한 먹거리가 많다. 가기 전 이것저것 리서치 해서 갈 곳을 정해 놨다. 귀한 경비를 허투루 낭비하고 싶지 않아서 따지고 또 따졌다. 모두 맛이 있었다. 하지만 특히 기억에 남는 것은 속초 중앙시장 입구 분식집 '떡볶이'다. 속초까지 가서 떡볶이를 먹으리라고 생각도 못 해 봤다. 그냥 야식으로 조금 샀을 뿐이다. 맛있는 음식이 많았는데 왜 리스트에도 없던 떡볶이가 기억났을까? 다른 음식은 그냥 맛이 있었지만, 이 녀석은 '맛깔'났기 때문이다. '맛깔 난다'는 말은 입에서 자꾸 끌어당긴다는 의미다. 맛깔나는 음식은 오랜 시간이 지나도 잊히지 않고 계속 생각난다. 여유가 없어서 그렇지 시간이 많으면 떡볶이 먹으러 속초로 달려가고 싶다. 그것이 '맛깔'의 힘이다.

이런 힘은 음식에만 있는 것이 아니다. 맛깔나는 음악, 맛깔나는 글, 맛깔나는 사람도 있다. 아이돌에 열광하지는 않지만 유독 좋아하는 가수가 있다. 블랙핑크의 '로제'다. 마음만은 나도 블링크(블랙핑크 팬클럽)다. 자꾸 이 친구에게 끌리는 것은 단지 외모가 아닌 소리다. 내 귀에 맛깔나는 소리. 거의 매일 듣는다. 누군가는 쉽게 질리는 소리라고 하는데 나에게는 아니다. 계속 생각이 난다. 책도 맛깔나는 책이 있다. 그런 책은 글이 자꾸 끌어당겨 멈출 수가 없다. 덮었다가도 다시 펼치게 된다. 자꾸 보고 싶은 사람이 있다. 매일 봐도 질리지 않는 사람. 그 사람 자체가 참 맛깔나기 때문이다. 보고 있어도 보고 싶은 사람이다.

누군가가 나에게 어떤 교회로 살고 싶냐 물으면 이렇게 대답하고 싶다.

'맛깔 나는 교회요!'

교회가 맛깔나다는 건 예수의 맛, 하나님 나라의 맛을 보여준다는 말이다. 세상은 도저히 보여줄 수 없는 맛이다. 그리스도 예수의 제자로서 늘 꾸는 꿈이 있다. 교회인 우리들의 삶이 예수님의 생각과 성품을 드러내는 맛깔나는 삶을 살고 싶다는 꿈. 사람들이 우리의 삶을 통해 맛본 예수님께 반하고, 사랑에 감동하고, 그의 희생을 경험하고서 사랑하지 않고 못 견디는 그런 교회가 되고 싶다.

우리의 삶을 통해 누군가 예수님을 사랑할 수 있게 되고 믿을 수 있게 된다면 그것보다 복된 인생이 있을까? 예수님은 내가 아는 그 누구보다 맛깔나신 분이다. 고로 맛깔나는 사람, 맛깔나는 교회가 된다는 말은 예수님을 닮은 사람, 교회가 된다는 것이다. 이 꿈이 반드시 일어나기를 소망한다.

떡볶이 하나에 이런 생각을 하게 된 것은 처음에 나눈 이야기처럼 내게 여유를 선물해주신 분들 덕분이다. 사람이 늘 여유 있을 수 없다. 그럴 때 여유를 선물하는 것이 어쩌면 맛깔나는 삶을 누리게 하는 것 같다. 마치 내 것이 아니라고 생각했는데 뭔가 누리게 될 때 감사도 배가 되고 재미도 맛깔도 배가 되지 않는가? 그래서 그냥 떡볶이도 더 맛깔났는지 모른다. 이 일을 통해 여유가 없는 사람에게 여유를 선물하는 것도 하나님 나라의 맛을 보여주는 것이구나 생각하게 되었다. 그로 말미암아 힘을 얻고 또 누군가에게 여유를 선물할 수 있게 된다면 그 관계 속에서 하나님이 역사하실 맛깔나는 하나님 나라가 이루어지지 않을까?

# ③ 맛을 보이다

## 찾아가는 성찬

혼돈 그 자체였다. 코로나가 찾아오고 맞이하는 첫 부활절, 고민이 많이 됐다. 절기의 문제야 상황에 맞추어 유튜브로 예배를 드리면 된다. 문제는 성찬이었다. 한 번도 경험해 보지 않은 비대면 예배에서의 성찬? 정말 멘붕이었다. 아마 당시 모든 교회가 그랬을 것이다. 덕분에 성찬의 본질을 다시 한번 고민하게 되었다. 그러나 어떤 책을 찾아봐도 정상적인 상황에서의 성찬은 말하고 있지만 특별한 경우를 고려한 성찬에 대해서는 말하고 있지 않았다. 팬데믹은 정말 새로운 뉴노멀을 기대하나 보다. 어쩔 수 없이 목회적인 결단을 할 수밖에 없는 상황이었다.

당시 예배는 토요일에 녹화하고 편집을 해서 유튜브에 예약해 올려놓았다. 주일 오전 11시가 되면 유튜브가 뜨고 성도님들은 그 영상으로 예배를 드리는 방식이었다. 이 방식대로라면 뭔가 할 수 있을 것 같았다. 원하는 가정마다 찾아가 성찬 예식을 진행하고 그 실황을 녹화해서 편집하면 기존처럼 예배 중에 성찬을 진행하는 흐름이 완성된다. 기존 흐름과 다름없으니 익숙하고 각 가정의 고백을 통해 우리 모두 예수 안에 한 공동체임을 확인하는 시간으로도 손색없다고 생각했다. 또한 갑작스러운 비대면 예배 조치로 인해 얼굴을 못 보게 된 성도님들을 볼 수 있는 기회이기도 했다. 결국 '찾아가는 성찬'이라고 이름을 지었다.

찾아가는 성찬은 두 가지로 기획됐다. 첫 번째는 신청을 받아 원하는 가정을 방문 성찬을 하는 것이다. 두 번째는 가정 방문을 원하지 않는 분들을 위해 교회에 지정한 날에 시간 차이를 두고 성도들이 오는 방식이다. 결과적으로는 그 과정을 녹화해서 기존 예배 순서와 비슷하게 편집했다. 이렇게 부활절 예배를 드렸다. 그 어느 때보다 성도님들의 반응이 뜨거웠다.

"서로 얼굴을 보지 못하는 상황이 되었지만 예수 그리스도 안에 한 가족임을 더욱 실감했어요."
"이렇게라도 개인 성찬을 통해 성도들의 모습을 보니 너무 좋습니다."
"가정에서 성찬을 해 보니 뭔가 색다르고 더욱 특별한 느낌입니다."

너무도 갑작스러운 경험들에 놀랐던 성도님들이 찾아가는 성찬을 통해 힘을 얻었다. 주님을 알지 못하던 사람이 거듭남의 기쁨을 누리는 것 빼고, 성도님들이 다시 살아갈 힘을 얻는 것만큼 목회자에게 기쁨이 어디 있을까? 너무 좋은 시간이었다. 그러나 마냥 좋은 시간은 아니었다. 찾아가는 성찬을 결정하고 부임 6개월 만에 부교역자가 떠났다. 본인에게 여러 이유가 있었겠지만 가장 큰 이유는 찾아가는 성찬이 본인의 신학 양심상 받아들일 수 없다는 것이 이유였다. 그럴 수 있는 문제였다. 그 의견도 존중했다. 생각이 달라 함께할 수 없다니 어쩔 도리가 없었다. 담담히 그의 앞날을 축복하며 떠나보냈다.

오히려 그 일을 통해 다시 한번 섬김의 의미를 숙고해 볼 수 있었다.

첫째, 성찬은 예수 그리스도께서 십자가에서 찢기시고 피 흘리심으로 우리를 죄와 사망에서 구원하셨다는 사실을 기억하고 고백하는 예식이다. 하나님은 죄인이요 원수인 우리를 십자가 은혜로 화목하게 하셨다. 죄 사함을 통해 새 생명을 주셨다. 우리의 연약함을 아셨지만, 한 번도 우리를 정죄하지 않으셨다. 우리를 위해 친히 그 짐을 지시고, 죄 용서하셨다.

둘째, 성찬은 우리가 그리스도 안에서 하나 된 것을 확인하는 예식이다. 예수의 찢기심과 피 흘리심은 하나님과 우리를 하나 되게 하신 사건이지만, 동시에 사람과 사람도 하나 되게 하신 사건이다. 그러므로 성도는 성찬에 참여할 때마다 그리스도의 피로 맺어진 형제, 자매임을 기억하고 결단한다.

찾아가는 성찬은 이 두 가지를 다 강조했고 평소보다 그 의미를 더욱 체감한 시간이었다. 개인적으로는 더욱 교회다워진 시간이었다고 평가하고 싶다. 약간의 비난도 받았지만 찾아가는 성찬을 한 것은 잘한 일이었다고 생각한다. 성도들이 그 의미를 분명히 알았고 경험했기에 위기가 새로운 기회를 주었다고 믿는다.

함께 모여 예배를 드릴 수 있는 상황이 오면 찾아가는 성찬은 하지 않을 것이다. 하지만 그 본질만큼은 잊지 않고 살아가려 한다. 위기로 인한 찾아가는 성찬이 섬김을 숙고하게 한 이 경험은 평생 잊을 수 없을 것이다.

예수님이 우리에게 찾아오신 것처럼, '오지 못하면, 찾아간다!' 이 단순한 하나님 나라의 맛을 잃지 말자.

## 소망, 사랑만큼은 넉넉한

"여러분이 감사하고 자랑스럽습니다!"

주일 오후 운영 위원들에게 한 고백이다. 담임으로 처음 우리 교회에 왔을 때 정해진 사례비를 다 못 받는 경우가 있었다. 재정이 없으니 그해에 못 받은 건 소멸되었다. 일반 재정이 부족하니 의당 선교 후원을 하는 곳도 별로 없었다. 내 사례 못 받는 것보다 선교 후원지가 없다는 것이 제일 힘들었다. 그렇다고 내가 선교에 뜨거운 열정을 가지고 있는 사람은 아니다. 내가 어렸을 땐 어떤 집회를 가든 꼭 목사로, 선교사로 헌신할 사람을 초청했는데 눈곱만큼도 마음이 움직인 적이 없었다. 그러나 교회가 선교사와 선교지를 후원하는 것은 과해도 된다고 생각한다. 개인적으로는 선교하지 않는 교회는 망한다고 확신할 정도다.

어느덧 담임이 된 지 6년 차가 되었다. 지금은 많지는 않지만 교단 선교지와 개척 교회, 그리고 초교파 선교단체와 기관까지 골고루 후원하게 되었다. 물론 금액이 적다. 성도님들도 늘 이 부분을 안타까워한다. 하지만 할 수 있는 한 안팎의 균형을 잡고 지속적인 후원을 하려고 애쓰고 있다. 함께 마음을 합해 주시는 성도님들 한 분, 한 분이 정말 감사하다. 더욱 신이 나는 건 추수 감사, 성탄 감사헌금을 나누는 일이다. 일명 '사랑의 나눔' 몇 해 전부터 우리 성도와 교회 밖의 어려운 분들을 선정해서 후원했었다. 문제는 그때그때 안건을 내야 진행할 수 있는 일이라는 것. 바로 그 문제가 올해 해결됐다. 모든 창립 기념 감사헌금을 포함한 절기 헌금에서 30%씩 적립해서 상반기, 하반기 두 번 '사랑의 나눔'을 하기로 했다.

드디어 공식화된 것이다. 일반 재정이 부족하다는 것 때문에 이견은 있었지만 서로 동의하며 확정지었다. 헌금 중에는 지목 헌금이 있는데 각자의 눈에 어려운 상황에 처한 분이 보이면 서로 도움을 주는 헌금제도다. 익명으로 전해지는 헌금을 볼 때마다 얼마나 뿌듯하던지. 내게도 가끔 지목이 들어오는데 금액과 상관없이 감사가 가득해진다. 힘이 샘솟는다.

오랫동안 하나님 나라의 씨앗을 뿌렸는데 자라지 않는 것처럼 보일 때가 있었다. 가장 힘들었던 시기다. 내 생각이 틀렸다. 내 눈엔 보이지 않았지만 분명 하나님의 생명력은 꿈틀거리고 있었다. 잘 자라나고 있었다. '사랑의 나눔'이 공식화되는 순간 얼마나 감사하던지. 나도 모르게 말이 툭 튀어나왔다.

"여러분이 감사하고 자랑스럽습니다."

내성적이라 잘 표현하지 않는 내게서 이런 말이 나올 줄은 몰랐다. 계산하지 않은 진심이어서일까? 부끄럽지 않았다. 하나님도 기특하게 여기실 거 같아 더욱 기쁘고 감사했다. 재정이 넉넉해서 결정된 사항이 아니기에 더 감동됐다. 앞으로 더욱 빈 그릇을 가득 채워주시길 소망한다. 내 소유를 위한 욕심을 내려놓고 서로 나누기 원하는 성도들의 삶을 책임져 주시길 간절히 바란다.

하나님 나라는 서로 책임지는 나라라는 것을 맛보았으니 맛보여주는 삶도 살아내기를 소망한다. 함께 서로를 지탱해주며 누리는 하나님 나라의 삶을 더욱 선명하게 보고 싶다. 재정은 넉넉하지 않을지라도 사랑만큼은 넉넉한 하나님 나라 닮은 교회가 되어가길 간절히 소망한다.

## 긴급한 일의 횡포

좀 지난 이야기다. 그야말로 '햇볕은 쨍쨍, 모래알은 반짝'할 것 같은 날씨였다. 아침 일찍 옥탑 사택에서 지상으로 강림(?)했다. 모든 것이 좋았다. 교회 주차장에 첫발을 내딛기 전까지는. 지금은 사라진 화장실 옆 마당 귀퉁이 벽 근처에 파리 떼가 날아다니고 있었다. 까마귀 떼가 몰려 있는 것만큼 불길한 징조다. 미간을 찌푸린 채 가까이 다가가 본다. 아. 이런 변이 있나. 모양새라도 갖추고 있었다면 좋았으련만 묽은 하이라이스처럼 푹 퍼져있었다.

화장실 앞인데. 얼마나 급했으면 화장실 문을 열기도 전에 바지부터 내렸을까. 이런 일이 여러 차례 쌓이면서 '긴급한 일의 횡포(대소변의 급습)'에 대해 묵상하게 되었다. 누구나 밀려오는 긴급한 일 앞에서는 힘없는 약자다. 체면도 습관도 무용지물이다. 머릿속에서는 "그러면 안돼!"라고 외치지만 열리는 포문을 막을 재간은 없다. 어찌하면 이들을 긴급한 일의 횡포로부터 구원할 것인가? 고심 끝에 결정을 내렸다. 화장실을 열자!

벧엘성서침례교회 개방 화장실은 그렇게 시작되었다. 하루아침에 이루어진 것은 아니었다. 하지만 현실이 되었고 많은 이들에게 해방 감을 맛보게 했다. 또 다른 문제가 생겼다. 해방을 맛본 이들의 방종 이다. 봄, 여름, 가을, 겨울. 계절마다 다양한 방식으로 테러를 일삼았 다. 20번쯤 둘둘 말은 휴지에 변기가 막히기 일쑤였다. 담배꽁초를 버려 변기가 막히기도 했다. 사방에 벽화인 듯 벽화 아닌 벽화 같은 뭔가가 그려져 있기도 했다. 겨울엔 긴급한 일을 해결하고 느낀 해방 감만큼 화장실 문을 활짝 열어놔서 변기와 수도가 얼어붙었다. 한 번 얼면 쉽게 녹지도 않는다. 당연히 화장실을 폐쇄하자는 여론이 불일 듯 일어났다.

하지만 하나님 나라를 보여주어야 하는 교회마저 그들을 긴급한 일의 횡포에 희생당하게 할 수는 없었다. 교회는 하나님 나라의 '시 식 코너' 아닌가! 개방화장실로 한 영혼을 구원하기는 어렵다. 하지 만 긴급한 일로부터의 구원과 해방을 맛보여 줄 수 있다고 믿는다. 언젠가 그것이 복음의 본질임을 알기를 기도하면서 말이다.


때로 복음의 기쁜 소식이 종교적 교리나 관념으로 전락할 때 애 통함을 느낀다. 말로만 복음을 전하지 말고 교회 자체가, 성전 된 성 도의 context가 text를 이해하는 은유가 되길 소망한다. 모든 사람이 정말 긴급한 일(일상 속 늘 급한 일들, 찰스 험멜)에서 해방되어 영생의 문 을 두드리기를 기도하며 오늘도 화장실 문을 연다.

## 개장! 벧엘 워터파크!

코로나 이후 가장 그리운 장면을 꼽으라면 벧엘 워터파크다. 우리 교회엔 마당이 있다. 난 마당이라 부르지만 대부분은 주차장이라 부른다. 차로 꽉 채우면 딱 10대를 주차할 수 있는 공간이다. 어느 날 그 마당에 서 있다 뻘뻘 땀을 흘리며 뛰어노는 아이들을 봤다. 개방 화장실을 들락날락하며 물장난을 치고 있었다. 우리 교회 아이들은 아니었지만 교회가 이 아이들에게 무엇을 해줄 수 있을까 고민이 되었다. 머릿속을 스치고 지나간 것은 아이들을 사랑하시는 예수님의 모습이었다. 예수님이라면 어떻게 하실까?

'뻘뻘 흘리는 땀을 식혀 주실 꺼야!'

그렇게 단순한 생각으로부터 벧엘 워터파크가 시작됐다. 처음엔 작은 아이들 10명이 놀 수 있는 대형 튜브 풀장을 구입했다. 아이들이 몰려들기 시작했다. 지나가던 아이들이 엄마를 데리고 다시 왔다. 수영복을 챙겨 입고 온 아이들도 있었다. 그다음 주엔 다 수용할 수가 없었다. 할 수 없이 풀장을 하나 더 샀다. 그늘막도 설치했다. 지금도 그때 찍어 놓은 사진 속 아이들을 보면 너무 흐뭇하다.

페북에 사진을 올렸더니 먹고도 남을 만큼 치킨을 보내주신 분도 계시고 간식비를 후원해주신 분도 계셨다. 그 덕에 아이들이 정말 잘 놀고 잘 먹었다. 전도 행사도 아니고 동네 아이들 놀라고 만든 워터파크에 많은 관심을 보내주셔서 지금도 얼마나 감사한지 모른다.

그 후, 요한서울교회와 교회를 나누어 사용하면서 벧엘 워터파크는 임시휴장이었다. 이어서 코로나가 와서 또 휴장하게 됐다. 몇 년간 사용하지 못한 풀장은 삭아서 구멍이 나서 버렸다. 그늘막도 부러져 쓸 수 없게 되었다. 요즘은 하나님 나라가 얼마나 즐거운 곳인지 아이들에게 보여줄 기회가 사라져 버렸다. 이젠 아이들의 웃음소리도 들을 수가 없다. 불특정 다수의 어린이에게 선물을 나누어 줄 수도 없고 모여서 간식을 먹일 수도 없다. 언제나 다시 워터파크를 개장할 수 있을까? 하루속히 그날이 오면 좋겠다.

아무 데나 버린 쓰레기를 치우느라 투덜대도 좋다. 물에 젖은 채로 사무실로 들어와서 인상 찌푸리며 "야~ 이러지 마~!" 소리를 질러도 좋다. 그저 아이들이 재미있게 놀고 소리 지르며 북적이는 교회가 되면 좋겠다. 꼭 교회 오지 않을 아이들이라도 기분 좋게 카드 긁어 간식 먹이고 싶다. 그 아이들의 기억 속에 교회가 기쁨 넘치는 하나님 나라로 남을 수만 있다면 얼마나 좋을까? 그렇게 예수님을 만나면 얼마나 좋을까?

아이들의 재잘거리는 소리에 나도 덩달아 신이 났던 그때가 너무도 그립다. 적어도 우리 동네 아이들에게 교회가 코로나 터지는 곳이 아닌 신나고 재미있었던 곳으로 기억되길 소망한다. 하루빨리 다시써 붙이고 싶다. 개장! 벧엘 워터파크!

## 쌍욕을 했다

지나가다 마주치면 차 어깨가 스칠 듯한 좁은 골목. 마당 없고 주차장 없는 오래된 집들. 우리 교회가 서 있는 동네 모습이다. 지금의 구옥들이 처음 들어설 때는 차 없는 집이 많았을 것이다. 빠듯한 살림에 허리를 조르던 시절이었기에 집 한 채 마련하기 빠듯해서 아마 주차장을 만드는 것은 사치였을 것이다.

세월이 흘렀다. 이젠 차 없는 집이 희귀하다. 단칸 월세를 살아도 차는 두 대인 경우도 있다. 사람 쉴 곳은 있지만 차가 쉴 곳은 없다. 그나마 새로 지은 빌라들은 주차장이 다 있지만 모두 '외부 차량 주차금지'다. 자본주의 사회에서 개인의 소유엔 기본적으로 공유의 개념이 있기 어렵다. 오죽하면 '공유'란 말만 해도 빨갱이라는 단어를 떠올리는 분들도 있다.

사실 내 공간이 아닌 곳에 차를 세운 사람들은 늘 불안하다. 그래서일까? 내가 전화를 하면 당황하든지 화부터 낸다. 차 빼라는 소리를 하도 많이 들으니 생긴 지병일 것이다. 주차 문제 때문에 이웃 간에 멱살도 잡고 칼부림도 일어나는 시대. 삶도 정답이 없어 불안한데 주차 문제까지 불안을 더한다. 사실 불안은 누구에게나 있다. 죽음 때문에 불안하다. 알 수 없는 미래, 노력으로만 살 수 없는 사회 때문에 불안하다. 이 땅엔 불안을 만드는 재료들이 천지빼까리다. 허나, 하나님 나라엔 불안이 없다. 주차 문제로 늘 불안한 이웃에게 시식 코너로서의 교회는 무엇을 맛보여 줘야 할까?

고민 끝에 한 귀퉁이 긴급한 일을 해소하던 바로 그 담을 없애야 겠다고 생각했다. 하나님 나라는 더 이상 불안이 없는 나라이기 때문이다. 담을 없애면 한 대를 더 댈 수 있고 좀 더 열린 느낌을 줄 수 있다. 주차 반경도 더 나와서 주차하기도 편해진다. 하지만 쉽게 담을 허물 수 없었다. 안전 문제, 재정 문제가 턱 하니 팔짱을 끼고 "어디 할 테면 해봐!"라며 버티고 서 있었다.

더 큰 장벽은 담과 딱 붙어 있는 은행나무였다. 교회 개척 즈음부터 있었다고 전해 내려오는 수호신 느낌의 은행나무다. 더군다나 현재 함께하는 성도님의 아버지가 심으신 사랑이 묻어 있는 나무라 함부로 손댔다가는 은행나무가 아니라 성도님의 추억과 자부심도 함께 잘라 버릴 수 있는 위험성이 있었다.

이런저런 이유로 담을 허무는 것은 오랜 시간이 걸렸다. 물론 주차는 비공식적으로 허용했다. 그냥 이상하게 대놓지만 않으면 알아서 뺄 때까지 전화하지 않았다. 그러던 어느 날 언제 장벽이 있었냐는 듯 허물 수 있게 되었다. 요한서울교회에서 1층 홀을 리모델링하면서 허물어 주기로 했다. 성도님께도 상황을 이야기하고 허락받아 나무를 뽑을 수 있게 되었다. 기적이다. 드디어! 교회 마당 겸 주차장은 두 팔 벌린 너른 품이 되었다. 이제 주차 문제로 불안에 떠는 이웃 몇 명은 구원(?)할 수 있게 되었다. 속으로 생각했다.

'교회와 관계가 좀 나아지겠지?'

'이웃들이 고마워하고 교회를 좋게 보겠지?'

내 생각이 얼마나 순진했는지 아는데 그다지 오래 걸리지 않았다. 차를 대놓고 주일 날도 전화 받지 않는 차. 이동을 부탁하면 짜증 내는 차. 주차하면 안 되냐고 항의하는 차. 전화번호도 없는 차. 현관 앞에 버젓이 대어 통로를 막은 차. 주차금지 표지판을 박살 내놓은 차 등등 아수라장이었다.

어느 날 아침. 그날도 기분 좋게 삼층천(3층 옥탑 사택에 붙인 이름)에서 지상으로 강림했다. 1층에 발이 닿기도 전에 불길한 느낌이 엄습했다. 누가 교회 차를 부욱 긁어 놓고 갔다. 나도 모르게 쌍욕을 했다. 주변 차량 블랙박스 확보도 교통계 신고도 좋은 결과를 얻지 못했다. 같은 곳을 세 번까지 긁혀 봤다.

아니, 내가 주차장 관리인으로 취직한 것도 아닌데 너무하다 싶었다. 어디서도 심적, 물적 보상을 받을 수 없었다. 어쩌다 주일 날 전화 받지 않는 차량이 있으면 성도님들 눈치가 보였다. 역시나 주차 금지하자는 분도 계셨다. 마음이 흔들렸다. 고마운 줄 모르는 이웃에게 원망이 생겼다. 마음 같아서는 정말 확 폐쇄하고 싶었다.

하지만 또 멈칫한다. 교회는 하나님 나라의 맛을 보여주는 시식 코너이기 때문이다. 이 정도도 용서하지 못하면서 예수께서 죄인을 용서하시고 받아주신다는 말을 어떻게 할까? 이 정도도 용납하지 못하면서 어찌 서로 다른 사람들을 용납할 수 있을까? 이 정도도 이해하지 못하면서 하나님 나라는 눈물이 없고 두려움이 없는 곳이라 어떻게 말할 수 있을까? 고민이 되었다. 내가 매일 치미는 화를 견딜 수 있을까?

고민 끝에 화나면 화내고, 웃어넘길 수 있으면 넘기고, 당당하게 전화하며 지지고 볶기를 선택했다. 분명 문제는 늘 생길 것이다. 그러나 몇 번은 기분 좋은 일들도 생기지 않겠나. 그 힘으로 살아가면 된다. 이런 결정이 내가 엄청 영적이어서 내린 결론은 절대 아니다. 착한척해서 좋은 소리 듣자고 한 것도 아니다. 그냥 사람들이 어떻게 하든 교회는 하나님 나라의 맛을 보여 주는 것이 당연하다고 믿기에 선택했을 뿐이다. 교회 주차장은 앞으로도 계속 개방할 것이다. 또 쌍욕을 할지라도.


## 안테나를 세우다

우리 교회에는 십자가 탑이 없다. 탑을 세울 자리는 있는데 십자가는 처음부터 없었다. 십자가가 없어서일까? 동네 분 중에는 교회인 줄 모르는 분들도 있다. 이제는 다르다. 교회라는 인식이 생겼다. 주차장 교회, 화장실 교회. 여기에 한 가지 더 방점을 찍기 위해 십자가 탑이 세워질 자리에 안테나를 세웠다. 전파 중계기다. 처음 통신사 직원이 찾아왔을 때가 생각난다. 우리 동네가 은근히 전파 수신이 어려운 지역이라는 설명을 들었다. 순간 마음이 찌릿했다.

'이거다!'

'동네에 어려움이 있으면 교회가 나서야 한다.'는 마음과 우리 동네의 현실이 통했나 보다. 섬길 구실이 생겼다는 것에 신이 났다. 하지만 언제 그랬냐는 듯 걱정이란 놈이 스멀스멀 올라왔다.

'옥상에 전파 중계기를 달면 전자파는?'
'내가 옥상에 살고 있는데? 우리 가족은?'

사역도 좋지만 사실 가족 걱정이 제일 먼저 됐다. 아직 우리 애들은 한참 성장기고 내 아내는 아프면 안 된다는 생각이 늘 자리 잡혀 있는 나는야 가장 아닌가? 가정 보호 모드가 발동됐다. 한 통신사 직원에게 이리저리 묻고, 검색을 통해 전파 중계기에서 나오는 전자파가 사람에게 무해한지 폭풍 검색을 했다. 정보는 많이 얻었지만, 안전에 대한 확신이 안 섰다. 전문 지식이 있는 것도 아니라 더 고민이 됐다. 여러 견해 중 하나를 선택해야 했다. 결국 십자가는 세우는 것이 아니라 짊어짐으로 보여주어야 한다는 결론에 이르렀다.

'전파 중계기를 세우자!'

그때부터 운영위원회를 설득하고 성도님들을 설득하며 가능성을 만들어 가기 시작했다. 성도님들 중에서 십자가가 있어야 할 곳에 흉

측한 안테나가 들어온다는 것을 반기지 않는 분도 계셨다. 당연하다. 아마 그분은 당신 마음속에 새겨진 십자가가 교회에도 세워지길 바라셨을 것이다. 죄 사함의 상징인 십자가가 세워지고 전해지는 교회가 되길 원하셨을 것이다. 그 마음을 충분히 이해한다. 다만 거기서 한발 더 나아가길 바랄 뿐이다.

이런 마음이 통했는지 성도님들도 안테나를 세우는 일에 동의를 해주셨다. 처음에 T 통신사가 들어오니 일 년 뒤에 S 통신사와 L 통신사도 들어왔다. 중계기 그랜드슬램의 쾌거를 이룬 것이다. 일 년에 한 번이지만 생각지도 못했던 재정도 들어왔다. 하나님의 일하심과 성도님들의 귀한 마음이 정말 고마웠다. 눈에 보이는 십자가 모형보다 십자가를 짊어지고 예수를 따르는 삶이 중요함을 알아주어 고맙고 함께 걸어주니 고마웠다. 세워진 안테나를 볼 때마다 중얼중얼 기도한다. 사람과 사람 사이를 연결해주는 안테나가 하나님과 사람을 연결해주는 안테나가 되길. 우리 교회가 하나님 나라의 맛을 보여주는 '시식 코너'가 되길. 우리의 마음의 안테나가 하나님과 사람을 향하여 바로 세워지는 복된 삶을 살아가길. 오늘도 세워진 안테나를 바라보며 하늘을 우러른다.


## 죄떨이를 심었다

이날도 어김없이 삼층천(옥탑 사택)에서 인간계로 강림했다. 이날도 어김없이 분노가 치밀었다. 날이면 날마다 당하는 일에 무뎌질 만도 한데 신실하게 분노하는 나 자신이 신기하다.

'이 인간들 또 왔다 갔네.'

매일 오려면 우렁각시나 올 것이지, 꼭 교회 마당에서 담배 피우고 꽁초를 버린다. 처음엔 개방 화장실이 있으니 '그러다 말겠지!' 했다. 그러다 느꼈다. '이 인간 뭘 해도 성공할 사람이구나!' 이게 뭐가 그리 꾸준할 일인지 매일 꽁초를 쌓아주신다.

참다 참다 못해 교회 차량의 주차 위치를 바꿨다. 원래는 화장실 바로 앞에 엉덩이를 들이밀고 대났었는데, 화장실을 보고 주차장 반대쪽에 대났다. 블랙박스 주차 녹화 기능을 12시간으로 맞춰났다. 뉘 신지 얼굴은 좀 봐야겠다는 심산이었다. 형사 mode를 장착하고 꼭 잡겠다는 일념에 불타올랐다.

어느 날은 계속 창가에 앉아서 책을 봤다. 설교 준비도 하고 점심도 먹었다. 최대한 삼층천에 사는 내가 인간사에 관여해야 하는 근무 시간 중 현장 검거를 하겠다는 굳센 마음이었다. 그러다 드디어 현장에 온 범인(?)을 목격했다. 왕년에 탐정 놀이 좀 해 본 경력자로서 조용히 뒤를 밟았다. 적당한 거리를 두고 핸드폰 보면서 그냥 길 가는 사람인 양 자연스럽게 미행했다. 교회에서 얼마 떨어지지 않은 곳에 사는 사람이었다. 주소지 확보 완료!

'그냥 신고해버려?'

이제 정의를 실현하고자 신고하려 하니 막상 마음이 약해졌다. 결국 좀 더 참아 보기로 했다. 다만 눈치를 좀 보도록 흩어져 있는 담배꽁초를 한곳에 모아 놨다. 담배꽁초로 하트를 만들어 놓을까 망설였는데 그건 좀 오버 같아 포기. 어쨌든 모인 담배꽁초를 보고 뭔가 눈치  채기를 기다렸다. 알아서 자제해주기를 기다렸던 나의 순진함은 보기 좋게 무시당했다. 어떻게 하면 이 원수를 갚을까 연구 또 연구에 매진했다.

그러나 질문이 바뀌었다. 지금 생각해 보면 하나님이 내 생각을 바꾸신 것이었다. '어떻게 하면 하나님 나라를 맛보여줄까?' 드디어 방법을 찾았다. 예수님은 그 중심을 보시는 분이시니 나도 중심을 보기로 했다. 꽁초를 아무 데나 버리는 건 분명 잘못이다. 하지만 하루도 거르지 않고 매일 담배를 피우는 그 범인(?)의 마음은 어떨까? 단순 습관일 수도 있다. 하지만 마음이 한없이 복잡하기 때문은 아닐까? 그나마 담배 피우는 시간이 아무 눈치 안 보고 깊은 한숨을 쉴 유일한 시간은 아닐까? 화장실 앞이 그 사람에게 유일한 쉼터라면? 고민 끝에 결정했다.

'그냥 화장실 앞에 재떨이를 하나 만들어주자!'

그렇게 우리 교회는 재떨이 있는 교회로 거듭났다. 그분들이 잘

피고 잘 버리다가 예수님께 폭 안겨 '죄 떨이'하면 좋겠다. 재떨이를
볼 때마다 그들에게 구원의 은혜가 임하길 소망한다. 우리 교회는 재
떨이가 아닌 '죄떨이'를 심었다.

# 2장

# 교회는
# 플랫폼이다

플랫폼을 경험하다
플랫폼을 혼동하다
플랫폼에 다시 서다

## 최종학 목사

하나님 나라 회복과 누림을 꿈꾸지만, 서툴고 어리숙한 개척 3년 차 디딤교
회 담임목사다. 하나님 나라 가치면 모든 것이 되는 줄 알았다. 하나님 나라를
이 땅에서 살아가는 것이 의지만으로 되는 것이 아니라는 것을 알게 되기까지
그리 오래 걸리지 않았다. 아직 부족하지만, 하나님 나라 회복을 꿈꾸고 자녀세
대를 세우며 섬기기를 원하며, 주님의 부르심 속에서 맡겨주신 사명을 감당하
며 나가는 교회가 되기를 소망한다.

'라운드 피겨(Round Figure)'라는 말이 있다. '자리수나 앞자리가 바뀌는 숫자 또는 가격'을 의미한다. 이 숫자들이 중요한 의미를 가지는 것은 사람들이 변화에 민감하게 반응하기 때문이다. '라운드 피겨'는 개인과 사회에 모두 존재하며 일상과 사회에 많은 영향을 준다. 1999년에서 2000년으로 넘어가던 때는 흥분과 설렘이 가득한 시기였다. 세상이 바뀔 것 같은 시기였다. 2010년의 '아랍의 봄', 미얀마 아웅산 수치의 가택연금해제, 테블릿 PC 보편화는 사회와 일상의 변화에 속도를 더했다. 2020년 우리사회는 코로나 팬데믹으로 인해 대변화를 강제화 당했다.

　코로나 팬데믹은 지금까지 어떤 것보다 세상에 강력하게 영향을 끼쳤고, '비대면', '온택트'는 개인의 일상 뿐만 아니라 사회도 변해야 한다는 것을 알려주었다. 이러한 사회적, 시대적 변화에 맞춰 교회도 변해야한다. 변하지 않는 복음의 순수성과 본질 위에, 교회는 어떻게 변화의 시대에 적응하고 시대를 품어줄 수 있을까? 급변하는 시대 속에서 세상과 개인의 삶에 소망의 메시지를 전해야 하는 교회의 사명에 대해 고민해야 할 때다.

대학 시절, 낭만이라 할 수 있는 유럽 배낭여행을 떠났다. 설렘과 긴장감을 가지고 떠난 배낭여행은 아주 멋있고, 즐겁고, 행복한 시간이 될 거라 기대했다. 결론부터 말하자면, 배낭여행은 인생에 큰 도전이 되었고 세상을 바라보는 눈을 뜬 아주 유익한 시간이었다. 하지만, 첫 시작은 긴장의 연속과 불안의 순간들이었다.

당시 우리나라 기차역은 개찰구에서 표를 내고 들어가면 기차를 타는 곳으로 들어가는 방식이었다. 개찰구를 통해 들어가면 기차를 놓칠 일은 없다는 의미다. 하지만 유럽은 달랐다. 플랫폼에 많은 기차가 정차되어 있었고, 내가 타야 하는 기차의 플랫폼을 찾아야 했다. 처음 접하는 상황이라 너무 낯설었다. 어디로 가야 할지, 무엇을 타야 할지 잘 모르는 상황이었다. 기차 시간은 다 되어 가는데, 어디서 타야 할지 모르는 상황은 아찔함 그 자체였다.

코로나 이후 우리가 맞이한 이 시대도 비슷한 듯하다. 할 수 있는 일도, 갈 수 있는 방향도 다양해졌지만 교회는 어디로 가야 할지 모르는 낯선 기차역에 서 있는 것 같다.

코로나 이전에는 '교회'라고 하면 떠오르는 정형화된 이미지가 있었다. 목회하는 것도, 교회 안에서의 생활도, 어느 정도 예측 가능했다. 마치 개찰구에 표를 내고 바로 기차를 타는 것과 같다. 하지만, 코로나 이후 교회의 모습은 예측이 어렵다. 변화하는 시대의 요청에 대답하고 움직여야 할 교회가, 오히려 어디로 가야 하는지 모르고 우왕좌왕하는 것처럼 보인다. 급변하는 시대 속에서 방향을 제시해주는 이가 있다면 조금 더 편안하면서도 불안함을 떨쳐버릴 수 있지 않을까?

빠른 변화의 흐름 속에서 방향을 잃은 시대에 교회는 방향을 제시할 수 있어야 한다. 수많은 기차가 각자의 플랫폼에 정차한 상태에서 승객을 기다리며 출발을 준비하고 있다. 교회도 세상을 향해 올바른 곳을 향해 갈 수 있도록 할 수 있는 플랫폼이 되면 좋겠다. 시작하는 것조차 주저하며 어려움을 느끼고 있는 사람들에게 길을 제시해주고 공간을 열어 주길 원한다. 서로를 응원하고 격려해주며 함께 나아가는 플랫폼과 같은 교회를 꿈꿔본다.

# ① 플랫폼을 경험하다

공간을 넘어 방향을 그리고 그 위에 가치를

유럽 배낭여행 때 일이다. 독일에서 하이델베르크로 가는 기차 안에서 여행하는 한국 분들을 만났다. 옆자리에 앉아 조용히 이야기를 듣고 있는데 한 분이 함께 가자고 말했다. 대화를 나누면서 각자 여행을 왔다는 것과 서로 처음 본 사람들이라는 것을 알게 되었다. 우리는 함께 목적지인 하이델베르크로 향했다. 그곳에서 하루를 함께 여행하고 각자 다음 목적지로 떠났다. 낯선 환경에서 처음 본 사람들이지만, 부담 없이 함께 여행한 것이 참 신기하고 즐거운 경험이었다.

이후 미국의 보수적인 신학교에서 미셔널처치에 대해 배우면서 교회에 대해 많은 생각을 하게 되었다. 교회의 운동성과 확장성, 그리고 공동체성이 어떻게 가능할지 고민했었다. 내린 결론은 여행에서 느꼈던 것처럼 교회가 각자의 방향과 목적지를 향해 갈 수 있도록 하는 것이다. 공간을 마련해주고 방향을 보여준다면 교회의 운동성은 커질 것이다.

유학을 마치고 한국에 귀국하여 새로운 목회 현장에 발을 내디뎠다. 한국의 교회 상황도 전혀 알지 못했었기에 모든 것이 새로우면서도 혼란스러웠다. 그러던 어느 날 홍대에서 사역하시는 목사님을 만나면서 새로운 관점과 도전을 얻었다. 젊은이들이 많이 모이는 세상의 중심으로 들어가서 청년들의 삶에 실질적인 방향을 제시하고 있었다. 이 계기로 어떤 사역을 해야 할지를 나름 정리할 수 있었다.

전통적인 형태의 건물이 있는 교회가 아니었다. 라이브 홀에서 예배를 드리고 있었고, 주일 오후에는 펍을 빌려서 예배를 드리고 있었다. 그 모습이 너무 신기했다. 전통적인 장소에서 예배해야 한다는 고정관념을 깨뜨렸다. 이 시대를 살아가는 젊은 예술인들이 모인 현장으로 들어가서 함께 예배하고 있었다.

교회 공간을 넘어 문화 현장으로 들어가 함께 예배하고, 인디밴드 무대를 찾는 젊은 청년들에게 공연을 할 수 있도록 공간을 열었다. 공간 공유를 넘어서 교회 안 청년들이 문화를 분별할 수 있도록 돕고 있었다. 또한 더욱 복음의 본질을 배우도록 교육하고 있었다. 청년 그리스도인들이 모여서 기독청년의 문화를 창조하고 형성하는 일들이 일어났다.

청년 기독문화 형성을 통해 젊은 세대들이 교회 안에서, 다양한 교류가 일어나고 있었다. 고민을 해결할 수 있는 세미나를 개최하고, 결혼에 관한 생각을 편안하게 나누고, 청년 직장인들이 일터에서 어떻게 생존할지를 나누는 시간을 가졌다. 연말연시에는 밖으로 나가지 않고 교회로 모였다. 세상이 주는 즐거움이 아닌 그리스도 안에서의 즐거움과 은혜를 누릴 수 있는 특별한 송구영신 예배를 기획했다. 기존의 예배 틀에서 벗어나 하나의 문화가 될 수 있도록 준비했다. 단지 즐기기만 하는 것이 아니라, 교회의 방향이 자연스럽게 스며들도록 의미 있게 프로그램을 구성했다.

예를 들어 송구영신 예배를 드리면서 몽골 선교와 몽골 코드를 다양하게 연결해 다음 해 사역의 중요 기점을 제시했다. 즐거움만 쫓는 것이 아닌 하나님 나라 복음 안에서 청년들과 함께 고민하는 시간을 가졌다. 교회라는 울타리를 조금 낮춰서 편안하게 들어올 수 있도록 하는 것과 복음의 본질을 더욱 확실하게 전달하였다. 교육을 통해 시대와 세대를 분별하는 교회를 경험하도록 했다. 누구나 편안하게 올 수 있는 교회, 쉽게 복음을 듣고 함께 나눌 수 있는 교회, 풍성히 배울 수 있는 교회 등의 경험을 통해 교회의 새로운 방향을 볼 수 있었다.

유럽 배낭여행의 기차에서 낯선 사람들이 함께 여행할 수 있었던 것은 배낭여행이라는 공감과 공유의 가치와 문화가 있었기 때문이다. 서로 낯설어도 방향은 같았다. 똑같은 모양이 아닌 각자가 원하는 모양의 기쁨으로 서로 다르지만 공유될 수 있었다. 이처럼 교회도 누구나 다가올 수 있고 함께 삶을 나눌 수 있는 공간을 공유할 수 있을 것 같았다.

공간을 넘어 방향을, 방향에 가치를 담아 주는 교회가 절실히 필요하다. 이런 교회가 어렵고 힘든 시대를 살아가는 세상 속에 소망이자 희망이 될 수 있지 않을까?

## 도움, 특별하지 않아. 일상이야!

초등학교 시절의 일이다. 약 1시간 정도 대중교통을 이용해 통학했다. 출근 시간 지하철은 말 그대로 지옥철이었다. 출근하는 분들이 엄청 많았다. 그 사이에서 어렵사리 등교했다.

하루는 여느 때와 같이 지하철을 타고 등교를 하고 있었다. 그날은 유난히 피곤해서 지하철 문에 기대어 꾸벅꾸벅 졸고 있었다. 그러던 중에 갑작스러운 사고가 발생했다. 지하철 문이 열리면서 손이 지하철 문틈에 빨려 들어갔다. 순간 깜짝 놀라서 '꺄악~' 하고 나도 모르게 외마디 비명을 질렀다. 순식간에 일어난 일이었다.

그 짧은 순간 놀라운 일이 일어났다. 주변에 있던 분들이 달려들어 지하철 문을 힘으로 당겼다. 다행히 손을 뺄 수 있었다. 천만다행이었다. 손을 뺀 후에도 가까이 있던 분들이 손은 괜찮은지 재차 물으셨다. 손을 확인하고는 다시 아무 일 없던 것처럼 각자의 길을 갔다. 어려움에 닥친 순간, 누구나 당황할 수밖에 없다. 예상치 못한 일을 겪을 때나 걸어가던 길에서 벗어났을 때, 얼른 확인하고 도움을 요청해야 한다.

어려움에 부딪혔을 때 주변에 아무도 없다면 어떨까? 누구도 도와주지 않는다면 어떨까? 누구에게도 도움을 요청할 수 없다면 어떨까? 우리는 굉장히 막막하고 답답할 것이다. 하지만 주변 사람들이 연합할 수 있다면 위기를 모면할 수 있다. 서로 도우면서 헤쳐나갈 수 있다. 우리는 다시 일상으로 돌아갈 수 있다. 방향이 같고 방향 위에 가치를 세우고 나아간다면 우리는 서로 격려하며 나아갈 수 있다.

코로나 이전에는 교회에 모이는 것을 당연하게 여겼다. 그러나 코로나 위기 상황에 직면하면서 일상이라 생각했던 대면 모임이 어려워졌다. 교회는 어려움에 처한 상황에서 무엇을 어떻게 해야 할지 몰랐다. 일상적이고 당연했던 모임을 할 수 없으니, 무엇을 해야 할지 알 수가 없었다. 이것은 단지 교회만의 문제가 아니었다. 배움의 터전인 일선 학교는 물론, 함께하는 시간이 늘어남에 따라 가정에서도, 함께 모여 일하는 일터에서도 문제가 발생했고, 코로나19로 인해 모든 사회가 위기에 직면했다.

사회가 위기 속에서 도움을 요청할 때 교회는 복음 안에서 회복과 소망의 메시지를 전해야 한다. 어린아이가 위기 속에서 도움을 요청했을 때 많은 사람이 다가와 도움을 주었듯이, 교회도 세상의 어려움에 반응해야 한다. 특별하지 않더라도 일상의 자리에서 교회가 감당할 수 있는 일들을 해야 한다. 하루하루 성실과 진실로 살아가는 것이 우리가 세상에 보여줄 수 있는 희망의 메시지가 된다. 일상의 삶이 무너진 것 같은 팬데믹 시기에, 감사함으로 일상을 살아가는 모습이 필요하지 않을까?

## 여기가 어디야?

초등학교 시절, 먼 거리를 통학하며 이런저런 일들이 있었다. 한 번은 하교하고 있을 때다. 방과 후 친구들과 신나게 놀고 지친 몸으로 하교를 하고 있었다. 그날은 평상시와 다르게 지하철이 아닌 버스를 타고 집으로 향했다. 다행히 앉을 자리가 있어서, 기쁜 마음으로 앉아서 집으로 갔다.

피곤한 몸에 버스의 흔들림이 더해져 졸음이 쏟아졌다. 한참을 꾸벅꾸벅 졸고 있는데 기사 아저씨가 나를 흔들어 깨웠다. 눈을 떠보니 종점에 도착해 있었다. 기사 아저씨는 종점이니 얼른 내리라고 했다.

정신을 차리고 내려 보니 태어나 처음 와보는 곳이었다. 너무 당황한 나머지 버스에서 내린 후에도 주변을 한참 둘러봤다. 어디가 어딘지 전혀 알 수가 없었다. 어디로 가야 할지 갈피를 잡지 못하고 방황을 하면서 헤매고 있었다. 집에 연락해야 하는데 공중전화를 찾을 수가 없었다. 더 큰 문제는 집에 전화한다 해도 일 나가신 부모님들과는 연락할 길이 없었다. 수중에 가진 것은 단돈 100원뿐이었다. 택시라도 타면 좋을 텐데 어린아이였던 터라 그럴 수도 없었다. 낙심한 마음으로 터벅터벅 걷기 시작했다. 한참을 정처 없이 걷다가 고개를 들었다. 그리고 눈앞에 기적이 일어났다. 너무 익숙한 이름이 적힌 이정표가 보였다! 이정표를 보는 순간, 대략의 위치와 가야 할 방향을 가늠할 수 있었다.

우리가 살아가고 있는 이 시대가 어쩌면 정처 없이 걷던 그 순간처럼 느껴진다. 어디로 가야 할지 모르고 정처 없이 걷거나, 갈 바를 몰라 멍하니 서 있는 것과 같다. 하지만, 우리 앞에 이정표가 방향을 알려주고 있다면 두려워하지 않고 다시 움직일 수 있다. 시간이 조금 더 걸리더라도 결국은 도착하게 될 것이다. 방향을 찾았으니 말이다.

코로나 시대에 무엇을 어떻게 해야 할지 몰라서 가만히 있었다. 그나마 코로나가 시작된 지 1년 반이 지난 지금은 조금씩 방향을 찾아가는 것 같다. 그렇다면 우리는 지금 무엇을 보고 걸어가는지 확인해봐야 한다. 어려움과 고난의 시대 속에 교회가 어떤 이정표를 바라보고 있는지 확인해 보아야 한다. 복음의 이정표를 보고 나아가는지, 우리의 경험을 바라보는지, 세상과 동일한 것을 한발 늦게 따라가는지, 여러 가지 확인이 필요하다.

"너희는 세상의 소금이니 소금이 만일 그 맛을 잃으면 무엇으로 짜게 하리요 후에는 아무 쓸 데 없어 다만 밖에 버려져 사람에게 밟힐 뿐이니라. 너희는 세상의 빛이라 산 위에 있는 동네가 숨겨지지 못할 것이요 사람이 등불을 켜서 말 아래에 두지 아니하고 등경 위에 두나니 이르므로 집 안 모든 사람에게 비치느니라. 이같이 너희 빛이 사람 앞에 비치게 하여 그들로 너희 착한 행실을 보고 하늘에 계신 너희 아버지께 영광을 돌리게 하라"(마 5:13~16)

예수님은 우리에게 세상의 소금과 빛이 되라고 말씀하셨다. 자신의 역할을 감당하지 못하는 소금과 빛은 있으나 마나 한 존재다. 소금과 빛의 역할을 못 하는 그리스도인은 아무 의미가 없다. 형태만 소금과 빛이 아니라, 본질과 속성이 소금과 빛으로 존재해야 한다. 세상 속에서 실질적으로 존재하여 역할을 감당할 수 있어야 한다.

코로나 시대의 교회들을 돌아보면, 나름 세상의 소금과 빛으로 존재하며 그 역할을 잘 감당하기 위해 노력하고 있었다. 하지만, 우리는 더 지혜로워야 한다. 세상이 우리를 적대하지 않을 수 있도록 지혜롭게 다가가며 걸어가야 한다. 세상이 어렵다 이야기할 때 우리가 그 자리를 보듬어 주어야 한다.

교회가 세상의 걸림돌과 걱정거리가 되어서는 안 된다. 복음의 삶이 어떤 것인지를 실제로 보여주어야 한다. 힘들고 어려운 시간 속에서 희망의 메시지를 전해야 한다. 예수님께서는 종려 주일에 제자들보다 먼저 예루살렘으로 들어가셨고 행하셨다. 그리스도가 우리 안에서 일하시고 우리 앞에서 길을 보이셨다. 주님을 따라 한 걸음씩 전진할 때, 세상을 향해 이정표로 방향을 보여줄 수 있다. 세상을 살리는 복음의 메시지를 전하며 소금과 빛으로 나아가길 소망해 본다.

# ② 플랫폼을 혼동하다

학원에서 영어강의를 하던 때가 있었다. 어린 시절 넉넉지 못한 가정형편이 참 싫었다. 돌이켜 보면 넉넉하지는 않아도 부족하지는 않았는데, 당시에는 그것이 그렇게 싫었다. 그래서 '대박'을 터트리는 강사가 되고 싶어 미국으로 유학을 떠났다. 미국에서 영어 공부를 하며 깨달은 것은 '영어를 잘하기 위해서는 그들의 문화를 잘 알아야 한다.'라는 사실이었다.

상황에 따라 같은 말을 해도 다른 의미로 전달되는 때가 있다. 흔히 인사를 할 때 일상생활에서 'what`s up?'이라고 하는데, 때로는 '넌 대체 누구냐!'라는 의심 가득한 질문이 되기도 한다. 만약 'what`s up'을 문자로만 배웠다면, 다른 사용법을 알 수 없었을 것이다. 그 외에도 참 많은 말들이 있는데, 문화를 이해하기 전에는 잘 이해할 수 없었다.

문화는 한국도 마찬가지다. 만약 지방에 가서 사투리를 들으면 어떨까? 방언이 생소할 것이고 이해하지 못하는 것들도 있을 것이다. 삶의 양식 속에서도 어색하고 이해가 안 되는 것이 존재한다. 당연히 그 지역의 문화를 알면 더 잘 이해할 수 있다. 우리가 사는 세상은 '문화'를 빼고는 이해하기가 어렵다. 세대 간 소통의 어려움도 서로의 문화를 이해하지 못하기 때문이다.

사역하면서 '문화'에 대해 많이 고민했다. 어린 시절에는 '교회에 가서' 게임과 활동 등 다양한 것들을 경험할 수 있었다. 특별히 여름 성경학교에서는 게임도 하고 평상시에 먹지 못했던 간식도 먹었다. 선물도 많이 받았다. 어린 시절의 신세계였다. 하지만 오늘날 교회는 과거 어린 시절에 느꼈던 새로움은 거의 없다. 오히려 교회 밖의 문화들을 가지고 와서 따라 하기 급급한 것 같다. 어떻게 하면 기독교 문화를 만들 수 있을까?

## 청소년 문화를 고민하다

고등부 사역을 하던 때, 홍대에서의 사역 경험을 바탕으로 사역을 했다. 그때, 가장 큰 고민은 '기독교 청소년 문화를 어떻게 만들 수 있을까?'라는 고민이었다. 하지만 전통교회에서 사역하고 있었기에 대대적인 변화를 줄 수는 없었다. '기존의 틀 안에서 할 수 있는 것은 무엇인가?'라는 생각으로 하나씩 변화를 줬다.

먼저 예배 시간에 강대상에 서 있지 않고 무선 마이크를 착용 후 아이들 앞으로 나와서 한 명 한 명과 눈을 마주치며 설교했다. 마치 강연 하듯이 손에 태블릿PC를 들고 무대 좌우를 돌아다니면서 편안하고 자연스럽게 말이다. 예배 중간에는 3분짜리 짧은 스킷 드라마(연극)를 삽입했고, 헌금 시간에는 헌금 찬양만 하는 것이 아니라, 배경음악을 틀고 헌금의 의미를 전했다. 십일조는 어떤 헌금이고 감사헌금은 무엇인지에 대해서 소개하면서, 약간의 형식적인 변화를 통해 편안하게 다가가려고 노력했다. 하지만, 예배 시간에 큰 변화를 주는 것은 현실적으로 어려웠다.

그렇게 '어떻게 청소년들에게 기독교 문화를 전할 수 있을까'를 더욱 고민하던 시기에, 교회 전체적으로 '전교인 새생명초청주일'을 진행했다. 이때다 싶어서 상반기 새생명축제를 새롭게 기획했다. 당시 고등부 교사 중 보컬트레이너가 있었다. 그 교사와 함께 빛을 통해 그림으로 복음을 전하는 분을 초대하는 문화 공연을 기획했다. 학생 임원들이 직접 사회를 보고 무대를 꾸미면서 그동안 해 보지 않았던 것들을 준비했다. 주변 친구들에게 공연을 보러 가자고 초대하도록 했다

단 하루 주일에만 친구들을 초대해 게임을 하고 간식을 먹는 문화에서 조금은 벗어난 기획이었다. 토요일 공연과 주일 예배라는 조금은 특별한 문화의 이중 구조로 진행했다. 교회에 하루만 오기도 쉽지 않은데, 주일뿐만 아니라 토요일에도 초청하는 것에 대해 부담스러

위하는 친구들도 있었다. 또한 고등부 학생들과 믿지 않는 친구들과의 대화 속에서 '교회라는 공간'이 주는 부담이 있음을 알게 되었다. 어떤 행사를 하더라도 '교회라는 낯선 공간'에 발을 내딛는 것을 부담스러워했다.

이 이야기를 듣고 '교회 공간'이 주는 낯섦을 줄이기 위해 토요일 공연을 준비했다. 토요일 오후에 공연하고 이어서 파티를 열었다. 토요일 공연을 통해 교회가 낯선 친구들에게 조금은 익숙해질 기회가 되었다. 새로운 친구들이 온 것도 좋았지만, 교회 내 청소년들이 색다른 경험을 통해 시각이 바뀔 수 있는 계기가 되어서 좋았다.

상반기에 진행했던 것을 바탕으로 하반기에도 '청소년 문화콘서트'를 준비했다. 상반기와 다르게 하반기에는 학생 중심으로 기획했다. 우리 교회 학생들이 다니는 학교의 밴드부나 댄스동아리를 초청해서 공연을 했다. 기획, 준비, 섭외, 진행의 모든 과정을 학생부 학생들에 의해 주도적으로 준비하도록 했다. 결과는 학생들과 선생님들 모두 대만족이었다.

청소년들은 이미 학교에서 수행 평가를 통해 할 수 있었던 수준의 기획이었다. 수행평가보다 조금 더 스케일이 커졌고, 공간이 학교에서 교회로 옮겨졌을 뿐이다. '교회라는 공간'은 교회를 다니지 않는 친구들뿐만 아니라 교회를 다니는 친구들에게도 인식의 변화를 주었다. '교회에서는 할 수 없어', '교회니까 달라야 해'와 같은 생각들이 시선과 시야를 좁혔다. 두 번의 문화행사를 통해 교회에 있는 청소년들에게는 사고의 폭을 넓힐 기회가 되었다. 교회를 다니지 않는 친구들에게는 교회와의 거리를 좁힐 수 있는 계기가 되었다.

## 세대가 함께하는 문화를 꿈꾸다

고등부 사역의 새로운 경험을 통해 얻은 자신감으로 사역을 이어 갔다. 청년부 사역을 할 때도 기독교 청년 문화를 만들기 위해 노력 했다. 청년들은 청소년들보다 더 다양한 문화 사역을 감당할 수 있기 를 소망했다.

가장 먼저 시작한 것은 청년리더들의 동의를 구하는 것이었다. 청 소년 사역은 학생들을 주도적으로 이끌어주며 진행할 수 있었다. 청 년들과 함께할 때는 의견을 교환하고 수용하면서 함께 고민해야 했 다. 무엇보다 청년들을 단순히 교회의 궂은 일을 도맡는 일꾼이 아닌 사역의 주체가 되어주기를 기대했다. 그래서 청년리더들과 교회와 사역에 대해 함께 나누었다. 교회가 세상 속에서 무엇을 하면 좋을지 를 함께 고민하며 방향을 잡기 위해 노력했다.

초반에는 상당히 더디게 진행되었다. 지금껏 익숙하게 드렸던 정 형화된 예배에 대해 고민하기 시작했다. 새로운 사역을 통해 하나님 과 예배하며 세상과 소통하는 방법을 찾기는 쉽지 않은 과정이었다. 스스로 생각의 폭을 넓히고 다양한 고민을 하는 시간이 필요했다. 당시에는 흔하지 않았던 로봇 목소리 광고를 만들고, 예배 후에는 각자의 생각과 예배 가운데 느끼고 깨달은 것과 한 주간의 삶 속에서 감사한 것 등을 나누었다.

다양한 시도와 새로운 사역을 통해 점점 가장 먼저 해결해야 할 것이 무엇인지 알 수 있었다. 그것은 바로 세대 간 단절이었다. 교회 안에서 청년들이 느끼는 자신들의 위치는 단순히 '일꾼'이었다. 교회에서 이런저런 일들을 감당해야 하는 '일꾼', 그 이상도 이하도 아니었다. 반면 부모 세대들에게 청년들은 교회 봉사도 하지 않고 자신들만 생각하는 '이기적인' 존재로 비치고 있었다. 그래서 청년 세대와 부모 세대의 단절이 아닌 연합을 위한 사역이 필요했다.

세대 간의 간격을 좁히기 위해 가장 먼저 청년들의 사역을 소개했다. 부모 세대들이 청년 세대들의 기도 후원자로 세워질 수 있도록 수련회 홍보영상과 기도 편지를 통해 기도를 요청했다. 수련회는 외부로 나가지 않고 교회 안에서 활동하며 저녁 예배 때 부모님들과 함께 예배하는 오픈 예배로 드렸다. 수련회 마지막 날에는 교회의 어른들과 부모님들을 모시고 음식을 대접하며 부모 세대와 어우러지는 시간을 가졌다.

이후 청년부는 전교인을 대상으로 홈커밍데이를 기획했다. 단순히 선배들을 초대해 예배드리고 끝난 것이 아닌, 선배들의 신앙 경험을 후배들에게 전수하는 시간도 가졌다. 교회를 떠났던 선배들과 교회 내 남아 있던 선배들을 초청했다. 선후배의 만남을 통해 청년 그리스도인들의 직장생활, 결혼, 비전과 같이 일상에서 직면할 수 있는 실제적인 신앙 고민을 대화하며 풀어가는 좋은 시간이 되었다. 먼저는 청년들의 고민에 대해 청년 선배들이 후배들에게 자신들의 경험을 이야기해 주었다. 청년 선배들에게도 어려운 것들은 장년 선배들이 답을 해주며 세대를 잇는 시간을 가졌다.

청년들끼리만 통하는 문화를 만들고 소비하는 것이 아니라, 세대를 잇는 세대 통합적인 문화를 형성하기 위해 노력했다. 조금은 색다른 방법으로 진행하면서 새로운 문화를 형성하기 위해 애썼다. 교회 안에 세대를 잇는 문화를 심기 위해 문화 공연도 준비했다. 이번에는 장년, 청년, 청소년, 어린이들이 함께하는 문화 공연을 준비했다. 대학 축제처럼 밴드를 초청하여 청년들이 즐기고, 부스를 열어 각각의 세대들이 즐길 수 있도록 장을 마련하여 모두가 함께하는 축제를 준비했다.

그러던 중, 일련의 문화행사를 진행하면서 청년들이 조금은 지쳐갔다. 그래서 청년들을 위로하고 격려하는 시간을 마련했다. '쉼'을 주제로 청년부실 안쪽에 캠핑장 같은 공간을 마련했다. 이곳에서 서로 격려하며 쉴 수 있는 시간을 풍성히 가졌다.

## 지쳐버린 청년들과 패잔병이 되어버린 목회자

　문제는 항상 예상하지 못한 상황과 시간에 발생하는 것 같다. 아무 문제가 없으리라 생각했는데, 문화기획과 공연, 다양한 사역 속에서 미처 인지하지 못한 문제들이 발생했다. '기독교 문화 형성'이라는 명분에 심취해서 돌봐야 하는 양들을 살피지 못하고 있었다. 청년들을 위한 문화가 오히려 청년들에게 부담이 되었고, 더 새롭고 특별하게 진행하려는 강박 속에 갇히게 되었다. 어느덧 행사가 주된 목적이 되었다. 점차 청년들이 지쳐가고 있음을 인지하지 못하고 있었다.

　청년들을 함께 동역하며 나아가는 동역자임과 동시에, 목회자의 돌봄과 섬김을 받아야 하는 대상임을 잊어버렸다. 그로 인해 사역과 행사에 집중하며 청년들을 이끌었고, 그들의 아픔과 어려움을 발견하지 못하고 홀로 걸어갔다.

　문제를 발견하고 뒤를 돌아봤을 때, 흡사 패잔병 같은 모습으로 멀리 떨어져 있는 청년들을 발견했다. 이런 상황 속에서도 스스로 문제를 발견하지는 못했다. 잘못된 것이 무엇인지 모른 채 다음 사역을 향해 홀로 걸어가는 이기적인 모습이었다. 문제도 제대로 파악하지 못하고 해결하지 못한 채 도피하듯 새로운 사역을 찾아 떠났다.

## 개척의 자리로 밀려들어가다.

청년 시절에는 선교에 대해 다른 사람이 하는 것으로 치부했다. 시간이 흘러 해외 선교을 경험하면서 선교에 대한 생각이 바뀌었다. 하지만 중동선교는 하지 않겠다는 생각은 바뀌지 않았다. 왠지 중동 선교를 가면 위험할 것 같다는 근거 없는 인식이 있었다.

부목사로 섬길 때, 개척에 대해서도 비슷한 생각이 있었다.
'절대 개척은 하지 않는다!'

개척에 대한 두려움이 가득했다. 그런데 어느 날 마음속에 의문이 생겼다 .
'청빙 목회는 개척보다 쉬울까?'

나의 대답은 '그렇지 않다.'였다. 청빙으로 담임 목회를 하시는 선배 목사님들도 어렵다는 생각이 들었고 새로운 관계의 어려움이 있다는 생각이 들었다. 반면에 교회를 개척한 목사님들을 보면 경제적인 상황이나 전도의 현실은 어렵지만, 행복하게 사역하시는 분들이 주변에 많았다. 당연히 청빙 받으신 분들도 행복하게 목회하시는 분들이 계시지만, 당시 내 눈에는 '청빙은 어렵고 개척은 행복해 보인다.'였다.

개척의 마음을 갖고 준비 하던 중에 지금의 디딤공동체를 만났다. 개인적인 계획과는 다르게 예측할 수 없는 상황에서 개척을 할 수밖에 없었다. 계획한 시간보다 일찍 개척을 하게 되었지만, 한편으로는 두렵지 않고 자신이 있었다. 이미 개척에 대해 생각하고 있었고 여러 가지 계획을 가지고 있었다. 뿐만 아니라 청소년과 청년사역의 경험도 있었고, 교회의 사명과 비전도 나름 세워져 있었기 때문에 자신이 있었다.

그런데 개척의 현실은 너무 달랐다. 예상했던 것과는 판이한 일들이 수없이 일어났다. 가장 큰 문제점은 내가 준비되지 않았다는 것이었다. 지금까지 내 안에 내재하여 있었던 나의 문제점들이 한꺼번에 터져 나오기 시작했다. 무엇보다 가장 큰 문제는 '이 정도면 충분하겠지?'라는 생각이었다.

성도들의 상황을 전혀 이해하지 못하거나, 공감하지 못한 상태로 사역에 집중했다. 공감받지 못한 채 불도저식으로 밀어붙이고 있는 모습도 발견했다. 선교적 교회(미셔널 처치)라는 화려한 포장지를 가지고 무작정 포장만 하려는 모습이 있었다. '양육'이라는 타이틀로 성도들에게 내 생각만을 주입시켰고, '비전이라는 깃발'을 높이 들고 무작정 따라올 것만을 강요했다.

'사명'과 '부르심'이라는 말로 교회 사역을 강요했다. 카페를 열어 만남의 접점을 가지려 하였고, 작은도서관을 통해 지역사회의 거점이 되려거 했다. 청소년들을 만나기 위한 청소년 프로그램도 함께 진행했다. 이런 모든 사역 가운데 교회도, 성도도 보이지 않았다. 오직 사역에 빠진 목회자 한 명만 있었다.

다양한 방법만 내세우며 본질(방향)은 보이지 않는 나의 모습을 발견하게 되었다. 2년간의 사역은 말 그대로 참패였다. 방향성이라는 큰 그림과 기독교 세계관을 통한 삶의 적용과 해석을 설익고 어설픈 방법과 지식, 그리고 경험으로 포장했기에 발생한 문제였다. 청소년 사역과 청년 사역에서는 인지하지 못했던 문제점들이, 어쩌면 살짝 덮어두었던 문제들이 한꺼번에 드러났다. 아프고 좌절된 마음에 다 포기하고 싶었다.

복음서에 보면 예수님은 제자들을 데리고 참 많은 사역을 감당하셨다. 예수님은 제자들과 사람들 앞에서 신적 권능을 드러내는 기적과 이적을 많이 행하셨다. 하지만, 예수님의 사역은 솔선수범의 사역이었으며, 회복의 사역이었다. 망가지고 부서진 삶을 회복시키고 소외된 자들의 삶을 공동체로 돌아오게 하는 사역이었다. 또한, 예수님은 제자들과의 사역에서 잊지 않고 하나님 나라의 복음을 전수하며 보이셨다. 복음의 사역이 어떤 것인지, 복음이 무엇인지를 실제로 보여주시며 제자들을 세심하게 돌보셨다.

예수님의 가르침과 돌봄에도 불구하고 제자들이 예수님의 회복 사역을 이해하는 것은 어려웠다. 복음 사역 자체가 하나님 나라의 일이기에, 땅에 발을 붙이고 사는 제자들에게는 이해가 어려웠을 것이다. 하지만, 예수님은 멈추지 않고 모든 것을 가르치시고 양육하셨다. 모든 말씀의 약속을 지키시며 십자가 사건과 부활의 소망으로 끝까지 이루셨다.

    다양한 사역을 진행하면서 나는 주변을 전혀 돌아보지 않고 앞만 보고 달렸다. 돌봐야 하는 양들을 살피지 않고, 내가 해야 할 일만 생각했다. 결국 복음이 내 안에 전인격적으로 작동하는 것이 아니라, 외적으로 보이는 결과물들을 복음의 본질이라 착각하며 사역했다. 온전한 플랫폼을 꿈꾸던 나는 '본질'을 제거한 상태로 플랫폼만을 세워가고 있었다.

# ③ 플랫폼 다시 서다

　유럽 배낭여행으로 프랑스 파리에 갔을 때의 일이다. 프랑스는 지하철도 노선이 많고 기차역도 많다. 프랑스의 일정을 마치고 야간열차를 타고 로마로 넘어가려고 움직이고 있었다. 로마라는 멋진 도시로 간다는 생각에 들떠 있었다. 유유자적하며 가벼운 발걸음으로 기차역으로 행했다. 지하철을 타고 기차역에 도착했는데, 전혀 다른 기차역으로 잘못 찾아갔다. 기차역 이곳저곳을 돌아다니며 기차를 찾는데, 타야 할 기차는 보이지 않았다. 안내데스크에 물어보니, 그곳에 있던 분이 나를 한 번 훑어보고는 자신은 영어를 못한다고 하면서 외면해 버렸다. 오기로 기차표를 보여주며 계속 물었더니, 기차역이 여기가 아니라고 알려줬다. 너무 당황해서 어찌할 바를 몰랐다.

　'아 망했다. 열차를 놓치겠구나.'라는 생각에 좌절하고 있을 때, 이정표 하나가 눈에 들어왔다. 내가 타야 하는 기차역으로 가는 이정표였다. 다행히 그리 멀지 않은 곳에 있었다. 무거운 배낭을 지고 급하게 달려서 기차역으로 갔다. 다행히 열차를 놓치지 않고 탈 수 있었다. 지금 생각해도 아찔하고 당혹스러운 순간이었다.

만약, 다른 기차역인 것도 모르고, 이정표도 찾지 못했다면 어떻게 되었을까? 우리가 세운 계획도 마찬가지다. 계획이 틀어졌을 때, 틀어진 부분을 알지 못한다면 고칠 수가 없다. 더욱이 예측하지 못한 새로운 문제들을 해결해야 하는 어려움도 생긴다.

## 복음을 만나다

말씀을 전한 후, 나와 성도들의 삶을 돌아보면서 '왜 말씀을 들었는데 변화가 없지?'라는 생각이 들 때가 종종 있다. 히브리서 4장 12~13절에 보면 "하나님의 말씀은 살아 있고 활력이 있어 좌우에 날 선 어떤 검보다도 예리하여 혼과 영과 및 관절과 골수를 찔러 쪼개기까지 하며 또 마음의 생각과 뜻을 판단하나니 지으신 것이 하나도 그 앞에 나타나지 않음이 없고 우리의 결산을 받으실 이의 눈앞에 만물이 벌거벗은 것 같이 드러나느니라."라고 기록되어 있다. 그런데 왜 말씀을 들은 우리는 변화가 없을까? 말씀의 생명력이 없는 것일까? 아니면 성경이 틀린 것일까? 변화되지 않는 모습들로 인해 화가 나고 속상했다.

서울 노원구 쪽에 로또 당첨으로 아주 유명한 곳이 있다. 가족 모임을 마치고 집으로 가는 길에 그 매장을 봤다. 그리고 아이들과 이런 저런 이야기를 하던 중 갑작스럽게 큰 아들이 말했다.

"로또 1등 당첨되면 좋겠다."

나는 물었다.

"아들들은 1등 당첨되면 뭐하고 싶어?" 가족들이 모두 잠시 행복한 상상을 했다. 아이들은 '닌텐도를 사 달라.'고 했고, 나는 '차를 바꾸겠다. 부모님들과 가족들에게 어느 정도 나눠주겠다.'라는 말들을 쏟아 놓았다. 상상만으로도 참 재미있었다.

재미있고 즐거운 상상이었다. 그런데 마음속에 '로또 1등 당첨과 구원 중 무엇이 더 귀중하고 가치 있는가?'라는 질문이 생겼다. 이성적으로는 당연히 구원이 더 중요하다고 답했는데, 마음속으로는 그래도 로또 1등 당첨되면 좋겠다고 생각을 하고 있었다. 말씀을 들어도 변화가 없고, 말씀에 생명력이 없는 것처럼 느끼는 것은 스스로 구원의 가치를 잘 몰랐기 때문이다. 다시 말해 복음이 내 삶에 가치 있는 것으로 존재하지 않았기 때문이다.

"복음은 종교가 아니며, 비종교도 아니다. 오히려 그것과는 전혀 다른 무엇이다. 복음은 은혜를 통해서 하나님을 만나는 제3의 길이다. 이것 때문에, 우리는 극단적인 실수들을 피하고 복음을 정확하고 충성되게 전달할 수 있도록 독특하고도 균형 잡힌 방식으로 사역한다." <센터처치, p47>

"복음은 우리가 위험(죄)으로부터 어떻게 구출되었는지에 대한 메시지이다. 복음에는 우리 삶을 바꾸는 영향력 있는 어떤 사건의 발생에 대한 소식이라는 의미가 담겨있다." <센터처치, p52>

복음이 내 삶에 들어왔지만, 복음이 내 삶에 전혀 의미를 갖지 못했다. 복음은 '좋은 충고가 아니라 기쁜 소식'이기에, 우리가 행해야 하는 그 무엇이 아니다. 복음은 우리를 위해 행해진 무엇이며 우리가 반응해야 하는 것이다. 그리스도가 모든 일을 이루시기 위해 이 땅에 오셔서 해결하신 것이 복음인데, 그 복음을 잊고 있었다. 예수그리스도의 복음 메시지가 내 삶에 들어오니, 삶의 근간이 새롭게 달라지기 시작했다. 개척 순간부터 일어났던 일련의 시간과 과정들이 다시 해석되기 시작했다.


## 하나님 나라를 꿈꾸다

코로나19에 직면하면서 사역의 방법론이 기존의 방법과는 조금 달라졌다. 여전히 말씀과 기도는 중요하지만, 그 외에 영상, 미디어, 콘텐츠 등의 사역적인 방법에 더 많은 시간과 신경을 써야만 한다.

먼저 영상 제작에 관심을 두게 되었고 강의를 보면서 하나씩 만들어봤다. 처음에는 너무 막막했지만, 공부하고 연습하면서 조금씩 다룰 수 있게 되었다. 설교 영상도 간단하게 편집할 수 있게 되었고, 간단한 영상 콘텐츠도 제작할 수 있게 됐다.

교회 개척도 비슷한 것 같다.

개척 전부터 교회에 대해 고민하기 시작하면서,

'개척하면 숫자에 신경 쓰지 않겠어.'

'개척하면 교회에서 모이기보다 삶의 자리에 더 모이게 하겠어.'

'개척하면 하나님의 주권만이 삶에서 온전히 드러나는 성도들이 되도록 양육하겠어!'

'하나님이 중심인 교회, 하나님이 주인이신 교회, 하나님의 주권과 통치가 온전히 드러나는 교회!'

이런 생각들로 가득했다.

지금도 이 생각들이 틀렸다고 생각하지는 않는다. 하지만, 너무 한쪽만 봤다. 너무 멀리 있는 것만 보고 바로 앞에 있는 것은 생각하지 못했다. 방향은 어디인지 알았으나, 방법을 몰랐다. 무엇을 해야 할지 모르고 달려가기만 했다. 방향을 제시한다고 했지만, 불분명한 방향 제시였다. 그렇기에 성도들은 '어디로, 무엇을, 왜' 달려가야 하는지 전혀 몰랐다. 그렇게 목회자 혼자 불분명한 방향을 향해 열심히 달려갔다. 그러고는 함께 하지 않는 것으로 오해하고 혼자 상처받고 혼자 아파했다. '나의 교회'가 이뤄지지 않음을 힘들어했다.

우리는 모두 꿈꾸는 교회가 있다. 그리고 각자의 목회를 한다. 하지만, '하나님의 이름'을 나의 성취를 위해 이용하고 있을 수 있다.

그렇기에 더욱 조심해야 한다.

'나의 교회'가 아닌 '하나님의 교회'를 세우고 세상에서 살아가기 위해 중심에 복음이 담겨 있어야 한다. 내가 꿈꾸는 교회가 아니라 복음의 소망이 이뤄지는 교회를 향해야 한다. 복음이 우리 삶의 변화를 주는 기쁨의 소식이다. 우리는 구원의 소식을 전하기 위해 어떤 행동을 하는 것이 아니라, 복음의 기쁨을 어떻게 더 누릴 수 있을지를 돌아보아야 한다. 이미 복음 그 자체가 '기쁜 소식'이기에, 그 자체만으로도 우리는 행복하고 힘 있게 살아갈 수 있다.

'나의 교회'가 아닌 '하나님의 교회'로서 살아간다는 것은 결국, 하나님 나라를 이 땅에서 살아가는 것이다. 하나님 나라를 살아가기 위해 복음의 메시지가 내 안에서 중심을 잡고 행동의 근거가 되어야 한다.

복음으로 개인의 삶이 온전해질 수 있다. 하나님 앞에서 주어진 일에 최선을 다할 수 있다. 세상에서 벌어지는 외적인 현상에도 흔들리지 않을 수 있다. 예수그리스도께서 이 땅에 오셔서 십자가에서 죽으시고 부활하심으로 우리를 구원하시고 함께 하셨기에, 우리는 흔들리지 않을 수 있다. 복음으로 우리는 세상을 바라볼 수 있다. 내 생각과 경험으로 판단하는 것이 아니라 복음으로 세상을 해석할 힘이 생긴다.

특별히 현실 세계에서 정치를 보면 진보와 보수라는 이름으로 진영을 나눠서 서로 힘겨루기를 한다. 하지만 하나님의 나라는 진보, 보수라는 한 진영으로 담을 수가 없는 더 큰 개념이다. 우리 생각과 경험만으로 세상을 나누게 되면 하나님 나라를 오해하게 된다. 갈등과 대립이 가득하게 되고, '내 편 아니면 적'이라는 식의 이분법적인 오류에 빠지게 된다. 교회는 복음 안에서 중심을 잡고 세상을 바라보며, 분별하여 흔들리지 않고 현실을 이끌어야 한다.

청빙과 같은 개척을 하고 첫 1년의 시간을 보내면서, 나부터 하나님의 교회가 되어야 한다는 것을 알게 되었다. 내가 꿈꾸는 교회가 아닌 하나님이 온전히 통치하시는 교회가 되어야 한다. 내가 원하는 교회가 아닌 하나님이 온전히 역사하시며 하나님만이 온전히 드러나는 교회가 되어야 한다. 이것의 첫 사례가 담임 목회자가 되어야 한다는 것을 깨달았다.

목회하며 더 겸손해지고 더 내려놓는 것이 어떤 의미인지를 조금씩 알 수 있게 되었다. 진영 논리나 경험이 아닌, 오직 복음 안에서 그리스도가 주신 기쁨과 평안함이 가득한 하나님의 교회를 꿈꾼다.


## 터 다지기

건물을 지을 때 가장 중요한 것을 하나 뽑으라고 한다면, 나는 주저하지 않고 기초공사와 중심기둥을 말할 것이다. 누구든지 다 그렇게 말할 것이다. 기초가 부실하고 중심기둥이 단단하지 않으면 집이 무너지거나 틀어지기 때문이다.

　어느 월요일 오전에 교회에 나갔더니, 1층 입구 바닥에 검은 조각들이 가득했다. 초여름에 특히 많은 하루살이가 교회 문 앞에 있는 불빛을 보고 들어와 죽어 있는 줄 알았다. 그런데 가까이 가서 보니 하루살이가 아니라 유리 파편이 가득했다. 좌우를 살펴보니 계단 옆 공간을 막아둔 강화유리가 부서져 있었다. 충격적인 장면이었다. 혹시라도 주일 예배 때 성도님들이 계단을 내려오다 유리가 깨졌으면 큰일이었을 텐데, 주일 저녁에 벌어져서 천만다행이었다.

　왜 이런 일이 발생했을까? 이유는 간단했다. 먼저 계단과 유리 사이에 충격을 완화해줄 철 프레임이 없어서, 강화유리가 모든 하중을 받았기 때문이다. 또 다른 이유는 입구 쪽 공간을 분리하기 위해 만들어놓은 프레임이 고정되지 않아서 함께 힘을 받아주지 못했기 때문이다.

　교회도 마찬가지다. 교회를 개척한다는 것은 단순히 모여서 예배만 드리는 것이 아니다. 유기적이고 생명력이 있는 공동체가 모이는 것이기에 토대가 단단해야 한다. 그리스도 예수의 복음 위에 터를 세우지 않으면 교회는 당연히 무너진다. 공동체의 단단한 터를 다지기 위해서는 공동체가 복음으로 단단히 세워져 있어야 한다. 또한 공동체 일원들의 영적 상태가 어떤지, 처한 환경과 상황은 어떤지를 잘 살펴야 한다. 특히, 아픔이 있는 공동체라면, 더욱 주의 깊게 살펴보고 복음으로 위로하고 회복해야 한다.

나는 이런 부분을 잘 못 했다. 공동체 일원들의 상황과 상태보다 내가 하고 싶었던 사역, 생각하는 사역을 우선적으로 진행했었다. 그렇기에 도약하기 위해 힘을 주면 단단해야 할 곳에 무너지고 금이 가서 건강한 사역을 할 수 없었다. 이런 시행착오들을 거치면서 확실히 깨달은 것은 복음 위에 하나씩 세워가지 않으면 결코 한 걸음도 도약할 수 없다는 사실이다.

팀 켈러의 센터처치에서는 '복음, 도시, 문화'를 이야기한다. 그 가운데 가장 도전이 되고 고민하게 했던 것은 바로 '복음'이다. 목사이지만 복음에 대한 이해가 아직도 부족했다. 내 생각과 의를 드러내며 내 능력으로 하려는 모습이 강하다. 예수는 없고 나만 있었던 것이다.

또한, 복음이 없는 화려하고 대단한 사역의 결과물들은 아무런 의미가 없다. 교회는 그리스도 예수 위에서 세워진다. 예수님 위에 세우지 않는 교회와 가정은 바람이 불고 비가 내리면 무너진다. 하지만, 예수님 위에 세워진 집은 결코 무너지지 않는다. 창수가 나고 비바람이 분다 할지라도 결코 무너지지 않는다. 예수님이 우리의 터가 되어 주시기 때문이다. 개척하고 목회를 하면서 복음에 대해 다시금 생각하면서 더 돌아보게 되었다. 비록 내 의와 능력을 드러내고자 하는 모습으로 인해 아프고 힘들 때가 많지만 점점 더 깨달아가니 너무 좋다.

## 복음 위에 서서 다시 바라보다

개척 후 막연한 목회철학과 교회에 관한 생각을 비전과 핵심가치를 통해서 사명선언문을 만들었다. 처음 세운 가치와 사명선언문이 잘못된 것은 아니었지만, 교회 공동체와 긴밀하게 공유되지는 않았다. 목회자가 세운 핵심가치와 사명선언문을 성도들에게 주입하기보다는 목회자의 생각을 공유하고 함께 기도하며 세워가기를 원했다. 그 방편으로 공동체 비전기도회를 진행했다.

2019년 10월, 한 달의 시간 동안 기도하며 비전기도회를 준비했다. 비전기도회를 통해 함께 기도하며 공동체가 교회에 대한 부르심에 대해 함께 고민하며 사명선언문과 핵심가치를 결정했다. 복음 위에 세우는 사역의 모습과 방향을 함께 나눴다. 목회자 중심이거나 목회자의 일방적인 결정이 아니었다. 모든 성도가 함께 고민하며 중점사역과 교회의 방향을 함께 나누고 결정했다. 그런 가운데 목회자의 역할이 더 분명하게 정해졌다.

교회를 돌보는 것은 기본적인 사역이고, 자녀 세대를 더욱 세울 수 있도록 방향을 잡아주는 역할이 있다. 교회의 기존 도서들을 정리하고 공간을 재정비해서 작은 도서관을 시작했다. 2020년에는 '꿈의학교'를 통해 청소년들을 만나고 함께하는 시간을 가졌다. 올해도 변함없이 자녀 세대들이 건강하게 자신들의 미래와 비전을 꿈꾸고 펼칠 수 있는 꿈의학교를 운영하려고 한다.

비전기도회에서 세워진 핵심가치와 사명선언문 그리고 기도회에서 확인한 하나님의 공동체를 향한 부르심이 기존 생각들과 크게 다르지 않았다. 하지만 확인하고 시작하는 주체가 달라졌다. 복음에서 시작되는 사역은 사역 자체의 즐거움보다 더욱 근원적이며, 단단하다. 부르심의 삶을 살아가는 것이 쉬운 일은 아니다. 장애물이 없는 것도 아니다. 그러나 복음의 기쁜 소식이 삶을 변화시켰다. 복음이 사역의 토대가 되었기에 잠시 멈출 수는 있지만, 넘어지거나 이탈하지는 않는다.

'개척만이 답이다.'라고 말하기에는 너무 부족하다. 그리고 내가 감당하고 있는 교회의 모습만이 온전히 성경적이며, 시대의 대안이라고 제시할 수는 없다. 그러나 교회를 섬기며 교회로 살아가는 데 있어서 흔들리지 않는 방향을 정하고 걸어가기 위해서는 명확한 부르심과 사명이 있어야 한다. 그렇기에 사명선언문과 핵심가치는 너무 중요하다.

## 복음의 터 위에 가치를 세우다

얼마 전, 인기 있는 《강철부대》라는 TV프로그램을 보면서 아들들과 이야기를 나누었다. 함께 시청하던 중2 큰아들이 물었다.

"아빠는 군대 가보고 싶어?"

"아빠? 아빠는 두 눈으로 볼 수 있게 된다면 군대 갈 거지"

나는 한쪽 눈이 안 보여서 군 면제를 받았다. 그래서 늘 마음속에
'두 눈으로 볼 수만 있다면 지금이라도 군대를 가겠다.'고 생각했다.
하지만, 불가능한 꿈이었다. 개척 2년 차에 코로나를 만났다. 두 눈
이 회복되는 것이 불가능한 것처럼 코로나도 모든 상황을 불가능한
곳으로 끌고 갔다. 무엇을 해야 할지 몰랐다. 복음 위에 다시 서서 한
걸음씩 나아가고자 했는데 '코로나'라는 거대한 적을 만났다. 모든
것이 강제로 멈춰진 상황이 되다 보니 답답했다. 멈춰진 것 같은 시
간 속에서 '복음'을 공부하기 시작했다.

복음을 몰라서가 아니라 복음이 고난의 시기에 어떤 영향을 주는
지 고민이 되었다. 팀 켈러의 센터처치를 읽고 공부를 시작했다. 복
음을 알아 갈수록 사역보다 '나' 자신을 돌아보게 되었다. 복음 안에
서 내가 얼마나 가치 있는 존재인지, 그리고 사랑을 얼마나 많이 받
았는지를 깨달았다. 그리고 또 다른 놀라운 사실을 발견했다. 복음을
모르는 것이 아니라, 복음의 능력이 삶에 미치는 영향을 전혀 경험
하지 못하고 있었다. 복음은 모든 것을 변화시키는 시작이다. 복음이
모든 것의 시작이라는 것은 삶과 사역의 모든 동기도 바뀐다는 것을
의미한다.

지금껏 누리지 못했던 복음을 개인적으로 누리게 되었다. 코로나
를 비롯한 환경적 요인으로 인해 힘들어하던 시기에, 그 모든 것을
견딜 수 있었던 힘은 바로 '복음'이었다. 복음을 묵상하며 복음의 능

력이 내 삶에 드러날 수 있기를 소망했다. 복음이 내 삶 속에서 행한 일들을 생각하며 하나님을 바라보면서 견딜 수 있었다.

지금까지 의무적, 기능적으로 감당했던 교회의 일들을 돌아보았다. 이제는 예수그리스도의 복음이 이유가 되었다. 복음으로 인해 가장 먼저 일어난 변화는 설교였다. 지금까지 피해자라 생각하며 전한 설교가 나의 분노를 말씀이라는 무기로 성도들에게 쏟아냈음을 알게 되었다. 기술적으로 설교를 구성하며 교묘하게 내 안에 있는 분노의 칼을 성도들에게 던졌다. 성도들의 삶을 공감하지 못하는 설교, 복음의 능력을 선포하지 못하는 설교, 날카로운 칼을 지닌 설교로 채워져 있었다.

하지만, 복음 안에서 삶을 다시 해석하고, 복음의 능력이 나타나면서 독을 품은 설교가 변하기 시작했다. 예수님이 행하신 것을 전했다. 예수님의 하신 일로 많은 사람의 삶을 변화시켰음을 전했다. 복음이 아픈 상처를 치유해 주고, 복음의 능력이 위로할 것과 치유하고 변화시킬 것을 전했다.

복음을 통해 내가 얼마나 존귀한 존재인지 다시 깨닫고 나니, 하나님이 우리 성도님들을 얼마나 사랑하는지를 더욱더 깨닫게 되었다. 하나님의 은혜를 생각하니 하나님이 다양한 방법으로 교회를 지켜주고 계셨음을 깨닫게 되었다. 교회와 성도님을 위해 더욱 시간을 내어 기도하기 시작했다. 교회가 지역 가운데서 무엇을 감당해야 하는지 더욱 고민했다. 아직은 힘이 없고 코로나로 힘든 시기지만, 교회를 도와주는 곳들과 교회 주변의 많은 사업체들, 그리고 어린이집 등을 위해 기도하기 시작했다.

매주 예배 중에 자녀 세대를 위해, 자신과 가정을 위해, 교회와 공동체를 위해, 지역사회를 위해 축복하며 기도의 시간을 가졌다. 지역사회와 함께하고 주변 어린이집과 유치원의 등하원을 시키는 부모님들을 위해 교회 주차장을 개방했다. 주변에서 설명회를 할 때도 언제든지 주차장을 이용 할 수 있도록 개방했다. 지역 주민들의 가족들이 방문하게 되면 편안하게 교회 주차장을 이용할 수 있도록 했다.

물론 초반에는 주차장 개방으로 인해 약간의 어려움은 있었다. 운전이 미숙한 학부모님들이 담장을 망가트리기도 하고, 공사 트럭이 주차장 가운데에 주차하기도 했다. 하지만 이제는 서로 조금씩 양보하며 사용을 하고 있다. 더 나아가, 코로나로 힘든 시기에 주변 어린이집 원장님들과 함께 무거운 마음의 짐을 나눌 수 있는 시간도 가졌다. 누구에게 털어놓기 힘들었던 마음의 아픔들을 서로 나눴다.

다시 시작한 사역은 너무 즐거웠다. 크고 대단한 것이 아닌 지금 있는 자리에서 할 수 있는 것들을 고민하며 실행하니, 큰 힘이 들지 않았고 나눌 수 있었다. 비록 작은 일이었지만, 나비의 작은 날갯짓처럼 변화가 시작되었다. 주차장 공유라는 실천을 통해 지역사회를 섬김으로 지역 속으로 조금 더 가까이 다가갈 수 있었다.

## 작은도서관을 시작하다

2020년에 코로나로 인해 아무것도 못 하고 지낼 때, 자기 경영이라는 말을 처음 들었다. 자기 경영이 무엇인지 궁금해서 알아보니, 간단하게 표현하면 '시간 관리'였다. 물론, 단순히 시간을 나눠서 관리하는 것이 아닌, 인생에 대해 계획을 짜고 목표와 목적을 관리하면서 자신의 삶을 경영하는 것이었다. 계획하고 실행하고 삶을 이끌어 간다는 것이 매력적으로 느껴졌다.

그러나 생각하고 계획한 대로 진행되면 좋겠는데, 삶도 목회도 예측하고 계획한 대로 진행되지 않았다. 2019년에 개척을 하면서 작은 도서관을 개관했다. 그런데 문제는 뚜렷한 방향성 없이 개관한 것이다. 처음 개관을 준비하면서는 서류를 준비하고 환경을 꾸미고, 책 준비 등으로 깊이 고민할 수가 없었다. 새로운 목회자와 아직 익숙하지 않았던 성도님들과도 함께 교회를 세워가야 했기에 여러 일들이 쉽지 않았다.

어떠한 목회적 방향이나 방침도 없이 막연히 시작했다. 단지 새로운 일을 통해 막힌 상황들을 해결하고 싶었던 것 같다. 도서관 개관까지는 어렵지 않게 진행되었다. 개관 이후, 작은도서관을 하시는 다른 목사님의 도움으로 지원금을 받아 초등학생을 대상으로 창의 수학 교실도 4주간 진행했다. 영어 공부를 하고 싶은 청년과 기초영문법 강의도 했다. 모든 것이 잘 진행되어 가는 듯했다.

하지만, 목회 방향이나 도서관 운영 방향 없이 시작한 작은도서관은 2020년 2월 코로나의 확산으로 인해 멈춰야 했다. 도서관은 있지만 도서관 역할은 전혀 못 하는 상황이 되었다. 아무런 계획도 없고 방향도 없는 시간을 보내던 가운데, 경기도 교육청에서 주관하는 '경기꿈의학교'를 지원하게 되었고 은혜로 선정되었다.

꿈의학교 시작은 아무것도 하지 않고 견디는 것이 힘들어서 생존을 위해 시작했다. 하지만, 선정된 후 준비를 하면서 새로운 고민거리가 생겼다.

'학생들에게 기술만 가르쳐야 할까?'
'학생들에게 뭘 해줘야 하지?'
'나는 왜 이것을 하려고 하지?'

꿈의학교를 통해 지원한 친구들에게 단지 기술만 가르쳐주고 싶지는 않았다. 꿈의학교를 통해 학생들이 자신들의 생각을 자유롭게 펼치는 시간이 되길 원했다. 꿈의학교는 영상팀과 밴드공연팀으로 구성했다. 그리고 공연을 준비하면서 음악과 영상을 통해서 자신들의 감정과 생각을 표현할 수 있길 원했다. 코로나로 인해 진행에 어려움도 있었지만, 학생들은 자신들의 이야기로 자작곡을 만들고 뮤직비디오를 제작했다. 마지막에 졸업 공연에는 유튜브 라이브 공연과 현장 공연을 동시에 진행했다.

2020년 경기꿈의학교를 통해 지역에 있는 청소년들과 함께하는 시간을 가졌다. 코로나로 활동이 제한적인 청소년들에게 자신들의 꿈과 장기를 뽐낼 수 있는 시간이었다. 무엇보다 참가한 학생 가운데 교회를 다니지 않던 친구들과 부모님들에게 교회에 대한 부담을 줄일 수 있는 계기가 되었다.

작은도서관에서 꿈의 학교를 진행과 함께 줌을 이용한 자기경영 세미나도 개최했다. 청소년들이 도서관에 와서 악기연주도 할 수 있도록 문을 열었다. 세미나와 꿈의 학교를 통해 소통의 장을 마련할 기회를 얻었다. 작은도서관을 통해 교회와 목회의 방향을 고민할 수 있게 되었다. 교회 사명선언문에 존재했지만 잊고 있었던 비전을 다시금 상기했다.

"다음 세대를 세우고 섬기는 은혜누림 공동체"

우리 교회에 주신 사명, 교회가 가야 할 방향을 확인할 수 있었다. 교회의 방향은 단지 '내가 하고 싶어서'이거나 '내가 원하는 때'가 아니라, 하나님이 보여주시고 하나님이 허락하신 때에 진행된다는 것을 배웠다. 아무리 내가 세워둔 계획이라 할지라도, 하나님이 생각나게 하시고 생각할 수 있게 하실 때 다시 걸어갈 수 있다는 것을 알았다.

## 카페를 시작하다

어린 시절 참 재미있게 했던 게임 중에 실뜨기 게임이 있다. 단순하면서도 재미있는 놀이다. 내가 어린 시절 하던 게임을 2020년대를 살아가는 아이들도 즐긴다. 이 게임은 복잡하게 있는 실을 잘못된 방법으로 잡으면 실이 확 풀린다. 정확한 방법으로 하는 것과 어렵게 꼬아서 줄을 배열하는 것이 중요하다.

내가 처음 교회에 부임하려 했을 때는 개척이 아니라 부교역자로 오는 것이었다. 하지만, 2018년 12월 말 부임 직전 갑작스러운 담임목회자의 공석으로 인해 교회를 새롭게 시작하는 상황이 되었다. 여러 상황을 만나고 해결하면서 개척 아닌 개척이 시작되었다. 개척이기에 모든 것을 다시 시작해야 했지만, 이미 진행된 사업들을 유지하거나 정리하는 것이 필요했다.

상황을 보면 모이는 공동체가 있고, 건물이 있는 보기에는 참 좋은 환경이다. 하지만, 다시 시작하기 위해서는 먼저 기존의 엉켜있던 실타래를 풀어야 했다. 마치 실뜨기 게임에서 진행을 할 수 없을 것 같은 복잡한 상황이었다.

개척 당시 탁구장과 카페 운영을 해야 했다. 탁구장 운영과 카페 운영에 관해 준비하지 않았던 나에게는 어려운 일이었다. 더불어 매일 진행되는 새벽 예배, 금요 예배 등 주중 예배와 주일 오전 예배와 오후 예배, 그리고 운영위원 모임 및 양육 등 기존에 진행하던 모든 모임을 유지해야 했다. 이런 상황에서 저녁 10시까지 탁구장과 카페를 운영하는 것은 사실상 불가능한 상황이었다. 준비 없이, 계획 없이, 방향 없이 사업체를 운영해야 했다. 어렵고 힘든 상황을 극복하기 위해 탁구장 운영을 멈추고 카페만 운영하기로 결정했다.

카페 운영을 위해 커피를 배우고 바리스타 자격증을 취득하면서 하나씩 준비했다. 카페도 작은 도서관 개관처럼 막연하게 시작했다. 탁구장을 정리하면서 그 공간은 꿈의 학교 수업을 위한 공간으로 사용했다. 항상 문이 닫혀있던 교회가 카페를 운영함으로써 다시 문을 활짝 열었다. 교회 공간에 대해 부담 없이 접근할 수 있도록 담을 낮추었다.

카페를 통해 복음을 전할 방법이 무엇이 있을까 고민하던 중, 주변 영어유치원의 원어민 강사가 카페에 방문했다. 자신이 크리스천임을 밝히면서 내가 목사인 것을 알고 상담을 요청했다. 미국에서 유학 시절 경험한 문화적 차이를 경험했었기에 문화적 차이에서 오는 오해를 이해할 수 있었다. 원어민 강사를 상담한 후 원어민 강사들이 자신의 마음을 이야기하고 싶을 때면 종종 내려와 편안하게 시간을 보내고 갔다. 또한 카페에 오시는 손님 가운데 타 교회 집사님이 계셨다. 직장동료들에게 복음을 전했었는데, 카페에 오셔서 부담 없이 복음을 전할 수 있는 계기가 되었다. 목회자가 카페를 운영하기에 편하게 복음을 전했다.

카페를 통해 자신의 이야기를 나눌 수 있는 공간이 될 수 있음을 경험했다. 직접적으로 복음을 전할 수는 없지만, 예수님을 믿지 않는 분들에게 부담 없이 다가갈 수 있는 공간이 될 수 있었다. 그 후, 주변 어린이집과 유치원 원장님들과 카페에서 모여 어려운 점을 듣고 도움을 줄 방법을 함께 찾았다. 코로나로 모임이 힘들어졌을 때, 꿈의 학교를 위해 분리해 놓은 공간 일부를 개방하여 소규모 모임들을 할 수 있도록 했다. 교회 공간이라 부담을 느낄 수도 있었지만, 카페와 작은 도서관의 개방을 통해 편안히 다가올 수 있었다.

## 플랫폼에 서서 복음으로 다시 바라보다

교회에 주어진 사명을 감당하는 데 있어서 여전히 해결해야 할 문제들은 남겨져 있다. 코로나 시기에 공동체를 돌보는 것에는 여전히 어려움을 겪고 있다. 코로나로 인해 교회 공동체가 모여서 사역을 할 수 없기에 개인적으로 모든 사역을 감당했다. 코로나가 금방 끝날 것이라 생각했기에 혼자 시작했다. 공동체는 뒤로 남겨지고 목회자 혼자만 또 달려가고 있었다. 목회자가 열심히 하고 있으면 공동체가 잘 견디고 따라오리라 생각했다. 하지만, 그렇지 않았다. 여전히 목회자 혼자 신났다. 앞으로 혼자 달려가다 보니 뒤처진 공동체가 보였다.

복음 안에서 은혜를 누렸기에 복음 설교를 통한 회복을 선포하면서, 진행하는 사역에 대해 설명하였지만 공감을 얻지 못한 채 진행되고 있었다. 소통의 부재와 성도들을 이해하지 못한 것을 깨닫고, 지역사회 안에서 다가갔던 것처럼 성도님들의 삶의 자리로 다가갔다. 만나는 것은 힘들기에 연락을 자주 하고, 예배 가운데 마음을 전하고, 사역에 대해 더욱 자세히 설명했다. 그리고 2021년이 시작하면서, 공동체성을 회복하기 위해 예배 순서 가운데 공동체 축복 시간을 추가했다. 단순히 축복 찬양만 하는 것이 아니라, 서로를 위한 축복 기도 시간을 가졌다. 서로를 축복하고 각자의 삶의 자리를 축복하는 시간이었다.

흔히 '눈에서 멀어지면 마음에서 멀어진다.'고 말한다. 성도님들이 서로를 더욱 생각할 수 있도록 서로의 기도 제목을 예배 가운데 공유했다. 그리고 서로를 축복했다. 교회 사역에 함께 하기 위해 지역사회를 위한 축복기도 시간도 가졌다. 교회와 개인 삶, 일터 그리고 지역사회를 위해 기도하기 시작했다. 강단에서 말씀을 선포하면서 교회의 방향성을 복음 안에서 설명하기 시작했다. 목회자 혼자의 생각이 아니라 복음 안에서 공동체가 함께 결정했고 함께 가고 있다는 것을 강조함으로 사역에 동참할 수 있도록 초대했다.

여전히 코로나로 인해 힘들고 어려운 상황을 지나고 있다. 하지만, 무엇을 할지 몰랐던 지난 시간과는 다르게 하나님께서 보여주시고 이끌어주시는 방향을 향해 나아가고 있다. 교회 공동체가 함께 할수 없고, 목회자 혼자 가야 하는 것은 같은 상황이다. 하지만 성도님들이 함께 사역에 동참 할 수 있도록 환경을 만들고, 서로를 축복하며 더욱 기도하는 시간을 통해 문제들을 하나하나 해결하고 있다. 작은 도서관과 꿈의학교 그리고 카페를 통해 지역사회와 더욱 연계해서 나아가려 한다. 비록 대단한 사역들을 감당하는 것은 아니지만, 주어진 상황과 환경 속에서 교회가 할 수 있는 일을 하며 나아가길 소망한다.

"교회는 교회의 일을 합니다." 성도님들과 함께 나눴던 것처럼, 멈춰있는 상황이라면 교회는 멈춰서 할 수 있는 교회의 일을 하면 된다. 나의 힘으로는 아무것도 할 수 없다. 하지만, 하나님께서 보여주시고 인도하시는 가운데, 하나님이 세우신 교회는 교회의 일을 감당할 수 있다. 지금까지 미약하지만 걸어온 이 길을 서두르지 않고 따라가고자 한다.

아직도 너무나 부족한 것이 많은 개척 교회 목사다. 하지만 복음 안에서, 복음 위에서, 복음을 가지고 한 걸음씩 걸어간다면, 하나님 나라의 아름답고 행복한 삶을 우리 삶 속에서 그려낼 수 있다고 믿는다. 힘든 시기, 어려운 시기라 못하는 것이 아닌, 그리스도의 복음 안에서 복음의 능력을 누리고 복음의 능력을 드러내는 교회를 꿈꾸며 오늘도 걸어간다.

3장

# 교회는 함께
# 울고 웃는다

함께 울다
함께 웃다

# 김진호 목사

신학생 시절, 호기롭게 '농촌 목회'를 외치며, '이왕이면 가장 젊고 건강할 때 농촌 목회를 경험하리라'고 마음먹었다. 산골 예배당에서 좌충우돌하다 보니 어느덧 여섯 해가 되었고, 오늘도 할매들과 예배당 안팎에서 울고 웃으며 '함께'의 의미를 온몸으로 배우고 있다. 느리지만 반듯하게 그리스도께서 보여주신 '함께'의 참 의미를 더욱 깊이 알아가길 소망한다.

2013년 가을. 즐거워하는 자들과 함께 즐거워하고 우는 자들과 함께 울라(롬 12:15)는 말씀이 마음에 깊은 울림을 주었다. 그런데 내 마음의 울림은 성경과 순서가 달라서 '함께 울고 웃고'였다. 밤새 이 말씀을 가지고 묵상했고, '이 땅에는 우는 자가 더 많다'라는 깨달음이 있었다. 그날 나는 '함께 울고 웃고'라는 목회관을 갖게 되었다.

　해를 거듭할수록 처음과 다르게 '함께 울고, 함께 웃고'는 무뎌져 갔다. 겨울을 알리는 비가 내리던 어느 날, 청년 심방을 마치고 귀가하는 중에 '착즙기에 마른 오징어를 넣고 돌리는' 듯한 느낌이 들었다. 그날부터 나는 다시 '함께 울고 웃고'를 기도 제목 삼아 매달렸고, 2016년 4월, 강원도 영월의 산골 예배당에 부임하여 오늘까지 아침을 맞이하고 있다. 여전히 좌충우돌하지만, 할매 성도들의 순전한 믿음과 귀농 성도들의 뜨거운 사랑에 울고 웃으며, 한 가족으로 함께 사는 법을 배우고 있다. '함께 울고 함께 웃고' 보낸 여섯 해 이야기들을 소개하려고 한다. 아직 잘 영글지 않아 떫을 수도 있지만 고개가 끄덕여지고 입가에 옅은 미소가 생기길 바라는 마음으로 산골 예배당의 희로애락(喜怒哀樂)을 담아 본다.

# ① 함께 울다

**이번 닭다리는 할매가 드시게요**

어제 주일 저녁 예배를 마치고 우리 할매들을 모셔다드리고 오던 길에 불편한 일을 만났다.

며칠 전부터 애를 먹였던 차량이 재를 오르던 중에 엔진이 멈춰버린 것이다. 지난 금요일 카센터에 갔다가 주일 차량 운행은 해야할 것 같아서 그냥 온 것이 화근이었다. 가까스로 차를 세우고 교회집사님께 전화를 드려서 차량을 길 밖으로 이동시키고 교회로 돌아 왔다.

그때부터 골치가 아팠다. 수리비는 둘째다. 당장 화요일에 우리 할매들을 모시고 교회 근처 의림지에 가서 추어탕 한 그릇 드시게 하고 오려 했는데, 교회의 발이 고장 났으니 큰일이다.

작년 가을 야외예배가 좋으셨는지 지난 주일에 광고 나간 후부터 야외 활동만 기다리고 계시는데, 일이 복잡하게 되었다. 밤새 '차량을 렌트 할까?' '옆 교회 목사님에게 차량을 빌려볼까?' 여러 고민을 하다가 결국 야외 활동을 다음으로 미루기로 했다. 그리고 아내에게 "할매들에게 전화드리라." 부탁하고 일정을 감당하기 위해 아침 일찍 집을 나섰다.

이동하는 버스 안. 아내 전화를 받은 우리 할매들에게서 바리바리 전화가 온다.

"목사님 괜찮으세요?"
"목사님 안 다치셨어요? 약은 드셨어요?"
"목사님 차는 걱정마세요."
"우리 야유회 안 가도 되니 신경 쓰지 마세요."
"우리 목사님 안 다쳤으면 괜찮은 거예요."

우리 할매들의 전화를 받으면서 감사한 마음이 들었다. 교회와 목회자에게 관심이 없으신 줄 알았는데, 그래서 참 당황스러웠는데, 이제는 교회와 목회자를 걱정하신다. 2년 8개월 동안 함께 정을 나누어서인가 보다.

전화를 끊고 가만히 눈을 감는데 눈물이 난다. 우리 할매들의 목소리가 선하다. 하나님께서 이렇게 위로해 주신다. 어쩔 수 없어서 야외 활동은 다음으로 미뤘지만, 이번 수요 저녁 예배를 마치고 우리 할매들이 가장 좋아하시는 치킨을 준비해서 함께 뜯어야겠다. 할매들은 분명 수줍어하며, 내게 닭다리를 내미실 것이다. 그 모습이 눈에 선하다. 하지만 이번엔 이렇게 말할 참이다.

  "이번 닭다리는 할매가 드시게요."

참되자.


## 양치기 소년이 될 뻔했다

  강원도 산골의 작은 시골이다 보니 내가 섬기는 교회는 성도의 수도, 재정 규모도 작고 약하다. 그렇다고 해서 하나님으로부터 받은 사명까지 작은 것은 아니다. 매달 후원을 받고 있지만, 우리 교회도 매달 두 분의 선교사님과 사정이 어려운 비전교회(미자립교회) 두 곳, 유학생 한 명에게 사랑 가득한 선교비를 흘려보낸다. 뿐만 아니라 절기헌금(부활, 맥추, 추수, 성탄)도 선교사님들과 비전교회에 흘려보내는 일들을 기쁘게 감당한다. '더불어 함께 하는 교회'가 우리 교회의 사명이기 때문이다.

  그런데 이번 추수감사주일 헌금을 흘려보내는 과정에서 나의 마음에 작은 유혹이 있었다. 하필이면 야외예배를 앞두고 노후한 교회 봉고차 엔진이 완전히 고장이 났고, 예상대로 수리비가 만만치 않았다. 게다가 연말이라 감리교 본부와 연회, 지방에 각각의 부담금을 내야 한다

이렇게 써야 할 곳은 많고, 재정은 부족한 상황에서 예상보다 더 많은 액수의 추수감사주일 헌금이 눈에 밟혔다. 그때부터 내 마음은 전쟁터이다.

'추수감사주일 헌금 중에서 일부를 자동차 엔진을 고치는 데 쓰거나 아니면 부담금으로 일부를 처리하고, 나머지 금액을 선교사님께 흘려보낼까?'

'어차피 선교사님은 우리 교회 추수감사주일 헌금의 정확한 액수를 모르잖아?'

'일단 우리도 살아야 나중에 더 잘 돕지.'

별별 이유로 머릿속이 복잡하다. 그래서 아내에게 위의 상황들을 최대한 논리적으로 이야기를 했다. 그러자 토끼 눈이 된 아내가 이렇게 말을 했다.

"매번 절기에 했던 것처럼 이번 추수감사주일 헌금도 선교사님께 흘려보내는 게 좋을 것 같아요. 이번 추수감사주일 헌금은 탄자니아에 예배당 건축헌금으로 흘려보낸다고 하였고, 성도님들이 감동을

받아서 하신 헌금이잖아요. 갑자기 다른 곳에 사용해 버리면 아무도 좋아하지 않을 것 같아요. 그냥 설교 때 나누었던 말씀대로 하는 게 좋겠어요."

아내 말이 하나 틀린 것이 없다고 생각되었다. 어떤 반박도 할 수가 없었다. 교회의 상황을 성도들에게 논리적으로 설명하여 당장 급한 불(차량 수리, 부담금)을 끌 수는 있겠지만, 궁극적으로는 성도들에게 불신을 만드는 씨앗이 될 것이 분명하다. 다음에 성도들이 목사의 말을 믿지 않을 가능성이 크다. 목사인 내가 양치기 소년의 처지가 될 것을 생각하니 두려웠다. 추수감사헌금을 더 가지고 있다가는 마음이 계속 흔들릴 것 같아서 곧바로 농협으로 달려가서 선교사님께 송금했다.

추수감사헌금을 송금하고 가벼운 마음으로 돌아오는 길, 마음에 하나님의 음성 같은 소리가 강하게 들리는 듯했다.

"진호야, 너는 성도들에게 이렇게 설교하지 않았니? '하나님을 기쁘시게 하는 것은 다른 어떤 것이 아닙니다. 성도의 온전한 믿음입니다. 우리가 하나님을 기쁘시게 해 드릴 것이 무엇이 있겠습니까? 우리의 순전한 믿음이 아닙니까? 하나님은 무엇보다도 성도의 믿음에 기뻐하십니다. 우리가 하나님을 더욱더 믿고 의지해야 하는 이유가 여기에 있습니다.'라고 말이야. 그런데 너는 설교한 것과 다르게 살아가려 했구나. 이번 일로 너한테 좀 섭섭할 뻔했다."

그날 나는 우리 교회의 사명을 잃을 뻔했고, 하마터면 양치기 소년이 될 뻔했다. 하지만 다행스럽게도 아내를 통해 하나님의 음성을 들었고, 사명을 따라 순종할 수 있었다. 이 과정을 통해 나에게는 믿음의 이력이 하나 더 생겼다. 앞으로 목회의 여정 가운데에 얼마나 더 많은 시험이나 유혹을 만날 것이며, 또 얼마나 많은 얍복강의 씨름을 마주할지 모르겠다. 바라기는 그 모든 시험과 유혹을 이기고 싶다. 참되게 말이다. 오늘도 참되자.

## 받은 은혜는 가슴으로 기억합니다

작년 연말, 말썽이던 차량이 고장이 났다. 카센터에서 손을 보기는 했으나 임시방편이었기에 운행 때마다 조마조마했다. 재정이 있다면 당장에라도 중고차를 알아보았겠지만, 강원도 산골의 작은 교회이다 보니 한 주의 헌금으로 한 주를 살아야 한다. 빠듯한 재정 상황이기에 중고차 구입은 엄두도 못 내고 있었다.

어느 주일 늦은 밤, 고향교회 목사님에게서 전화가 왔다.

"김 목사님, 2월 마지막 주일 저녁에 헌신예배 설교 좀 부탁해도 될까요?"
"예, 목사님. 감사합니다. 잘 준비해서 가겠습니다."

헌신예배 설교를 잘(?) 마친 나는 목사님과 간단한 다과를 나눴다. 이야기를 마칠 때쯤 목사님께서 말씀하셨다.

"김 목사님, 이번에 우리 교회에서 도천교회에 봉고차를 헌물 하려고 하는데, 괜찮으신지요? 오늘 오후에 장로님들과 결정을 했고, 김 목사님만 괜찮다면 우리 교회가 섬길 기회를 주면 좋겠어요."
"…(울컥) 네, 목사님. 정말 감사합니다."

생각해 보면 목사님은 늘 내게 용기를 주셨다. 어릴 적부터 뛰놀던 교회에서 첫 사역을 시작하며, 교육전도사로 임명을 받던 당회날. 당회원들에게 이렇게 말씀하셨다.

"어릴 적부터 보고 자랐지만 이제 목회자의 길을 갑니다. 담임목사를 섬기고 사랑하듯 섬기고 사랑해 주시기 바랍니다."

2013년 봄에는 먼 대구까지 오셔서 목사안수 보좌를 해주셨다. 안수보좌를 마치고 용인으로 올라가시던 목사님께서는 아직 사역할 임지가 결정되지 않은 내게 전화를 주셔서 말씀하셨다.

"김 목사님. 목사안수를 축하해요. 이번 주 주일 1, 2부 예배 때 축도 부탁해요"

그러셨던 분이 오늘 다시 한번 내게 용기를 주신다. 목사님께서는 당신이 보여주신 사랑을 다 기억하지 못하시겠지만, 아낌없는 사랑과 응원을 나는 가슴으로 기억한다. 그리고 그 사랑을 통해 하늘 아버지의 일하심을 마주한다.

단독목회를 통해서 가장 많이 경험하며 목도하는 은혜는 '정확하게 일하시는 하나님'이다. 이런 경험을 통해 "전에 주께 대하여 귀로 듣기만 했는데 이제는 눈으로 주를 봅니다."라는 욥의 고백이 더 깊이 새겨진다. 그 사랑은 오늘도 참 짙더라. 그 사랑은 오늘도 참 깊더라. 참되자.


## 뇌물 받은 목사입니다

얼마 전에 우리 할매 권사님이 40일 작정 기도를 마치셨다. 아침, 저녁으로 시간을 정해 기도하셨고, 매일 귀한 예물까지 정성껏 준비하여 봉헌하셨다.

첫 번째 헌금은 부족한 담임목사를 위한 기도였다.
'하나님 감사합니다. 조흔 목사님 보네 주셔서 감사합니다. 목사님 경강은 하나님 제금지고 성영 추만한 목사님 되시기를 바랍니다.'(하나님 감사합니다. 좋은 목사님 보내주셔서 감사합니다. 목사님 건강은 하나님께서 책임지고 성령 충만한 목사님 되시기를 바랍니다.)

두 번째 헌금은 교회를 위한 기도였다. 교회를 위한 헌금 봉투 중에는 눈물로 젖은 봉투들도 있다. 한 글자 한 글자 쓰실 때마다 어떠한 마음으로 쓰셨을까? 할매의 심정을 느끼고 싶어 봉투를 가슴에 꼭 안아 본다. 나는 우리 할매가 얼마나 교회를 사랑하는지 잘 안다.

내가 부임하고 한 달쯤 지난 어느 날, 겨우내 자녀댁에 갔다가 오신 우리 할매가 나의 손을 꼭 붙잡고 말씀하셨다.

"목사님, 제 평생소원이 무엇인 줄 아세요? 우리 교회가 문 안 닫는 겁니다. 우리 교회 문 닫으면 면에 있는 교회까지 가야 하는데, 그럼 매일같이 새벽기도를 못 가잖아요."

그때에는 이 말이 무슨 의미인지 몰랐다. 나중에 알게 된 사실이지만, 이전까지 우리 교회는 진급 과정에 있는 전도사들이 목사 안수를 받기 위해 거쳐 가는 교회였다. 많은 전도사가 목사 안수를 받으면 도시로 떠났고, 2~3년마다 반복되는 이 일이 우리 할매들에게 상처가 되었다. 심지어 부임한 지 두 달 만에 떠난 목회자도 있었으니, 우리 할매들의 마음이 어땠을까? 말꼬리를 흐리셨지만, 끝까지 듣지 않아도 그 마음을 알 것 같았다.

여러 차례 목회자가 바뀌는 사이 신앙 1세대들은 다 돌아가셨고, 신앙 2세대들은 장성하여 도시에서 생활한다. 이제 할매 3~4명이 예배당을 지키고 있다. 이 낡은 시골 예배당에 올 목회자가 없을 것 같고, 몇 해가 지나면 자연스레 교회가 없어지겠다고 생각하신 것도 어쩌면 당연하겠다 싶다.

이런저런 이야기를 나누고 일어나시던 할매가 검정 봉지 하나를 건넨다. 봉지 안에는 여러 종류의 요구르트가 있다. 그중에 가장 예쁜 병의 요구르트를 하나 집어 들어 크게 한 모금 마셨다. 그리고 스스로에게 약속했다. '나는 아무리 힘들어도 3년 이상은 함께 하리'라고.

그 후 벌써 4년이 되었다. 그 시간 동안 우리는 동고동락하며 희로애락을 나누었고, 한 가족이 되어 가는 중이다. 앞으로 얼마나 더 이 약속을 지켜나갈지 모르겠지만 할 수 있는 한, 우리 할매들과 더 오래, 함께 하고 싶다. 아니, 함께 살고 싶다. 왜냐하면 4년 전 그날, 나는 우리 할매에게서 세상에서 가장 비싸고 큰 뇌물인 요구르트를 받았기 때문이다. 그날 마셨던 새콤달콤한 요구르트가 생각나는 새벽이다. 참되자.

## 그 고백이 참 귀하다

주일예배와 금요기도회 때에 찬송가 50장 〈내게 있는 모든 것을〉을 부르며 봉헌을 한다.

지난 금요일 찬송가에 맞추어 봉헌하고 기도를 하려는 순간, 우리 할매가 작지만 너무나도 또박또박하게

"목사님, 나는 이 찬양 부를 때마다 거짓말을 하는 것 같아요. '분명 내게 있는 게 더 많은데, 모든 것을 드린다.'라고 하니 너무 죄송해."

하시며 눈물을 글썽이셨다.

맞다. 우리 할매 말씀이 너무 참이다. 나는 순서에 따라 아무 생각 없이 앵무새처럼 가사만 읊고 있었는데, 우리 할매는 떠듬떠듬 찬양을 따라 부르면서 찬양 가사의 참 의미를 알아차리고 계셨다.

나의 무지가 순전하고 진실한 우리 할매의 믿음의 고백 앞에서 부끄러움이 되는 순간이었다. 하나님을 향한 진실한 사랑과 순전한 믿음은 힘이나 젊음이 아니라, 마음에서부터 시작됨을 새삼 깨닫는다. 소박하고 투박하지만 할매의 고백에는 순전함이 묻어 있었다. 오늘도 나는 우리 할매에게서 배운다. 우리 할매의 순전한 그 믿음을 본받고 싶다. 참되자.

## 밤과 낮으로 지켜 주신 4년

지난 주일은 이곳 도천교회에 부임한 지 4년째 되는 날이었다. 부산에서 7년 6개월 동안 부교역자(수련목부터 부목까지)로 한 교회를 섬겼고, 남들보다 늦게 단독 목회를 시작했다. 단독 목회를 위해 기도할 때 "하나님, 한 영혼이어도 좋습니다. 어디든 가서 섬기겠습니다."라고 기도했었다. 교회의 규모(성도 수, 재정)와 위치(도시, 시골)는 중요하지 않았다. 다만 내 속에서 사라지고 있는 것 같은 '한 영혼에 대한 갈급함'을 빨리 회복하고 싶었다.

나의 어설픈 기도를 들으시고 하나님께서 허락하신 교회가 여든 살이 넘으신 할매 3명, 아흔 살이 넘으신 할배 1명이 계신 강원도 산골의 도천교회다. 정말 감사했다. 아니 신났다. 겁이 없었던 건지, 철이 없었던 건지 모르겠지만 1년에 10명 이상 전도하면 금방 부흥한다고 자신 있게 생각했다. 하지만 부흥이 어디 쉽나? 전도가 문제가 아니라 당장 내게는 성도로 계신 4분의 할매, 할배를 섬기고 책임질 역량조차 없음이 너무 분명하게 드러났다.

생각만 해도 아찔한 기억이 있다. 부임 첫해, 예배 성수 훈련이 안 된 성도들에게 무조건 예배 성수를 강요했다. 그 일로 오히려 할매 두 분이 석 달 동안 교회에 나오지 않으셨다. 4명 중 2명의 성도가 목사 때문에 시험 든 것이다. 반 토막이 났다.

감사하게도 지금은 두 분 모두 누구보다 예배 성수에 관한 많은 간증들을 소유하고 계시지만, 단독 목회를 준비하면서 '어디든 가서 섬기겠다'라고 기도했던 걸 생각하면 스스로 낯부끄러워서 할 말이 없다.

할매(성도)들과 좌충우돌하며 보낸 시간이 4년이다. 4년이라는 시간 동안 하나님께서는 할매(성도)들의 기도로 부족한 목사를 긍휼히 여겨 주셨고, 이 모양 저 모양으로 교회를 세워가셨다. 그래서 이제는 20명 가까이 모여 예배드리는 공동체가 되었다. 20명 가까이 예배드리는데 4년이 걸렸다. 철모르고 1년에 10명 외쳤던 내 입이 방정이다. 입술에 파수꾼을 세워야겠다.

예배드리는 성도들의 수가 더하여져 당연히 기쁘다. 하지만 그보다 더 큰 기쁨이 있다. '예배 처음부터 끝까지 내 목소리만 들리던 예배에 이제는 성도들의 목소리가 들린다'는 사실 때문이다. 교독문을 함께 낭송한다. 사도신경을 함께 고백한다. 찬송가 소리가 우렁차다. 대표 기도자가 있고, 성경 봉독자가 성경 말씀을 대표로 읽으신다. 그래서 예배를 인도하면서 어느 때든지 편하게 물을 마실 수 있다.

성도들과 함께 예배하는 이때를 얼마나 꿈꿨었는지 모른다. 그 꿈이 실재(實在)가 되었다. 예배 순서 순서마다 풍성함을 누릴 수 있어서 너무 기쁘고 감사하다.

물론 4년이라는 시간 동안 말 못 할 사정들이 왜 없었을까? 눈물은 왜 없었겠나? 어려운 일들이 많았지만, 그때마다 우리 할매(성도)

들의 기도와 섬김이 어려움을 견디고 통과하는 데 큰 도움을 주었다.

젊고 건강하고 상대적으로 많이 배웠다고 생각했기에 내가 성도들을 섬기면서 훈련시키는 것이 당연하다고 생각했던 것 같다. 그래서 목사라는 이름으로 무심히 칼을 휘둘렀던 것 같다.

그런데 내가 완전히 틀렸다. 우리 할매들의 섬김이 교회를 세웠고 목사를 훈련 시켰다. 내가 할매들의 믿음이 자라기까지 참고 인내하며 기다려 준 것이 아니라, 할매들이 치기 어린 목사를 잘 참고 견뎌 준 것이다. 손자 같은 목사를 귀엽게 봐주신 것이다.

코로나19로 예배 시간에 모든 할매들을 마주하지 못하지만 성도 한 분 한 분 모두가 하나님께서 붙여주신 좋은 스승이며 위로자이다. 빨리 예배가 회복되어 얼굴을 마주하고 싶다. 예배 마치고 잡아 주시던 우리 할매들의 손이 참 그립다. 함께 사랑의 공동애찬을 나누고 싶다.

하나님께서 앞으로 얼마나 도천교회에서의 사역을 허락하실지 모르지만, 허락된 시간 동안에 다윗처럼 '자기 마음의 완전함과 손의 능숙함으로' 겸손히 주어진 사명을 감당하며, 우리 할매들을 잘 섬겨야겠다. 참되자.

## 어미의 마음, 목사의 마음

어릴 적, 할머니 댁에 가면 항상 바구니에 과일이 담겨있었다. 대수롭지 않게 먹기는 했지만 어린 내 눈에 보아도 바구니에 담긴 사과, 감 등은 많이 말라 있었던 기억이 있다.

강원도 산골에서 여섯 번째 해를 맞이했다. 여느 시골 목회자들처럼, 나 역시 수시로 우리 할매들의 집을 방문하여 무탈하신지를 확인하는 것을 가장 중요한 사역으로 여긴다.

"집사님~" "권사님~" 하며 우리 할매들의 집 안에 들어서면, 어릴 적 내 할머니 댁처럼 바구니에 과일이 담겨 있다. 이내 눈살이 찌푸려진다. 이 과일들은 겨울이 시작되자마자 제주도에서 목회하는 목사님이 나에게 보내주신 귤이다. 귤을 받자마자 할매들에게 한 아름씩 나눠드렸는데, 드시지 않고 바구니에 넣어두고 계신 것이다.

이미 귤껍질이 다 말랐다. 마음이 무겁다. 그 이유를 잘 알기 때문이다. 자녀들이나 손자, 손녀들이 오면 주고 싶은 마음에 드시지 않고 담아 두신 것이다. 자녀들이나 손주들이 왔다 갔으면 벌써 비워졌을 바구니인데, 말라버린 귤이 담긴 바구니를 보면서 자녀들을 기다렸을 할매들의 마음을 가늠할 수 있을 것 같다. 코로나19가 더 야속하게 느껴진다.

벌써 몇 차례 반복되는 일이지만 애써 모른 척한다. "집사님, 귤이 다 말랐네요. 내가 혼자서 다 먹을 걸 괜히 드렸네."라고 너스레를 떨지만, 자신을 위해서는 사과 한 알, 귤 한 개 먹는 것도 아까워하는 어미의 그 마음을 왜 모를까? 목사가 건넨 제주도 귤을 자녀에게 먹이고 싶은 마음을 어찌 모를 수 있을까? 나의 할머니가 그랬을 것인데...

지난 주간 원주에서 간헐적으로 예배에 오시는 집사님께서 사과를 보내주셔서 수요예배에 오시는 우리 할매(성도)들을 위해 세 알씩 담아 준비하였다. 예배를 마치고, 사과를 나눠드리면서 조금 세게 말씀드렸다.

"세 알씩밖에 안 됩니다. 많지도 않아요. 오늘 댁에 가셔서 하나 드시고, 내일 아침저녁으로 하나씩 드세요. 자녀들과 손주들은 도시에서 더 좋은 거 많이 먹으니까, 설 명절까지 두지 마시고 그냥 드세요."

하지만 아무도 답이 없다. 다만 사과 알이 크다면서 아이처럼 좋아하신다. 또 바구니에 담아 두실 모양이다. 맛 좋을 때 드시면 좋으련만 그게 어미의 마음이지, 그게 사랑이지 싶다. 바구니에 담아 놓은 사과가 마르기 전에 없어졌으면 좋겠다. 우리 할매들 너무 오래 기다리지 않게 말이다. 참되자.

## 할매, 나를 울리지 마오

우리 교회 성도 중에서 제일 연장자는 93세인 할매다. 가장 늦게 신앙생활을 시작하신 우리 할매는 두 다리가 불편해 양손의 지팡이를 의지하여 힘겹게 예배당을 찾으신다. 불편하신 몸이지만 예배에 빠지시는 법이 없다.

예배당 안에 들어와서는 실내지팡이를 짚고 맨 앞자리까지 오셔서 늘 앉는 그 자리에 앉으신다. 내 걸음으로는 몇 걸음 안 되는 거리이지만, 양손의 지팡이를 의지하여 한 걸음 한 걸음 힘겹게 오시는 동안 이미 턱 끝까지 숨이 차 있다. 너무 힘들어하시기에 내가 말씀드렸다.

"집사님, 앞까지 걸어오시기 힘드시면 뒷자리 앉으셔요."

할매가 말씀하신다.

"목사님, 앞자리 가서 목사님이 전하시는 하나님 말씀 잘 들어야 해요."

예배를 마치고 차량 운행을 하며 우리 할매가 정말 고마워서 "집사님 감사해요."라고 인사를 전했다. 그러자 우리 할매가 말씀하신다.

"목사님께 칭찬받으려고 예배 가는 게 아니라, 내 믿음을 위해서 교회에 가는 거예요. 예배에 빠지면 나만 그날의 말씀 못 듣는 게 되니 그게 너무 서운해요. 그날 못 들으면 다시 들을 수 없으니 얼마나 섭섭하게요."

순간 울컥하여 사고가 날 뻔했다.

말씀을 너무나 소중하게 생각하시는 우리 할매의 순전한 이 믿음 앞에 나는 매번 고개가 숙여진다. 예배 때마다 가장 멀리서 오시느라 너무 고생을 시키는 것 같아서 죄송한 마음이 크다. 하지만 세상에서 가장 아름다운 발걸음임을 믿는다. 우리 할매의 순전한 믿음을 오래오래 기억하고 싶어서 우리 할매 몰래 사진 한 장 남겼다. 참되자.

## 전능자의 손을 뻗으소서

명절을 앞두고 모 집사님 댁에 들렀다. 늘 선하게 웃으시며 반겨주시는데 그날은 얼굴이 참 어두우셨다. 어두운 표정임에도 덤덤하게 말씀하신다.

"23년 만에 같은 자리에 재발했네요."

그 짧은 한마디가 끝나기도 전에 집사님의 눈에서 구슬 같은 눈물이 툭 하고 떨어진다. 여장부 같으신 집사님의 아내분도 함께 흐느끼신다.

23년 전 "길어야 6개월이다."라는 것이 의사의 소견이었다. 집사님은 할 수 있는 것이 아무것도 없어 살아생전 어머니가 믿었던 하나님께 매달리셨다. 오늘까지 기도하며 크고 작은 병마들과 잘 싸워오셨는데, 다시 재발 되었다는 사실이 충격이 되셨나 보다. 눈물을 닦으며 이어서 말씀하신다.

"목사님, 주일에 가서 코로나 검사하고, 이상이 없으면 월요일에 입원해서 15주 동안 10번의 항암치료를 받습니다."

두 손을 집사님의 손에 포개고, 잠시 눈을 감는다. 내가 할 수 있는 것이 이것 뿐이라서, 잠잠히 전능자의 선하심을 구한다. 기도해드리고 집으로 돌아오는데 마음이 편치 않다.

오늘 새벽부터 정성껏 헌금을 드리며 100일 작정 기도회를 시작하였다. 잠잠히 하나님의 자비를 구한다. 기도는 내 소원을 하나님께 관철(貫徹)시키는 것이 아님을 잘 알고 있다. 그러나 더 많은 것을 드려서라도, 아니 그 이상의 것을 해서라도 집사님의 온전한 회복을 기도하고 싶은 마음이다.

교리상으로 '틀렸다' '잘못되었다' '불경스럽다' '불경건하다'고 내게 손가락질하고, 욕을 해도 좋다. 지금 이 순간은 그저 집사님의 눈물에 주께서 위로의 손길과 치유의 손길을 내밀어 주시길 바라는 마음뿐이다.

지금은 전능자의 손길을 구할 때인 것 같다. 교회가 이 일을 놓고 마음을 모아 기도할 때인 것 같다. 초대교회에 이런 고백이 있단다.

"하나님을 아버지로, 교회를 어머니로, 그리고 교회의 온 식구들을 자기의 가족처럼 형제처럼 사랑할 수 있는 사람이 그리스도인이다."

이 고백처럼 나와 온 교회가 집사님을 가족처럼 사랑하여 간절히 기도하면 좋겠다. 내 주 하나님, 자비를 베푸소서. 아멘. 참되자.


## 나이는 숫자에 불과합니다

여느 목사님들처럼 주일 아침이면 예배 준비로 분주하다. 본당 준비까지 마치고 나면, 한번 더 주일 원고를 붙들고 씨름한다. 그러다가 10시가 되면, 원고를 덮고 차량 운행을 시작한다. 차량 운행을 하면서도 머릿속은 온통 원고로 가득하니, 깜박하고 할매 집을 지나치기 일수다. 교회에 도착하자마자 강단에 앉으면 이미 속옷까지 땀이

범벅이라 '주일에 차량 운행을 해주시는 분이 계시면 좋겠다'라는 생각이 절로 난다.

비가 제법 내리던 어느 주일, 예배를 마치고 나가시던 집사님께서,

"목사님, 다음 주일부터는 제가 차량 운행을 할게요. 주일마다 목사님이 너무 분주하셔요."

하고는 급히 가신다. 그리고 토요일 저녁에 한번 더 확인 전화까지 하신다.


"집사님, 제가 해도 되는데, 그냥 제가 할게요."

"목사님, 제가 할 수 있는 거니까 맡겨주세요. 저도 교회를 위해서 할 수 있는 건 해야지요."


워낙 말수가 적으셔서 그 마음을 다 알 수는 없지만, 나는 안다. 집사님이 얼마나 교회를 사랑하고 계신지를 말이다. 집사님은 우리 교회 신앙 1세대시다. 50년 가까운 시간이 흐르는 동안, 젊은이 시절부터 함께 교회를 섬기셨던 신앙 1세대들이 대부분 돌아가시고, 신앙 2세대인 자녀들은 도시로 다 떠났다.

이런 상황에서 남자 홀로 예배당을 지켜야 하는 그 무게가 얼마나 무겁고 컸을까? 집사님이라고 왜 면내의 큰 교회로 떠나고 싶은 마음이 없었을까? 그 시간 동안에 가슴앓이하며 생긴 상처는 또 얼마나 많고 깊을까? 이모양저모양으로 흘린 눈물은 얼마나 될까?

그럼에도 사랑하는 도천교회를 떠나지 않고, 오늘까지 묵묵하게 교회를 지키며 지극히 작은 일이라 할지라도 감당할 수 있는 사명을 (사명의 때를) 기다리셨다. 그리고 드디어 감당할 수 있는 일을 찾으셨다. 다시금 "감당할 사역을 찾았다" 하며, 어린아이처럼 기뻐하시는 집사님의 환한 얼굴이 눈에 선하다(그리고 보면 나이는 숫자에 불과함이 맞다). 집사님 덕분에 나는 강단에 올라가기 전에 한번 더 원고를 볼 수 있어서 너무너무 감사하지만, 미안한 마음은 어쩔 수 없다.

매 주일마다 집사님의 수고에 감사하며, 내게 주어진 사명을 다시금 점검한다.
'더 많은, 더 큰 일을 감당하려고 하지 말고, 당장 매 주일의 원고에 손의 수고를 더하자. 그것이 우리 집사님의 헌신을 욕보이지 않는 일이리.' 참되자.


## 할매, 조금만 기다리오. 내 금방 다녀오리다

금요기도회에 참석하기 위해서 차량에 올라타신 우리 할매의 얼굴이 퍽 힘들어 보인다. 숨소리도 예전 같지 않다. 93세의 연세에 불편한 두 다리. 어쩌면 매번 예배를 참석하시는 일이 기적이다. 안쓰럽고 죄송한 마음으로 할매에게 말을 걸었다.

"집사님, 집사님은 젊어서 느지내(마을에서 가장 깊은 산골)에 살 때 뭐가 가장 드시고 싶었어요?"

"가끔 장에서 고등어를 사다 먹었는데, 그게 그렇게 맛있더라고요."

"맞다. 우리 집사님 고등어 좋아하시지. 그럼 지금은 뭐가 제일 드시고 싶으세요?"

"예전에 느지내에서 자주 두부를 만들어 먹었는데, 두부판에 넣고 누르기 전에 보슬보슬한 그 두부(순두부 형태가) 먹고 싶어요. 뜨끈하게 한 그릇 먹으면 좋겠는데 이제는 만들 힘이 없어요."

그리고 이내 내 머릿속에서 순두부를 직접 만들어서 파는 원주의 한 마트가 생각이 났고, '다음에 원주 나가는 길에 꼭 사다 드려야겠다.' 생각했다.

그런데 오늘 새벽, 아니 사실은 어젯밤부터 계속해서, 두 마음이 싸운다. '내일 아침 일찍 사다 드릴까?' 하는 마음과, '주일 원고를 마무리하고 다음 주중에 사다 드리자' 하는 마음이다. 당연히 오늘 사다 드려야 하는 것이 맞는데, 수요일 갑자기 감동을 주신 본문 말씀이 있어서 처음부터 다시 원고를 작성하는 중이다 보니 당장 가는 것이 부담되었다.

'갈까, 다음 주에 갈까?' '갈까, 말까?' 마음속의 솔트라인이 밀고 당기고를 수없이 반복한다. 그러다 결국, 마트 오픈 시간에 맞춰서 서둘러 다녀오기로 하였다. '한 영혼' 의 무게가 내 마음을 짓눌렀기 때문이다.

7년 6개월 동안의 부교역자 시절, 지칠 때로 지친 나는 단독목회를 위해 "하나님, 한 영혼이어도 좋습니다. 어디든 가서 섬기겠습니다."라고 기도했었다. 그 기도가 응답되었고, 오늘까지 이곳에서 목회를 하고 있다. 그렇다면 당연히 '한 영혼'을 돌보는 것에 우선순위를 두는 것이 맞다. 주일 설교의 원고를 깔끔하고 세련되게 다듬어서 내일 물 흐르듯 말씀을 나누는 것도 중요하지만, 그것보다 중요한 일이 있다. 한 영혼이 얼마나 귀하고, 한 영혼이 얼마나 무거운지를 잊지 않는 것이다.

언젠가 사역하던 교회의 권사님께서 짧은 글을 내게 주신 적이 있었다.

"목사님, 민초의 삶을 바라보시면 돼요."

맞다. 민초를 바라보아야 한다. 민초의 삶을 바라보는 따뜻한 마음을 가진 목사가 되고 싶다. 한 영혼의 무게를 소중히 여기는 그런 목사 말이다. 지금 바로 준비해서 부지런히 다녀와야겠다.

"할매, 조금만 기다리오. 내 금방 다녀오리다."

참되자.

# ② 함께 웃다

## 까마귀들의 협공

지난 주간 교회 본당에 냉·난방기를 설치했다. 성도들의 헌신과 기도, 하나님의 일하심이 만들어 낸 또 하나의 신앙 이력이다.

우리 교회 예배당은 45년 전에 반지하로 건축되었다. 건축기술이 부족했던 때에 강가의 모래로 시멘트 벽돌을 만들어 쌓고, 공작용 스티로폼을 덧댄 후, 합판을 붙여 마무리한 건물이라 단열이 전혀 되지 않는다. 또한 매년 장마철이면 반지하 본당이 물에 잠겨 몇 대의 양수기를 가동하여 물을 퍼내는 수고를 해야 했다.

감사하게도 2002년도에 같은 지방의 한 교회에서 우리 교회를 수리해주었다. 한 층 높이의 각목들로 기둥을 세우고, 그 위에 집성목을 올려서 마룻바닥 형태로 만들어 주신 것이다. 그래서 겉으로는 제법 괜찮아 보인다. 하지만 반지하 공간을 흙과 돌로 매립하지 않아서 여전히 문제가 많다. 여름이면 빈 공간에 물이 차서 습기가 올라왔는데, 여름에는 설교 한번 하고 나면 속옷까지 다 젖었다. 또한 겨울이면 찬바람이 마룻바닥 틈으로 올라와서 무릎까지 시리다. 방석을 겹겹이 쌓아 그사이에 발을 넣어보지만, 예배 시간이 곤욕이었다. 나는 고작 1년이었는데 이런 곳에서 반평생 신앙생활을 하신 우리 할매들은 얼마나 불편했을까? 이런 상황이니 선풍기 4대와 석유 난로 1대가 정말 눈물 나게 고마울 정도였다.

작년 여름, 음향교체 공사를 마무리하고 성도들에게 연이어 선포했다.

"내년에는 여름이 오기 전에 에어컨 설치해서 뽀송뽀송한 상태에서 예배드립시다."

모두가 반신반의하면서도 "아멘" 하셨다. 그도 그럴 것이 그 당시에 성도가 5명이었다. 그중에 80대 할머니가 4명이었으니 에어컨 설치는 말도 안 되는 소리였을지 모른다. 그런데 그 선포를 한 후에 교회를 섬길 몇몇 성도들이 등록하셨다. 기도와 마음이 모아졌고, 주일마다 성도들이 사연 있는 헌금을 하셨다.

남편 장례를 마치고 헌금한 성도, 40살이 넘은 막내아들이 장가갔다고 막내아들 이름으로 헌금한 성도, 3년 동안 모아두었던 십일조와 감사헌금을 고스란히 헌금한 성도, 하나님의 집이라며 이름 없이 쌈짓돈을 헌금한 성도, 자녀들이 준 용돈을 모아 헌금한 성도 등 많은 사연이 헌금과 함께 하나님께 드려졌다. 마음은 있지만 형편이 되지 않는 성도들은 식사로 섬겨주기도 하셨다. 그리고 모두가 간절한 기도로 함께 해주셨다. 이렇게 연합하는 성도들의 모습을 보면서 성도 한 분 한 분이 엘리야에게 음식을 가져다주었던 작은 까마귀들이라는 생각이 들었다.

의외의 까마귀도 있었다. 부산에서 알고 지내던 한 목사님이 원주에서 부흥회를 마치고 부산으로 내려가던 길에 영월까지 찾아오셔서 격려해 주셨다. 그리고 내가 생각하기에 부흥회 사례비 전부일 것 같은 봉투를 내미시면서 말씀하셨다.

"사모님께 드리는 용돈이니 꼭, 사모님 필요한데 쓰세요."

아내는 목사님의 이름으로 헌금을 하였고, 마치 미리 짠 것처럼 정확하게 냉·난방기 설치비가 채워졌다. 그래서 8개월 전에 선포했던 '말도 안 되는 소리'가, 말이 되는 '하나님의 일하심'으로 바뀌었다. 하나님 나라의 까마귀들 협공이 이렇게 아름답다. 까마귀들이 가져다준 떡과 고기를 먹은 엘리야가 힘을 얻었던 것처럼 우리 성도들 모두가 까마귀가 되어 교회를 섬겼다. 또한 우리 성도들 모두가 엘리야가 되어 하나님의 선하심을 맛보았다.

주일 아침, 할매들이 본당 뒤에 설치된 냉·난방기 앞에서 떠날 줄을 모른다.

"목사님 때문에 우리가 호사를 누리게 됐어요."
"저도 이제 속옷 젖을 일이 없어서 너무 좋네요."

하나님께서 실컷 일하시고, 성도들에게 칭찬은 내가 받는다. 할매들이 좋아하는 모습을 보니 나도 참 좋다. 우리 하나님은 얼마나 더 좋아하실까? 이것이 목회인가 보다. 아! 재밌다. 아! 신난다. 아! 행복하다. 참되자.


## 교회를 지키는 무게

어젯밤, 우리 지역에 상당히 많은 비가 내렸다. 세찬 바람과 함께 앞이 보이지 않을 정도의 기록적인 폭우였다. 외출하고 힘겹게 교회에 도착하여 보니, 예배당 입구에 우리 할매 고무신이 있다.

"권사님, 어쩐 일이세요?"
"큰 비에 교회 떠내려갈까 봐 오늘은 교회에서 자려고요."

해 드리고 싶은 말은 많았지만, 우리 할매의 고집을 꺾을 수 없음을 알기에 입을 다물고 홑이불을 챙겨다 드렸다.

밤새도록 폭우가 쏟아졌다. 새벽에 눈을 뜨자마자 걱정이 되어 예배당으로 갔다. 진작에 일어나신 우리 할매의 기도 소리가 예배당을 덮는다. 이곳저곳에서 빗물이 떨어지고 있었지만, 다행히 교회는 떠내려가지 않았다.

새벽예배를 마치고 집으로 돌아가시는 우리 할매에게 말했다.

"우리 권사님 몸무게가 대단하신가 봐요. 지난밤 예배당이 안 떠내려가고 잘 있네요."

"목사님, 그동안 먹은 게 얼마인데 내가 보통 무게가 아니에요."

우리 할매의 너스레에, 우리 할매의 기도 짝지 집사님도 나도 박장대소한다. 역시 말로는 할매를 이길 수가 없다.

성도들이 떠난 본당에 가만히 앉았다. 어릴 적 기억 하나가 떠오른다. 내 친할머니께서도 장마가 시작되면 어김없이 이른 저녁을 준비하시고, 예배당을 찾아 밤을 지새우셨다. 물론 교회가 떠내려갈 일도, 무너질 일도 없었다. 그럼에도 당신이 할 수 있는 최고의 충성은 큰비에 교회가 무탈하기를 바라는 마음의 기도였을 것이다.

어제저녁, 우리 할매도 이 같은 마음으로 큰 폭우를 뚫고 예배당에 오셨으리라. 사랑하는 교회를 위해서. 손주 같은 목회자를 위해서. 밤새워 말씀을 읊조리며, 수없이 찬양을 곱씹으며, 하나님의 만지심을 경험했으리라. 오늘 새벽 천사 얼굴과 같이 빛나는 우리 할매의 얼굴이 그 사실을 증명해주는 것 같다.

신발장에서 고무신을 주섬주섬 신으시며 말씀하신 한마디가 귓가를 맴돈다.

"이제 우리 집은 안 떠내려갔는지 살펴보러 가야지."

고마운 마음이 차오르면서 가슴이 따뜻해진다. 난 이렇게 행복한 목회를 하고 있다. 소소하지만 행복하게 목회하고 있다는 사실이 기쁨이 되고 자랑이 된다.

오전 일찍 우리 할매 댁은 안 떠내려갔는지 확인하러 가봐야겠다. 참되자.

## 인생 카레 맛집

이번 맥추감사주일은 특별한 감사예배로 드렸다.

지난 주간 지역에 있는 해외 봉사단체인 코이카에서 훈련 중인 선생님(다들 서로의 호칭을 선생님이라 부름) 한 분이 이번 주일 함께 예배드릴 수 있는지를 문의해오셨다. 함께 예배를 드리는 건 아무 문제 없지만, 예배 후 공동 애찬이 문제였다. 선생님께서는 예배를 드리고 나서 면에 나가서 사 먹겠다고 하셨지만, '교회에 방문하는 분들을 식사 대접도 하지 않고 어떻게 그냥 보낼까?' 하는 고민이 계속되었다. 아내와 함께 '어떻게 하는 것이 선한 것인지' 꼬박 이틀 동안 하나님의 지혜를 구하였고, 소찬이지만 함께 공동 애찬을 나누기로 결정했다. 감사하게도 귀농하신 권사님들께서 좋게 여기셨고, 흔쾌히 감당하시겠다 하여 교육생 선생님께 전화를 드렸다. 하지만 20인분을 준비하던 식사를 이번 주일부터는 코이카 선생님들의 식사 20인분까지 더해서 40인분 이상을 준비해야 하니, 말처럼 쉬운 일은 아니었다.

주일 아침, 생각했던 20명보다 더 많은 교육생들이 우리 교회를 찾았다. 감사의 눈물과 기쁨의 찬양이 어우러진 예배는 함께 모인 이들의 마음에 시원한 얼음 생수가 되었다. 예배 때 성찬을 함께 나누었고, 그리스도 안에서 한 형제애를 확인한 우리는 소찬이지만 식탁도 함께 나눴다. 감사하게도 교육생 선생님들 모두가 너무 맛있게 드셨고 '인생 카레'라는 평까지 남겨주셨다. 성도님들의 헌신과 수고가 보상을 받은 것 같아서 '잘했구나' 하는 생각이 들었다.

사실, 이틀 동안 기도하면서 내 머릿속에서 얼마나 많은 생각이 오갔는지 모른다. 하지만 그때 '교육생 선생님들은 나그네' 라는 하나님의 마음이 느껴졌다. 그렇다. 교육생 선생님들은 전국에서 모인 분들이다. 합숙하며 훈련하는 일이 결코 쉽지 않음에도 각자의 달란

트를 가지고 열방으로 나가기 위해서 훈련받고 있는 분들이다. 그렇다면 교회가 최선을 다해 선대하는 것이 마땅하다.

성경은 이스라엘 백성이 고아와 과부와 객을 챙겨야 하는 이유에 대해서 '이미 그들의 삶이 고아와 과부와 객이었기 때문'이라고 기록한다. 이스라엘은 과거에 애굽이라는 나라에서 누구의 돌봄도 받지 못한 '고아'였고 아무런 소망을 갖지 못하고 하루하루를 살았던 '과부'였으며 피곤한 걸음을 걸어야 하는 '나그네'였다. 하지만 그들에게 하나님의 은혜가 늘 있었다. 그러니 이스라엘은 사랑과 긍휼의 마음을 잃지 말아야 했다. 그것이 이스라엘로 하여금 하나님의 백성으로 하나님의 백성답게 살아가는 길이었다.

나 역시 하나님의 백성으로 하나님의 백성답게 살고 싶다. 따뜻한 목사가 되고 싶다. 사랑과 긍휼의 마음이 넘치는 목사이고 싶다. 할 수 있는 한 최선을 다해 마음껏 선대하는 목사가 되고 싶다. 그것이 하나님의 기쁨이 되는 길임을 믿는다.

7월 마지막 주일까지 코이카 선생님들과 함께 예배드린다. 우리 교회가 할 수 있는 한 최고로 선대 할 것이다. 이 일이 우리 교회에도, 교육생 선생님들에게도 복된 시간이 되리라 믿는다. 참되자.

# 전도하기 딱 좋은 나인걸

단독 목회를 하면서 깨닫게 되는 가장 큰 은혜는 '한 영혼'에 대한 간절함이다. 예수님을 모르고 죽어 가는 심령들을 볼 때마다 가슴이 아프다.

부교역자 시절, 부산진역 앞에서 전도지를 전하다가 생전 들어보지도 못했던 욕을 한 바가지 먹은 적이 있다. 순간 화가 머리끝까지 났었는데, 그때 내 입에서 나온 한마디는 "축복합니다."였다. 순간 나 자신도 많이 놀랐다. 그날 '한 영혼'에 대한 긍휼함과 간절함이 생긴 것이 아닐까 싶다.

오늘은 5일장이 있는 날이다. 시골의 작은 5일장이지만, 면 내의 사람들이 다 모이는 시간이다. 전도에 있어서 이날만큼은 놓칠 수 없다. 물티슈와 사탕 전도지를 만들어 장에 도착하면 이른 아침임에도 시끌시끌하다.

흘러나오는 '야~ 야~ 내 나이가 어때서~ 사랑하기 딱 좋은 나인걸~'이라는 뽕짝 노래 가사를 '야~ 야~ 내 모습이 어때서~ 전도하기 딱 좋은 나인걸~' 이라고 개사하여 흥얼거리며 "사랑합니다" "축복합니다"를 연신 외친다. 정해진 동선을 따라 돌다 보면 마을 어르신들을 많이 만난다. 이제는 먼저 인사해 주는 장돌뱅이 분들이 반갑다. 마지막으로 가판대에 계신 어르신들에게 복음을 제시하며, 제철 나물과 버섯, 달걀 등을 사 온다. 그러면 전도와 더불어 오늘 저녁 식탁을 위한 반찬 준비도 완성된다.

벌써 3년 8개월째 반복되는 일이다. 하지만 전도지를 받고 전도된 사람들은 단 한 명도 없다. 그래서 매번 5일장 마다 나가는 이 일이, 재미없고 지치는 것도 사실이다. 때때로 참 바보스럽고 무의미한 일처럼 보인다. 매번 아이를 업고 전도지를 전하는 아내에게 미안한 마음이 왜 없겠나?

그렇다고 실패한 전도인가? 아니다. 한 영혼도 전도되지 않았지만, 전도지를 처음 나누던 해에 "도천리에도 교회가 있냐?"라는 주천면 사람들의 반응이 있었다. 하지만 3년 8개월 동안 눈이 오나 비가 오나 꾸준히 5일장 전도를 나갔고, 이제는 도천리에 교회가 있음을 모르는 사람이 없다. 주님의 몸된 교회가 선포되었으니 지난 3년 8개월의 시간이 헛되지 않았다.

오늘도 나는 한 영혼을 향해 달려간다. 때를 고르지 않고 그냥 무조건 나간다. 미련해 보이기도 하지만, 생각해 보면 이만한 방법도 없다. 한 영혼의 무게를 더 깊이 깨닫고 느끼게 된 단독 목회의 시간이 참 감사하다. 한 영혼이 귀하다. 한 영혼이 무겁다. 그래서 복음을 전하는 이 일이 참으로 간절한지도 모르겠다. 참되자.

# 이왕 하는 거 깨끗이 합시다

오폐수 관과 정화조 공사를 마쳤다. 앓던 이가 빠진 것처럼 시원하다. 제법 큰 공사이기에 엄두도 내지 못하고 늘 마음의 부담이었는데, 사택뿐 아니라 야외 화장실과 교회 주방까지 한 번에 잘 마쳤다. 하나님의 은혜라고밖에는 설명할 길이 없다.

작년 연말부터 군내 정비 사업으로 각 가정의 정화조 공사가 있었다. 사업에 따르면 교회의 사택만 해당이 되고, 야외 화장실과 교회 주방은 제외였다. '오래된 건물이고, 이왕 하는 공사인데, 야외 화장실과 교회 주방도 함께 공사하면 좋겠다' 싶었다.

문제는 재정이었다. 귀농하신 권사님 댁에서 추가공사를 하셨는데 "120만 원이 들었다."고 한다. 그 금액이면 부담이 크다. 그래도 이렇게 저렇게 다 합하면 감당할 수 있겠다 싶었다. 그래서 사택 정화조 공사가 시작되면 '교회 전체를 공사해야겠다' 라고 마음을 먹었다.

그런데 하나님은 참으로 얄궂으시다. 내 계획과 생각에 적극 동의하시는 법이 없으시다. 꼭 테스트를 통하여 다루신다.

"진호야, 코로나19로 마음이 참 힘들지? 예배도 못 드리고, 성도들도 못 보고"

"예, 하나님. 빨리 회복되게 전능자의 손으로 덮어주세요."

"그래? 그런데, 나는 더 힘들다."

"당연히 하나님께서도 힘드시겠지요?"

"아니, 예배 말고. 코로나19로 힘들어하는 이 땅의 교회와 사역자들 말이야."

"예??"

"진호야 너희는 교회 건물도 있고, 사택도 있고 하니 큰 어려움은 없지?"

"……"

"그런데 건물이나 사택의 월세를 내지 못하는 교회가 참 많더라."

"…… (하나님 그만!! 무슨 말씀 하시려는지 알 것 같으니 그만요)"

"너희 교회가 좀 섬기면 안 되겠니?"

"하나님, 저희도 코로나19로 성도들이 1/3밖에 모이지 않는데요. 이번에는 저희도 감당하기가 어려울... 것... 같아요."

"너희 교회가 좀 섬기면 안 되겠니?"

"……"

"교회 필요할 때 쓰려고 모아둔 목적헌금 있잖아. 응?"

"…… 예."


몇 날 며칠을 하나님과 겨루다가 결국 손을 드는데 꼬박 일주일이 걸렸다. 그리고 어려운 형편 속에서도 귀한 사역을 감당하시는 포항에 계신 목사님께 3월 한 달의 헌금을 모두 흘려보냈다.

이렇게 내가 하나님과 씨름하고 있는 동안 마을의 정화조 공사가 다 끝났고, 드디어 사택 정화조 공사를 할 때가 되었다. 아침 일찍 소장님께서 방문하셔서 공사계획에 관해 간단히 말씀하신다. 그런데 공사계획에 교회 주방과 야외 화장실까지 포함된 것이 아닌가? 그래서 조심스럽게 물었다.

"소장님, 추가 비용이 얼마나 들까요?"

나의 말을 막으면서 소장님이 말씀하신다.

"목사님, 이왕 하는 거 깨끗이 합시다."

그리고 쿨하게 포크레인에 올라타신다. '깨끗이'가 무슨 말인지 몰라서 어리둥절하고 있는 내게, 옆에 계셨던 부소장님께서 친절히 설명해주신다.

"목사님, '깨끗이'는 '공사 잘하자'라는 말이 아니라, '추가 비용이 없다'는 뜻이에요."
"할렐루야! 주님 감사합니다! 정말 감사합니다!"

공사하는 3일 동안 교회는 공사하는 분들을 최선으로 선대하였고, 나는 보조 노동자로 일손을 도왔다.

단독 목회를 하면서 가장 많이 받는 훈련은 '하나님의 다루심'이다. 하나님께서는 언제나 이 순종의 훈련 한복판으로 나를 이끄신다. 이 훈련은 마주할 때마다 늘 새롭고 힘들다. 나를 꺾어야 하고 낮추어야 하기 때문이다.

하지만 성경에 등장하는 믿음의 선진들이 일평생 하나님의 말씀을 붙잡고 하나님의 선을 기대하며 살다가 죽었던 것처럼, 나 역시 하나님의 말씀에 늘 조명받고 싶다. 그 일이 참 힘들겠지만, 하나님께서 흐뭇해하신다면 충분히 받을 만한 훈련이리라. 나는 약하고 악하지만 내 삶의 끝날까지 하나님의 기쁨이고 싶다. 참되자.


## 성도의 헌신은 아름답다

작년 연말에 등록하신 성도님께서 며칠 동안 머릿속으로 디자인하고, 40여 일 동안 작업하신 강대상이 예배당에 자리를 잡았다. 감탄의 연속이다. 나는 다윗처럼 기뻤다. 첫인상이 '그룹에 쌓인 강대상' 느낌이다. 어떤 감동으로 강대상을 디자인하셨는지 끝끝내 말씀하시지는 않았지만, 얼마나 많은 시간을 기도하고 고민하면서 디자인한 강대상인지를 알 것 같다.

예배당에 쓸 물건이라 못과 타카를 쏠 수 없다고 하시며, 목공 본드를 바르시고 기구를 이용하여 고정하고 잠잠히 며칠을 기다리신다. 그 마음을 짐작해 본다. 그 시간이 얼마나 초조하셨을까? 하지만 동시에 그 시간 동안 또 얼마나 설레셨을까?

강대상을 제작하는 동안 최대한 목사의 편의에 맞게 제작해 주시려고 늘 조심스럽게 의견을 물어 오셨다. 하지만 아무런 말도 할 수가 없었다. 이미 내 눈에는 가장 멋진 강대상이었고, 가장 아름다운 헌신이기에 도무지 부족함을 찾을 수 없었기 때문이다. 교회를 섬기시는 그 마음이, 감사하고 또 감사할 뿐이다.

하나님의 영광이 임하는 자리에 성도의 아름다운 헌신이 더해졌다. 우리 할매 권사님의 표현대로 '하나님의 나팔수'로서의 사명을 다시금 깊이 묵상한다. 하나님의 거룩함 앞에, 그리고 성도의 아름다운 헌신 앞에, 무릎을 꿇고 하나님의 자비를 구한다. 조금 더 겸손하고 정직하길 바라고, 조금 더 온전하게 하나님의 지혜를 얻기를 바란다.

이번 주일, 우리 할매들과 성도님들이 얼마나 기뻐하실지 그 모습이 벌써 눈에 선하다. 성도님의 아름다운 헌신으로 예배당이 새로움을 덧입었다. 성도들의 사랑의 수고는 언제나 교회의 기쁨이 된다. 참되자.


## 추탕 한 그릇에 사랑을 싣고

내일은 절기상 초복(初伏)이다. 예년 같았으면 마을에서 거하게 복달임 행사를 했을 텐데, 코로나19로 이 역시 묶였다. 삼계탕 한 그릇을 내심 기대했을 우리 할매들이 실망할 것 같아 마음이 짠하다.

'삼계탕을 준비해 드릴까' 하다가 삼계탕보다 추탕을 더 좋아하시는 우리 할매들을 위해 아침 일찍 서둘러 먼 길을 나섰다. 추탕은 그 집만 한 곳이 없기에 이왕 사드릴 거 맛있게 잘하는 집에서 사드리고 싶어서다. 이렇게 해서라도 아쉬운 마음을 달래 드리고 싶었다.

주말에 영월로 오시는 성도님들에게도 나눠 드리고 싶었지만, 주말까지 보관하기 어려우니 마음만 두 배로 전하기로 하고 우리 할매들 추탕만 사 왔다. 생각보다 많은 양의 추탕이다. 우리 할매들이 얼마나 좋아하실지 벌써 기분이 좋다. 덕분에 나도 한 그릇 잘 먹었다.

몇 해 전에 한 선배 목사님이 한참 어린 후배 목사인 내게 아주 겸손하고 진중하게 물으셨다.

"목사님 시골 목회는 어떻게 하는 거죠?"

그때도 지금도 내 대답은 똑같다. 아니 어쩌면 그때보다 지금 더 선명해졌는지도 모른다.

"시골 목회는 자꾸 섬기는 목회입니다."

이 말에 대해서 누군가 틀렸다고 말할 수도 있고 아니라고 반대할 수도 있을 것이다. 그래도 괜찮다. 지난 5년을 강원도 산골에서 함께 살면서 깨달은 내 답을 나는 존중한다. 그리고 기회가 되는 한 더 많이 섬기고 싶다.

"김 전도사야. 목회는 마음으로 하는 거다. 선한 목자의 마음을 기억해라."라고 늘 말씀해 주시던 외조부의 말씀을 오늘도 다시금 되뇌어 본다. 참되자.


## 갑작스런 초대

집에 있기가 갑갑했는지 둘째 아이가 오전부터 칭얼거린다. 가볍게 걸을 생각으로 마실을 나왔는데, 우리 권사님의 남편분께서 다짜고짜 "빨리 우리 집에 좀 갑시다." 하신다. 평소에도 화통한 성격이시기에 당황스럽지는 않았지만, 너무 다급하게 말씀하시어 '권사님께 무슨 일이 생기셨나?' 싶어 빠른 발걸음을 하였다.

다리를 건너자마자 또 말씀하신다. "사모님도 오시도록 전화해주세요." 이 말을 들으니 '무슨 일이 생긴 게 분명하구나' 싶었다. 갑자기 심장이 요동치기 시작하였다. 아내에게 전화하고, 둘째를 품에 안고 뛰었다.

권사님 댁에 도착했을 때는 턱 끝까지 숨이 찼다. 그런데 권사님은 마당에서 이리저리 고추를 널고 계신 게 아닌가?


"권사님 괜찮으셔요? 아저씨가 급하게 댁에 가자 하셔서 무슨 일 생긴 줄 알고 뛰어왔어요. 아내도 곧 올 거예요."

"목사님, 아무 일 없어요. 오늘이 남편 생일인데, 시동생이 케이크랑 족발을 주문해서 보냈어요. 아까부터 목사님 오시게 전화하라고 성화인데, 고추만 널어놓고 전화하려던 참이었어요. 이 아저씨가 그 새를 못 참고 마을회관까지 가더니 그 앞에서 목사님을 만났네요."

"그래요? 아무 일 없으신 거죠? 그럼 됐어요."

"목사님 어서 안으로 들어가세요"

이렇게 뜬금없이 아저씨의 생일상에 초대를 받았다. 마실을 나온 터라 복장도 엉망이고 생일선물도 준비 못 했지만, 생일 초에 불을 붙이고 생일축하 노래를 힘껏 불렀다. 그리고 아저씨의 영혼을 위해 최선으로 하나님의 은총을 구했다. 기도를 마치고 나니 함께 "아멘!" 하며 머쓱한 미소를 지으신다. 눈가에는 곧 터질 것 같은 눈물이 맺혀져 있다.

아저씨가 민망해하실까 봐 "제가 먹을 복이 있네요."라고 괜한 너스레를 떨며 아저씨의 손을 살짝 잡아 본다. 검게 그을린 아저씨 손등 위로 눈물 한 방울 떨어져 눈물 꽃이 활짝 폈다. 참 오랜만에 보는 남자의 눈물에 나 역시 뭉클하다.

갑작스러운 생일상을 받고 돌아오는 길. 새벽마다 아저씨의 영혼을 위해 부르짖는 우리 권사님의 기도가 귀에 쟁쟁하다. 하루속히 권사님의 옆자리에 아저씨가 함께 앉아 예배드릴 날이 오기를 바란다. 우리 권사님의 가정이 천국과 같은 가정이 되기를 빈다.

아저씨께서 오늘 급하게 나를 찾았던 것처럼, 하나님을 찾는 날이

속히 오기를 기도한다. 그래서 내년쯤에는 아저씨가 하나님 안에서의 첫 번째 생일이라는 아주 특별한 생일을 맞이하시길 바란다. 참되자.


## 월동 준비의 필수템

갑자기 날씨가 추워져서 아침부터 월동 준비하느라 몸도 마음도 분주하다. 영하 30도까지 내려가는 강원도의 강추위를 버텨내야 하기에 어디 하나 빠지지 않도록 꼼꼼하게 살펴야 한다. 본당 창문마다 뽁뽁이를 붙여야 하고, 본당 바닥에는 매트를 깔아야 하며, 야외 화장실 변기에 물을 다 빼고 '무언가'로 채워 넣어야 한다. 또한 식당과 야외 수도는 뽁뽁이와 '무언가'로 단단히 감아야 한다. 겨울을 몇 해 보냈더니 나름대로 노하우가 생겼다.

하지만 가장 큰 문제는 식당 주방과 야외 화장실이다.

첫해 겨울을 잊지 못한다. 부산에서 올라온 촌뜨기가 강원도의 겨울을 만만하게 봤다가 제대로 혼쭐이 났다. 교회 식당 수도가 터지고, 야외 화장실의 변기와 세면대가 다 깨졌다. 무엇보다 상수도와 하수관이 동시에 터져서 한바탕 물난리가 났다. 겨울에 수도세 폭탄을 맞았으니 말 다 했다.

이듬해 초여름이 돼서야 지난 겨우내 깨지고 터진 식당과 화장실 공사를 시작했다. 수리를 다 마치니, 또다시 겨울을 준비해야 해서 퍽 당황스러웠다. 강원도 산골은 '6개월이 여름, 6개월이 겨울'이라는 말이 단번에 이해되었다. 그래서 야외 화장실과 교회 식당은 첫해의 겨울을 기억하며, 몇 배 더 신경을 쓴다. 노하우에 새로운 노하우를 덧입히는 시간이기도 하다.

강원도에서 5번째 겨울을 맞이하다 보니, 생긴 노하우가 참 많다. 그중 하나가 위에서 언급했던 '무언가'인데, '무언가'는 정말 빼놓을 수 없는 필수템이다.

'무언가'가 무엇일까? 바로 '헌 옷'이다. 헌 옷만큼 좋은 보온 재료가 없다. 뽁뽁이도 효과가 있지만, 교회 본당과 식당, 야외 화장실 모두를 감당하기에는 아무래도 재정적으로 부담이 크다. 하지만 헌 옷은 따로 구매할 필요도 없고, 수시로 가서 확인하거나 점검할 필요도 없다. 꾹꾹 눌러서 채워 놓고, 돌돌 감아 놓기만 해도 보온 효과가 크니 보온재로 그만이다.

집사람도 이 사실을 너무 잘 알기에 계절마다 작고 낡아 못 입는 아이들의 옷들을 큰 마대 자루에 차곡차곡 넣어두어 따로 보관한다. 월동을 준비할 때가 되면 그 양이 제법 된다. 오늘 야외 화장실과 교회 식당에 그동안 모아두었던 헌 옷들로 조금 과하게 월동 준비를 했다.

신학대학 시절 멋모르고, 아니 그것이 멋인 줄 알고 '농촌목회는 꼭 경험하리라' 마음을 먹었다. 그리고 지금 나는 이곳 영월에서 계절마다 버라이어티한 진짜 시골 목회를 경험 중이다.

강원도 산골에서 5년이라는 세월을 보내니, 이래저래 안부를 묻는 분들이 많다. 마음 써 주셔서 감사한 마음이다. 5년이라는 세월 동안 말 못 할 사정도 많았고 눈물도 많았다. 어려운 시간도 많이 보냈다. 솔직히 말하면, 시골 목회는 참 어렵고 힘들다. 매번 새롭다. 그래서 당황스러울 때가 많다. 반복된 일상과 무료한 일상이 재미없을 때도 있다. 조급함도 있다. 내면의 갈등도 많다. 하지만 무엇보다도 내 안에 다듬어지지 못한 내 자아 때문에 가장 힘들다.

그럼에도 그 모든 어려움을 이길 수 있음은 교회를 바라보는 눈과 마음이 단단해지기 때문이다. 남몰래 많이 울기도 했는데, 함께 울고 웃는 공동체 안에서 하나님의 희로애락(喜怒哀樂)을 경험하고 있으니 감사한 일이다. 여전히 부족한 자이지만, 참되고 싶다. 참되자.

## 마을 사람으로 거듭나다

2021년, 이곳 영월에 온 지 6번째 해를 맞이한다. 상투적인 말처럼 '엊그제 온 것' 같은데, 어떻게 지나갔는지 시간이 참 빠르다.

이곳 산골에서 5년을 지내면서 가장 기쁜 일은 마을에 계신 분들이 목사를 마을의 구성원으로 받아 주신 일이다. 물론 마을 분들 중에서 "구성원이 되었다."라고 말씀을 하신 분은 아무도 없지만 느낄 수 있다. '마을의 구성원이 된 일'이 뭐 그리 대단히 기쁜 일일까 싶지만, 시골 목회자가 '마을 사람이 되는 것'은 교회의 부흥만큼이나 기쁘고 의미 있는 일이다.

나는 이곳에 처음 부임했을 때부터 '마을의 구성원'이라는 생각으로 마을 부역에 나가서 함께 일손을 도왔다. 한 시간쯤 일하면 마을 어르신들은 자연스레 삼삼오오 모여 술과 막걸리로 목을 축이신다. 간단한 술상이기에 막걸리 이외에는 다른 음료나 물이 준비되어 있지 않다. "물 좀 주세요." 하면 충분히 주시겠지만, 죄송한 마음에 쉬는 시간이면 교회에 가서 물을 먹고 따로 마실 물을 챙겨오곤 했다.

그런데 언제부터인가 술상 옆에 내가 마실 얼음물도 함께 준비해 놓으시고, 손수 따라 주시기까지 한다. 마을 행사에 참석하면 소개도 잊지 않으시는데, 혹 일정이 있어서 행사에 참석하지 못하면 부녀회에서 교회로 한 상 가득 멋진 밥상을 챙겨다 주시기까지 하니 이 얼마나 감사한 일인가?

올 봄, 가뭄이 심해 파종한 작물들이 말라 죽게 될 지경이 되었는데, 어르신 한 분이 나에게 농(弄)을 섞어서 말씀하셨다.

"목사 양반, 하나님께 기도 좀 해서 비 좀 오게 해보시게. 이러다가 농작물이 다 타 죽게 생겼어."

어제 오후, 마을 노인회에서 마을 어르신들에게 떡을 돌리시면서 교회에도 들려서 떡 한 덩이를 전달해 주고 가셨다.

"목사님, 따뜻할 때 드시면 맛있으니 지금 드세요."

노인회장님께서 주시는 떡을 받으며 속으로 다짐한다. '내 이 마을에서 부끄럽지 않게, 뜨겁게 목회를 하리라'

사실 내 마음에는 큰 부담이 하나 있다. 귀농이나 귀촌을 하신 분들 이외에, 마을 분들을 한 분도 전도하지 못했음이다. 하지만 이렇게 조금씩 마음을 열어가는 마을 분들을 보면서 하나님의 때가 머지 않았음을 기대한다.

하루속히 코로나19가 종식되어서 마을 분들에게 복음을 전할 수 있길 소망한다. 전해진 복음이 마을 분들의 마음에 잘 뿌려져 그분들이 교회에 나아와 함께 예배드릴 수 있길 소망한다. 그래서 함께 주님의 몸 된 교회를 세워나가기를 간절히 기도한다.

짧다면 짧고 길다면 긴 6년. 이렇게 마을의 한 구성원이 되었음이 참 감사하다. 떡 한 덩이는 감동이다. 더욱 참되자.


## 아빠, 오늘은 아들 병원 심방 좀 하세요

주일 원고를 다듬고 있는데 큰아이가 오더니 뜬금없는 말을 한다.
"아빠, 오늘은 아들 병원 심방 좀 하세요."

유치원 때부터 우리 할매들을 병원에 모셔다드리는 모습을 본 터라 아들에게는 심방이라는 말이 자연스럽다.

사실 시골 목회의 큰 사역 중의 하나는 차량 운행이다. 예배 시간뿐 아니라, 왕왕 우리 할매들 병원에 모셔다드리는 것이 목사의 일이다. 병원에 도착하면 보호자 역할까지 감당해야 하니, 이제는 의사 선생님이 먼저 알아보고 "목사님 또 오셨어요?"라고 인사를 건네기도 하신다. 어느새 난 우리 할매들의 보호자가 되었다.

엊그제부터 큰아이에게서 '코맹맹이 소리가 난다' 싶었는데, "심방해 달라."라고 말하는 걸 보니 아이의 말이 재밌기도 하고 살짝 미안하기도 해서 보고 있던 주일 원고를 바로 덮었다.

오늘은 큰아이 심방을 해야겠다. 큰아이도 우리 교회 성도이니 마땅히 목사의 심방을 받아야 한다. 오랜만에 아들과 함께 원주에 나가는 것이니, 아이가 좋아하는 햄버거도 사주고 돌아오는 길에 운동장에 들러서 공놀이도 해줘야겠다.

목회를 핑계로 매번 가족들에게는 소홀하여 미안한 마음이 크다. 그럼에도 이해해 주는 가족들에게 감사하다. 참되자.

## 나를 숨쉬게 하는 사랑

우리 교회는 반 귀농 생활을 하고 계신 성도님들이 많다. 주중이면 대전, 부산, 인천, (부천, 용인)에서 일상을 보내시다가 목(금)요일 퇴근 후에 영월로 오셔서 주말을 보내고 주일예배에 참석하신다. 고될 법도 한데, 힘든 기색 없이 매주 이 일을 기쁨으로 감당하며 예배당을 찾으시니, 감사요 은혜다.

그분들 중에 대전에서 오시는 권사님은 음식 솜씨가 장금이가 울고 갈 정도로 훌륭하신데, 종종 아무런 예고도 없이 맛있는 음식들을 준비하고 초대하신다. 어제도 갑자기 연락을 주셔서 댁에 갔더니 한상 가득 오징어볶음이 차려져 있다. 마침 매콤한 음식이 생각이 났는데, 어쩜 그리 내 마음을 잘 아시고 준비하셨는지 신기하다. 우리 권사님이 늘 하시는 말씀이 하나 있다.

"목사님은 시골에 계셔서 도시 목사님들처럼 성도들에게 맛있는 음식 대접을 자주 못 받으시니 안타까워요. 제가 종종 감당할 테니 부족하지만 맛있게 드세요."

기분이 좋다. 배도 마음도 든든하다. 식사를 마칠 때쯤 되자 어김없이 "목사님, 다음에는 수육을 삶아 드릴게요."라며 다음번 메뉴를 말씀하신다.

다과를 나누고 일어서려는데, 큰 냄비 하나를 들려주신다. 지난 주일에 오셨을 때 나의 낯빛을 보고는 "목사님 얼굴이 너무 안 좋아 보이세요." 걱정하시기에 "요 며칠 위염 때문에 약을 먹고 있어요."라고 말씀드렸다.

걱정이 되었는지 주중에 아내에게 전화해서 위에 좋은 음식과 약재, 주의사항 등의 정보를 하나 가득 알려주시더니, 오늘은 이렇게 사랑 가득한 죽을 한 냄비 가득 끓여 놓으신 것이다. 얼마나 고생을 하며 끓이셨을지 눈에 선하다. 일주일 동안 삼시 세끼를 먹어도 다 먹지 못할 양에 한 번 놀랐고, 그 정성과 사랑에 한 번 더 놀랐다.

집으로 돌아가는 길, 이 부족한 목사가 무어라고 이렇게 큰 사랑을 받나 싶다. 불현듯,

'♪ 주 사랑이 나를 숨 쉬게 해~ 세상 그 어떤 어려움 속에도~♬'라는 찬양 가사가 생각이 났다. 혼자서는 온전히 설 수 없는 부족한 자이지만, 오늘도 우리 주님의 사랑 때문에 숨 쉬고, 성도들의 사랑 때문에 살아낸다. 참되자.

# 4장

# 교회는 낯선 여행이다

교회는 낯선 사람으로의 여행이다
교회는 낯선 공간으로의 여행이다
교회는 낯선 상황으로의 여행이다

# 김민수 목사

서툴고 낯선 개척의 걸음을 흔들리듯 겪으며 6년차를 맞이하고 있다. 이제
는 익숙할 법도 한 개척교회 사역이지만 새로운 사람과 공간, 상황에 맞닥뜨리
면서 늘 낯선 걸음을 걷고 있다. 부족하고 연약하지만 부르심 앞에 신실하게
응답하며 감당하기를 소망하고 있다. 삶의 희비, 충만히 거하시는 예수 그리스
도. 오직 그분으로 인해 감사하며 기뻐하는 걸음이길 소망한다.

여행을 좋아한다. 낯선 곳에서의 설렘과 두려움이 좋다. 온 몸을 자극하는 새로운 흐름은 무감각해진 삶의 세포들을 깨운다. 물론 무조건 좋은 것만은 아니다. 길을 잘못 들어서기도 하고 기차를 놓치거나 잘못 타기도 한다. 엉뚱한 장소에 들어서거나 갑자기 몸이 아프거나 돈이 떨어지기도 한다. 당황스런 변수들이 참 많다.

　나그네로 살아가는 신앙의 여정도 여행과 비슷하다. 예수 그리스도 안에서 구원받은 하나님의 백성들은 본향을 향해 나아간다. 여행 같은 인생의 여정에 어려움도 많다. 낯선 사람과 장소, 그리고 상황 속에서 당혹스러워하며 주춤거린다. 처음 겪는 일들 앞에서 어찌할 바 몰라 헤맨다. 광야 같은 현실 속에서 오직 믿음으로만 발을 내디딜 수 있다.

　교회는 낯선 여행이다. 예측 불가한 여행이지만 하나님과 동행하니 기쁨이다. 실패하고 넘어져도 결국 다다를 영원한 본향을 소망삼아 걸어간다. 개척교회의 현장에는 두려움이 가득하지만, 하나님으로 인해 설렘의 연속이다. 자, 여행을 떠나자.

# ① 교회는 낯선 사람으로의 여행이다

## 전도 중 들은 낯선 울림의 소리

부사역자 때와는 다르게 개척 목회에서는 현장 전도를 많이 한다. 중형 교회의 부목사는 부서, 행정, 차량, 음향, 홍보, 심방, 기획 등의 다양한 사역들로 여유가 많지 않다. 전도는 성도들의 관계전도나 초청전도가 주를 이룬다. 한 주에 한 번, 교회에서 공식적인 전도모임을 진행하지만 노방전도나 가가호호 전도에 참여할 뿐이다. 그렇다 보니 불신자들을 만나고 나누고 섬기는 일들이 그리 많지 않다. 하지만 개척 현장에서는 불신자들을 직접 만나고 섬기며 복음 전하는 일이 많다.

상황이 그렇다 보니 다양한 분들을 만나게 된다. 교회를 다니다가 실망해서 안 다니시는 분, 일가친척이 신앙생활을 하는데 너무 이기적이어서 불신이 생긴다는 분, 목회자의 잘못된 언행이나 바르지 않은 모습에 실망하셨다는 분, 언론이나 주변 사람을 통해 부정적인 이야기들을 들은 분, 정치나 사회 속 편파적인 성향에 질렸다는 분 등 다양한 이유로 교회를 다니지 않았다.

그중에 가끔 만나서 이런저런 대화를 나누는 분이 계셨다. 교회와 정치, 사회의 다양한 사건, 목회자들에 대한 자신의 생각과 불만을 쏟아 놓았다. 내가 목회자였기에 오히려 하고 싶은 말이 많은 듯했다.

한번은 대화 중에 뒤통수를 강하게 내리치는듯한 충격적인 말을 들었다. 그분은 무심코 툭 던진 말이었는데, 내게는 아찔하게 들렸다.

"교회가 믿음은 강요하는데 사랑은 버렸어요."

마치 하나님의 음성처럼 들려서 마음이 아팠다. 심장이 빠르게 뛰면서 속이 울렁거렸다. 한 대 얻어맞은 것처럼 온몸에 전율이 흘렀다. 울컥하는 마음에 눈물도 쏟아질 것 같았다. 급하게 대화를 마무리하고 가게를 빠져나왔다. 한 시간가량 동네 어귀를 걸으며 마음속을 떠나지 않는 그 말을 붙잡고 되새겼다.

생각해보면 기독교 초기에는 사랑과 희생으로 복음이 전해졌다. 조건없는 섬김과 헌신이 사회 곳곳에 흘러갔다. 그런데 지금은 그런 모습들이 많이 사라졌다. 어느 순간 사회에서 성공하거나 가난에서 벗어나는 기복신앙에 집중되었다. '선한 영향력'이라는 포장으로 높은 권세와 능력에 관심을 두었다. 맘모니즘의 그늘 아래 있는 이들도 많아졌다.

사랑, 그 자체이신 하나님을 믿는 자들의 삶에 사랑이 아닌 번영과 기복이 자리 잡았다. 어쩌면 하나님을 이용해 자신의 목적을 채우고 있는지도 모른다. 불신자가 말한 '믿음의 강요'도 외적으로 교회에 출석하는 것이나 등록하는 것, 예배를 많이 드리고 교회 활동이 많은 것 등으로 이해하는 듯했다.

급속히 성장한 외적 부흥 속에서 '교회의 존재와 의미가 무엇인가'를 깊이 상고하지 못하고 살아왔다. 수많은 목회자가 배출되었지만 순수하게 복음에 헌신하는 이들은 도리어 적어진 듯하다. 마치 기업과 비슷한 구조로 조직을 운영하는 교회와 목회자가 많아졌다. 성경의 진리가 흐르는 삶이기보다는 자신에 맞게 자의적으로 해석해 요리한 인스턴트 음식을 먹는 이들이 많아졌다. Text(말씀)로 Context(상황)를 해석하는 것이 아니라, Context(상황)로 Text(말씀)를 왜곡시키는 자기중심적 신앙이 두드러지게 나타났다.

어쩌면 하나님께서 주변 나라들을 들어 타락한 이스라엘을 징계하셨듯이, 지금은 불신자들의 입술을 통해 믿는 이들을 깨우려 하시는지도 모른다. 화인 맞은 양심처럼 바르게 분별하지 못하는 우리를 향해 깨닫게 하시는 통로로 여겨졌다. 스스로 돌이키며 회개하지 못하자 불신자를 통해 깨닫게 하신 것 같았다. 불신자의 말 한마디로 무감각해진 우리의 실체를 낯설고 새롭게 바라보도록 하셨다.

## 우리 오래 갑시다

교회를 다니지 않는 분을 만났다. 다른 지역 집사님의 소개로 만나기 시작했다. 6개월 정도의 시간 동안 안부 문자와 함께 집 문고리에 생필품과 과일, 반찬 등을 한 달에 한두 번씩 나누었다. 할 수 있는 대로 최선을 다해 힘껏 나누며 조금씩 가까워졌다.

한번은 지나온 시간의 이야기들을 함께 나누며 두어 시간을 보냈다. 대부분 그분이 말씀하셨고 나와 아내는 귀를 쫑긋 세우고 듣다가 간간이 궁금한 질문을 드렸다. 한참을 즐겁게 이야기를 나누고 있는데, 어르신이 조그마한 목소리로 뜻밖의 말씀을 하신다.

"우리, 오래 갑시다...!"

용기 내어 진심을 담아 말씀하신 한마디에 마음이 울컥했다. 자신은 사람에게 쉽사리 마음을 열지 않는데 마음을 열면 많은 이야기를 나눈다신다. 오랜 세월, 만난 많은 사람 중에 악한 사람이 많았다고 하신다. 마음을 열고 마음껏 이야기를 나눌 수 있는 이가 많지 않으셨단다. 실제로 이런저런 말씀 속에 상처를 받거나 사기를 당하는 등 안 좋은 일들이 많았었다.

사실, 우리가 할 수 있는 일들은 많지 않았다. 그저 함께 식사하며 마음 다해 들어 드린 것뿐이다. 눈을 마주 보고 고개를 끄떡이며 진심으로 맞장구를 쳐 드렸을 뿐이다. 그리고 이야기를 듣다가 궁금한 것이 있으면 간간히 질문을 드렸을 뿐이다.

개척교회는 영혼의 무게를 깊이 느낄 수 있는 곳이다. 사람을 관리하거나 조직을 운영하는 구조가 아니기 때문이다. 한 사람, 한 사람의 삶을 온전히 직면해야 하는 곳이다. 때로는 함께 울고 웃으며 각자의 아픔과 기쁨을 마음껏 나누고 소통해야 하는 곳이다. 어쩌면 사람이 많지 않기에 가능한 것일 수도 있다.

한 사람의 일생 속으로 들어가서 함께 누리는 관계가 참 좋다. 마음속 담아 두었던 이야기들을 스스럼없이 열어 보이는 사이가 좋다. 시간 가는 줄 모르고 서로의 이야기를 듣고 나누는 풍성한 나눔이 좋다. 피상적인 만남을 넘어 삶의 언저리에서 함께 앉아 웃고 우는 시간이 좋다.

그분과 헤어진 후에도 마음을 담은 진심 어린 그 한마디가 귓가에 맴돈다.

"우리, 오래 갑시다."

## 술 취한 이의 상실감

개척 초기, 사택이 교회 옆에 있었을 때다. 새벽예배를 준비하는데, 성도 한 분이 당황한 기색으로 급히 들어오시며 말씀하셨다. 1층 입구에 사람이 누워있다고 했다. 얼른 밑으로 내려가 보니 술 취한 남자 한 분이 건물 입구 차가운 바닥에 누워 있었다. 놀란 마음에 급히 흔들어 깨웠다. 다행히 잠에서 깼고, 괜찮다는 말과 함께 휘청거리며 건물 밖으로 나섰다.

아마도 술 취한 상태로 노래방에 왔다 가는 길에 쓰러져 잠든 듯했다. 가끔 밤늦게 술에 거하게 취해 노래방에 오가는 사람들은 있었다. 하지만 새벽예배 시간까지 술에 취해 잠든 사람은 처음이었다. 얼마나 많이 취했으면 집에 가지 못하고 쓰러져서 잠들었을까 하는 생각에 안타까웠다. 여름이어서 그렇지, 자칫 몸이 상할 뻔했다.

이 일 직후 어릴 적 아버지가 떠올랐다. 내가 돌이 지나기 전, 아버지는 동네 입구 고갯길에서 술 취한 상태로 자전거를 타고 내려오다 비탈길에서 구르셨다. 하필 머리를 다쳐서 좌반신 불구가 되었고 한쪽 다리를 절게 되셨다. 상심이 크셨던 아버지는 감당할 수 없는 상실감에 술을 많이 드셨다. 갑작스럽게 닥친 크나큰 일을 감내할 수 없으셨던 것 같다.

문제는 술을 드신 후에 폭언과 폭행을 가족들에게 쏟아 놓으셨다는 점이다. 하루가 멀다고 술을 드시고 집기를 부수고 소리를 지르시고 깨워서 기합을 넣거나 말도 안 되는 이유로 자식들을 때리셨다. 가끔은 말리는 가족들을 죽이겠다고 부엌으로 가서 칼을 들고나오시기도 했다. 끔찍하고 살벌했던 날들이 이어졌다.

한번은 아버지께서 옆 마을 국민(초등)학교 가을운동회에 가겠다고 길을 나서셨다. 가시면 분명 술 드실 것을 아신 어머니께서는 한참을 말리셨다. 그러나 결국 지치셔서 둘째인 나를 함께 보내셨다. 혹시나 자식과 같이 가면 술을 안 드실까 하는 기대가 있으셨던 것 같다. 시골의 초등학교 가을운동회는 동네잔치다. 옆 마을 초등학교 운동회지만 어른들 사이에서는 서로를 잘 아셨다. 서로 인사를 나누었고 몇 개의 순서가 끝날 때까지 잘 참으셨다. 하지만 결국 잔치 분위기에 휩쓸려 술을 드시기 시작했다. 말려도 소용없었다.

술이 약했던 아버지는 이내 취하셨다. 그렇게 술을 나누시는 동안 나는 아버지 옆에서 뻘쭘히 서서 운동회를 구경했다. 내가 다니는 초등학교가 아니었기에 내가 아는 사람이 거의 없었다. 순서가 거의 끝나갈 무렵 아버지께서도 이미 만취가 되셨다. 사람들은 한둘씩 집으로 돌아가기 시작했고 아버지도 다른 이들의 만류로 비틀거리며 길을 나섰다.

아버지는 술에 취하셔서 잘 걸을 수 없었고 아직 초등학생이었던 나는 부축이 쉽지 않았다. 한참을 걸었지만 얼마 가지 못해 캄캄한 밤이 금세 찾아왔다. 술기운이 올라오고 다리도 풀린 아버지는 길옆에 누우셨다. 흔들다 지쳐 어떡해야 할지 몰랐던 나도 그 옆에 나란히 누웠다. 아버지는 이내 코를 고시며 잠이 드셨지만, 나는 멀뚱거리는 눈으로 밤하늘을 바라보았다. 아이러니하게도 그때 본 밤하늘이 얼마나 아름답던지 지금도 선명하게 떠오른다.

두어 시간쯤 지나, 운동회를 정리하시고 돌아가시던 초등학교 교감 선생님께서 다행히 우리를 발견하셨다. 지역 일대에서 이미 유명하셨던 아버지를 알아보시고는 지인들께 연락을 취하셨다. 나는 오토바이로 먼저 집에 왔고 아버지는 경운기로 뒤늦게 도착하셨다. 밤이라 조용했던 시골 동네에 한바탕 난리가 났다. 고래고래 소리를 지르시며 들어오시는 아버지로 인해 온 동네가 다 깨어났다.

성인이 되어 결혼한 후 몇 년 뒤에야, 거대한 상실감으로 인해 고통스러우셨을 아버지를 조금이나마 이해할 수 있게 되었다. 잊어보려고 해도 잊히지 않고 발버둥 쳐봐도 달라지지 않는 것처럼 보이셨으리라. '만약 술을 먹고 자전거를 타지 않았다면, 고개에서 자전거를 끌고 내려왔다면, 넘어져서 굴러떨어질 때 머리를 다치지 않았으면 어땠을까'라는 수많은 후회가, 살아온 인생보다 살아갈 인생을 더욱더 절망으로 밀어 넣었으리라.

새벽까지 술을 마시고 노래를 부르다가 건물 바닥에 잠들었던 사람의 인생에는 어떤 상실감과 공허함이 목덜미를 잡고 있었을까. 과연 그는 고통으로부터 자유를 얻을 수는 없었을까. 어쩌면 각자의 인생 속에 불쑥 찾아온 실망과 좌절, 아픔과 고통으로 인해 미래를 집어삼키고 있는 것은 아닐까. 블랙홀이나 늪처럼 끝없는 슬픔 속으로

빨아들이고 있는 것 같다.

소망 없는 모든 인생에 하나님의 은혜가 필요하다. 한순간의 사건뿐만 아니라, 인간이라는 존재 자체가 죽음과 고통 앞에서 상실감의 쓰나미에 휩쓸릴 수밖에 없다. 주님만이 인생의 상실감과 허무함을 치유해줄 수 있는 유일한 통로다. 사람으로서는 도저히 해결할 수 없는 죄의 문제를 예수그리스도의 십자가 죽음으로 이루신 구원으로만 해결할 수 있기에 그렇다.

낯선 이의 술 취함 속에서 낯설지 않은 아버지의 모습을 보았다. 어쩌면 모든 사람의 인생 속에는 낯선 허무함과 공허함의 두려움들이 가득 차 있는 듯하다. 그 누구도 인간의 공허함과 허무함으로부터 스스로 빠져나올 수 없다. 오직 예수그리스도를 통해 일하시는 하나님의 능력만이 아파하고 슬퍼하는 이들의 날갯죽지를 잡아 건져낼 수 있다. 교회는 낯선 듯 낯설지 않은 이들이 처해 있는 수많은 상실을 조심스레 따뜻한 마음으로 살펴야 한다.

## 지탱할 수 있는 기준

어머니께서는 뇌경색을 앓으신 지 10년이 넘었다. 고혈압과 당뇨도 있으시다. 몇 해 전부터는 모야모야병과 함께 치매 증상이 시작되었다. 몸의 무너짐과 동시에 기억이 무너졌다. 다행히 가족이 함께하면서 마음이 완전히 무너지지는 않았다. 하루하루 기억나지 않는 과거의 꼬리를 잡고 뿌연 안개 속을 걸으신다.

'몸이 무너진다. 다리에 힘은 풀리고 어지러운 정신에 흔들거린다. 누웠던 자리로부터 툭툭 털고 일어날 힘이 없다. 시선은 벌써 문밖으로 걸어 나갔지만 몸은 아직 침대에 붙어 있다. 맘대로 움직일 수 없다는 사실이 맘대로 되지 않는 인생의 상징처럼 보인다. 눈앞이 캄캄하다.'

다행히 저렴한 가격으로 의료 물품들을 대여하거나 구입할 수 있었다. 침대와 보행기, 그리고 기둥형 안전손잡이 등이 방에 가득하다. 특히 기둥처럼 생긴 안전 손잡이는 많은 도움이 된다. 앉을 때나 일어날 때, 그리고 누웠다가 다시 앉을 때 없어서는 안 될 물품이다. 몸에 힘이 없어서서 홀로 앉거나 일어설 때 꼭 필요하다.

기둥형 안전 손잡이를 처음 설치할 때에 위, 아래로 길이를 맞추고는 위쪽으로 밀면서 고정한다. 든든히 받쳐주는 바닥과 천장의 양면에 고정시킨다. 기둥은 봉으로 되어 있지만 양 끝은 조금 넓은 판이 있어서 좌우로 밀리지 않는다. 그렇게 고정된 안전 손잡이는 웬만한 성인이 밀어도 밀리거나 움직이지 않는다. 견고하게 자리를 잡은 안전 손잡이는 어머니의 든든한 지지대가 되어 주었다. 어머니가 지탱할 수 있도록 도와주었다.

사람은 누구나 흔들리고 넘어진다. 돈이나 건강이 될 수도 있고,

사람들과의 관계 문제일 수도 있다. 알듯 모르듯 확신할 수 없는 영혼의 문제 앞에서도 흔들린다. 모든 사람이 죽음을 맞이하는 것과 같이 모든 사람이 흔들리며 넘어진다. 그 누구도 완전하게 견고한 사람은 없다.

그렇기에 의지할 대상을 찾아 끊임없이 헤맨다. 사랑하며 신뢰하는 관계 안에서 흔들리는 자신을 붙잡아주기를 바라며 살아간다. 자신이 먼저 믿어주면 가능할 것 같아서 전적으로 의지하며 신뢰해 보기도 한다. 하지만 그것을 악용하는 사람으로 인해 도리어 마음의 문을 굳게 잠가버린다. 깨어진 가정과 사랑, 그리고 불완전한 신뢰의 관계는 인간을 사정없이 흔들어버린다.

인간이라는 존재는 흔들리는 기반 위에 서 있기에 불안해하고 두려워한다. 지진이 일어난 것처럼 송두리째 삶이 뿌리째 뽑혀서 내팽개쳐진 것 같이 느껴진다. 모든 것을 내어 주었음에도 교묘하게 이용하는 자들로 인해 마음에 생채기를 안고 산다. 사람으로서는 견고한 지지대를 세울 수 없다. 우리를 온전히 지탱해줄 수 있는 사람도 없다. 그렇기에 각자의 삶을 나누며 소통하는 삶을 살아가더라도 전적으로 의지하거나 신뢰할 수는 없다.

우리가 지탱할 수 있는 이는 오직 하나님뿐이시다. 영원히 흔들리지 않으시는 하나님의 견고함만이 우리의 지지대이다. 이 세상의 그 무엇도 영원하거나 완전할 수 없으나 오직 하나님만이 영원하시며 완전하시며 거룩하시기 때문이다. 이 땅에서 허락된 다양한 물질과 관계들을 감사함으로 누릴 수 있어야 한다. 그러나 이것들의 완전하지 않음을 철저히 인정해야 한다. 영원하고 완전한 지지대는 오직 하나님뿐이시다.

오늘도 어머니께서는 힘없는 다리 대신 안전 봉을 잡고 일어나신다. 어머니 옆에 든든히 서 있는 안전 손잡이가 견고하게 세워져 있음에 감사하다. 우리도 자신의 능력과 지식과 경험으로 견고히 설 수 없음을 깨닫고, 하나님을 의지하며 일어설 수 있음을 감사해야 한다. 우리와 항상 함께하시는 하나님의 견고하심을 의지하며 살아가야 한다. 우리를 지탱할 수 있도록 하시는 이는 오직 하나님뿐이시다.

"우리는 우리 자신이 사형 선고를 받은 줄 알았으니 이는 우리로 자기를 의지하지 말고 오직 죽은 자를 다시 살리시는 하나님만 의지하게 하심이라."(고후 1:9)


## 자람은 금방 눈에 띄지 않는다

중고등부 아이들의 수련회를 마쳤다. 마지막 날, 점심을 끝으로 아이들을 일일이 집에 데려다주고 나서야 완전히 끝났다. 피곤한 몸을 이끌고 저녁에 집에 들어와 금세 잠이 들어 버렸다. 다음날 새벽예배가 끝나고 아침 묵상을 하며 수련회를 돌아보았다.

수련회 이후, 이전과 비교했을 때 아이들은 크게 변한 것 같지 않았다. 말투나 행동, 생활을 떠올려 보니 별반 차이가 없었다. 어쩌면 이전보다 더 안 좋아진 것도 같았다. 최근에 나온 학생들은 본래의 모습이 드러나면서 오히려 당황스럽기까지 했다. 아이들의 변화 없음에 살짝 아쉬움이 묻어나는 한숨을 쉬기도 했다.

그러던 중 아이들을 처음 만났을 때의 모습이 생각났다. 지금보다 조금 더 어린 상황에서 아이들은 미숙했고 부족했다. 어수룩했고 개념이 없었으며 장난꾸러기에 별종들이었다. 생각의 폭을 아무리 넓힌다 해도 이해할 수 없는 부분이 더 많았던 아이들이었다. 그보다 더 이전에는 말할 것도 없었다.


우리가 보는 시야는 좁다. 현재의 상태를 바로 직전과 비교한다. 짧게는 어제, 길게는 한 달 전쯤의 모습을 본다. 아무리 길게 본다고 해도 6개월을 넘지 못하는 것 같다. 더욱이 충격적인 사건이나 상황이 아닌 경우에는 3개월 이내의 기억을 넘지 못한다. 어쩌면 아이들의 변화보다는 우리의 기억력이 더 약할 수도 있다. 아이들의 미세한 변화를 모두 감지하기에는 우리의 섬세함과 능력이 턱없이 부족하다.

아이들은 점점 자라고 있다. 우리가 미처 발견하지 못하는 사이, 아이들의 생각이나 관점, 그리고 신앙 등이 무럭무럭 자라고 있다. 우리가 생각하는 것보다 더 폭넓고 깊게 자라고 있다. 화분의 화초를 하루 이틀 보면 별다른 변화가 없어 보이지만, 어느 순간 무럭무럭 자라난 모습을 깨닫는 것처럼 말이다. 마치 아이들의 어린 시절 사진을 볼 때면 훌쩍 커버린 모습에 놀라는 것과 비슷하다.

우리의 조급함으로 아이들을 변화시키기보다는 아이들에게 삶의 방향을 어떻게 제시하고 있는지 돌아보아야 한다. 아이들의 지금 모습이 아닌, 앞으로의 변화를 위해 무엇을 나누고 있는지 살펴야 한다. 지금 당장 변화가 없는 것 같아도 삶을 공유하며 방향을 함께 나누는 동안 아이들은 자라고 변한다. 우리 삶에 스며든 하나님의 놀라운 은혜와 섭리를 나누고 누리는 관계 안에서 아이들은 자라게 되어 있다.

성도들도 동일하다. 예배와 성경 공부, 그리고 말씀묵상을 통해 거룩하고 온전한 하나님의 백성으로 변화되고 성숙할 것 같은데, 뜻대로 되지 않는다. 깊이 뿌리박혀 있는 각자의 가치와 생각은 쉽게 바뀌지 않는 것 같다. 변화하지 않고 자라지 않는 모습에 지치거나 속상할 수도 있다. 그런 모습이 낯설고 생소할 수 있다. 당혹스러움으로 인해 잠시 깊은 고민에 빠질 수도 있다. 마음을 쥐어 잡고 밤새 눈물을 흘리며 애통할 수도 있다.

자람은 좀처럼 눈에 띄지 않는다. 그러니 조급해하지 않아도 된다. 작은 일들 속에 일희일비(一喜一悲)하지 말아야 한다. 하나님의 섭리하심을 기대하며 신뢰해야 한다. 살아계신 하나님의 놀라운 능력이 아이들과 성도들의 삶에 드리우길 간절히 기도하며 최선을 다해 묵묵히 감당해야 한다. 말씀의 진리를 함께 나누며 기뻐하는 인생이 되어야 한다. 내가 전하며 나누는 것이 하나님 편에서 본질적인지를 돌아보며 아이들의 삶에 흘려보내야 한다. 아이들과 성도들은 분명히 자라고 있다.

## 낯선 아내의 요리

심방 다녀온 아내의 손놀림이 바쁘다. 고기를 썰어 넣고는 파와 고추를 잘게 잘라 넣는다. 각종 양념이 뜨거운 프라이팬 위에서 함께 어우러져 익어간다. 구수한 냄새와 함께 점심 먹을 준비가 되었다.

아내는 요리를 곧잘 한다. 제육볶음인데 빨갛지가 않다. 기존에 내가 알고 있던 제육볶음이 아니라, 새롭게 시도되었다. 역시 예상대로 맛나다. 타의 추종을 불허한다. 음식에 문외한이지만 먹는 것을 좋아하는 내게는 큰 기쁨이다.

나의 뇌피셜이지만, 아내가 점심에 요리한다는 것은 세 가지 정도의 의미가 있는 듯하다. 평소 아내와의 대화나 생활에서 유추한 내 생각이다.

먼저, 아내는 요리해서 대접하길 좋아한다. 자신이 만든 요리를 사랑하는 이들이 맛있게 먹는 것을 행복해한다. 가끔은 같이 밥을 먹으면서도 맛있게 먹는 나를 보며 미소를 짓는다. 먹는 도중 "너무 맛있다.", "이런 요리는 어디서 배웠냐!", "우리 예쁜 아내는 언제부터 이렇게 요리를 잘했나." 등을 외치며 따봉을 올리면 더 행복해한다. 당연히 진심에서 우러나오는 말이다.

대부분 대접받는 것을 좋아한다. 나도 그렇다. 누군가가 나를 높이고 인정해주고 대접해주면 자존감이 높아진다. 하지만 그에 못지않게 대접하고 높여주며 섬겨주는 기쁨도 놀랍도록 크다. 수동적으로 다른 이의 대접에 반응하는 것보다, 주체적으로 남을 대접하는 삶을 통해 살아있음에 대한 기쁨을 더욱 누리게 된다.

둘째, 점심값을 아낄 수 있다. 둘이 밖에 나가 밥을 먹으면 못해도 15,000원 내외의 금액이 지출된다. 간혹 아이들이 함께 있을 때는 2~3만 원이 훌쩍 넘는다. 하지만 나물을 섞어 비빔밥을 해 먹던지, 부식으로 왔던 것을 간단히 요리한다든지, 조촐히 밑반찬에 달걀부침을 하면 거의 비용이 들지 않거나 몇천 원으로 식사를 해결한다. 알뜰한 아내는 이런 생활 습관이 몸에 배어 있다.

아내의 몸에 밴 알뜰함은 어쩔 수 없이 어려운 생활 여건 때문이다. 그렇기에 못내 마음이 아프다. 아내의 아낌은 삶의 울타리를 위한 자기희생이다. 더 큰 기쁨을 위해 작은 부분에 애써 수고하는 아내의 헌신이 정말 고맙다. 궁색한 아낌이 아니라 풍성한 아낌이다.

마지막으로, 새로운 음식을 시도한다. 점심 요리는 대부분 재료를 갖출 수 없는 상황에서 궁여지책으로 시도하는 요리다. 그때그때 냉장고에 있던 것들을 활용해서 새롭게 시도한다. 아내는 이런 시도를 좋아한다. 메뉴를 정하고 재료를 구입하는 것이 아니라, 있는 재료를 가지고 새로운 음식을 만들었다. 음식들의 족보가 모호할 때도 있지만 확실히 맛은 탁월하다. 개척교회 사모답게 음식에 대한 개척 정신

또한 월등하다.

새로운 음식에 담대히 시도할 수 있다는 것은 받아주는 이들과의 관계 때문이다. 그 누구도 음식을 잘못했다고 타박하지 않는다. 맛이 이상하면 보완을 하면 되고 다음에 더 잘하면 된다. 이런 풍성한 관계가 실패를 두렵지 않게 한다. 무한한 사랑으로 받아주시는 하나님의 은혜를 아는 믿음의 사람들은 더욱 자유롭게 도전할 수 있다.

이렇듯 아내가 직접 요리하는 이유의 총합에는 '사랑'이 깔려 있다. 사랑하는 이가 맛있게 먹는 것과 가정의 비용을 아끼는 것, 헛되이 버리지 않고 새롭게 시도하는 것들 모두 사랑에 기반을 둔다. 따뜻한 사랑의 마음을 알기에 맛있는 음식이 몇 배는 더 맛있다.

오늘도 아내는 사랑으로 요리한다. 나도 더욱더 사랑으로 목회를 해야겠다. 낯선 이 땅에서도 진정한 사랑의 충만함이 드러나는 하늘의 삶을 살아가야겠다.

## 의식 너머 존재하는 그림자의 연결

개척하고 얼마 후, 막내가 새로 다니게 된 어린이집에서 친구들이 생겼다. 아직 어리다 보니 확실히 친구들도 금방 사귄다. 특히 어린이집이 끝나는 오후 1시쯤에는 바로 앞 놀이터에서 한 시간여가량을 함께 뛰어노는 친구가 있다. 엄마들은 반강제적으로 한 시간 정도를 함께 견뎌야(?)하지만 아이들은 별로 개의치 않는다.

나도 가끔 아이를 데리러 갔었다. 때마침 그날이었다. 참새가 방앗간을 못 지나가듯 어김없이 놀이터에 들렀고 아이들은 신이 났다. '얼음 땡'도 하고 미끄럼과 시소도 타고 그네도 함께 탄다. 나도 아이들과 함께 놀면서 그네 탈 때는 뒤에서 함께 밀어주었다.

그때, 그네 아래로 함께 따라오는 그림자가 눈에 확 띄었다. 한낮 태양이 강렬했기에 어느 때보다도 그림자가 선명했다. 왔다 갔다 하는 그네를 따라 그림자도 줄어들었다가 늘어났다가를 반복했다. 무슨 이유에서인지 흔들리며 따라다니는 그림자가 잊히지 않았다.

사람은 태어나 살아가면서 죽는 순간까지 많은 사람을 만난다. 때론 친한 친구를 만나기도 하고 원수 같은 사람을 만나기도 한다. 다시는 보고 싶지 않은 사람이 있는가 하면 반대로 오랜 시간이 지나도 항상 기억 속에 존재하는 사람이 있다. 그리고 눈에 보이는 일상의 기억뿐만 아니라, 눈에 보이지 않는 마음과 내면의 영역도 함께 나누게 된다. 누구나 무의식중에 자신만이 느끼고 경험한 것들이 존재하기 때문이다.

어쩌면 행복하다는 것은 나의 그림자가 다른 이의 그림자와 함께함을 의미한다. 나타난 것뿐만 아니라, 보이지 않는 아픔과 슬픔마저도 함께 할 수 있는 관계를 말한다. 자신의 아픔을 끌어안고만 있는 것이 아니라, 다른 사람과 함께 자연스럽게 나누는 삶이다. 물론 상대가 그것을 알아차리거나 이해하지 못할지라도 말이다. 우리는 외부의 풍경들은 쉽게 발견하지만, 내면에 있는 다양한 감정들은 쉽게 눈치채지 못한다.

하나님과의 관계도 마찬가지다. 물질만능주의 속에 살아가는 현대인들에게 하나님은 자기 생각대로 판단하는 대상이다. 단지 눈에 보여야 믿어진다는 존재이거나, 필요할 때만 요청하는 대상이거나, 사상과 철학 속에서의 논쟁거리 정도로만 인식한다. 하지만 하나님은 우리와의 관계 속에서 스스로 자신의 그림자를 전달하시며 드러내시는 분이다. 그림자가 없으신 완전한 빛의 하나님께서 우리 영혼의 내면 깊은 곳으로 스며드셔서 소통하시는 그림자로 낮아지셨다.

아브라함은 모리아산 제단 앞에서 이삭을 대신할 숫염소를 발견한다. 하나님께서는 단순히 눈에 보이는 제물을 준비하신 것만은 아니다. 하나님께서는 아브라함의 인생 속에 들어오셔서 동행하시며 이끌어 주셨다. 인간의 모든 연약함과 부족함까지도 끌어안으시고 품어주신 사랑으로 함께 하셨다. 결국 아브라함을 온전한 믿음으로 세우시며 하나님의 백성을 향한 따스한 삶의 동행을 실현하셨다.

'이제야 네가 나를 경외하는 줄 알았다.'는 것은 단순히 아브라함의 믿음을 인정하는 선언 정도가 아니다. 하나님의 열심과 섭리 안에서 주어진 오묘한 결과이다. 아브라함의 발걸음 반대편에서 쉼 없이 올라왔을 숫염소의 발걸음은 하나님의 마음이다. 우리가 슬프지 않을 수 있는 것은 완전하신 하나님의 따스한 손길과 눈길이 있기 때문이다.

아이에게 친구가 생겼다는 것은 마음을 나눌 수 있는 끈이 이어졌음을 의미한다. 아이에게 다가오시는 하나님의 손길을 그렇게 느꼈으면 좋겠다. 흔들리는 그네 아래로 쉼 없이 따라오는 그림자처럼 의식 너머의 영역까지도 나누고 소통하는 놀라운 은혜가 있음을 깨달았으면 좋겠다. 가끔 불어오는 시원한 봄바람 사이로 그네의 아이를 놓치지 않고 따라오는 그림자가 있다.

아브라함이 그 땅 이름을 여호와 이레라 하였으므로 오늘날까지 사람들이 이르기를 여호와의 산에서 준비되리라 하더라.(창 22:14)

## 김치 찢어주는 아내

어머니의 심전도 정밀 검사를 위해 병원을 찾았다. 검사는 순조롭게 진행되었고 예상보다 일찍 끝났다. 우리는 이른 점심을 먹기로 하고 병원 안에 있는 지하 식당으로 향했다.

식당 입구에 다다랐을 때, 나는 함박웃음을 지었다. 내가 좋아하는 김치찜이 '오늘의 메뉴'에 있었다. 어머니와 아내는 메뉴를 고민하고 있었지만, 나는 단호히 변치 않는 결정 속에서 여유를 부렸다. 어머니께는 신선한 채소와 고소한 나물이 많이 들어간 산채비빔밥을 시켜드렸고 아내는 구수한 청국장을 시켰다.

이후 잠시 대화를 나누고 있을 때 음식이 나왔다. 어머니의 산채

비빔밥을 비벼 드리고 나서 경건한(?) 마음으로 김치찜을 먹기 시작했다. 자르지 않은 통배추 잎으로 담근 김치가 크게 들어가 있었다. 고기는 기꺼이 나누어 먹고 김치를 찢어 먹기 시작했다. 기다랗게 찢어서 한 숟갈 뜬 밥 위에 돌돌 말아 올린 후에 한입에 넣었다. 진심 꿀맛이었다.

그렇게 음식의 맛에 취해 정신없이 먹고 있었다. 그러다가 배가 든든해져 갈 때 즈음, 젓가락으로 김치를 잡아주는 손길이 있음을 느끼기 시작했다. 김치를 찢을 때마다 아내가 다른 한쪽을 잡아주고 있었다. 아내는 당연하다는 듯 센스있게 김치 한 부분을 잡아주었다. 어머니와 대화 중에도 어김없이 김치를 잡아주고 있었다.

혼자 김치 찢기란 쉽지 않다. 먼저 젓가락을 양손에 들고 김치 한쪽을 갈라놓고 찢어진 한 부위를 들면서 반대쪽을 눌러줘야 한다. 이 번거로움이 거의 없었다. 너무나 자연스러워서 느끼기도 힘들었다.

식사 후에도 김치를 잡아주던 아내의 젓가락은 마음에서 떠나지 않았다. 별것 아닌 것 같지만 엄청난 배려와 사랑이 배어 있었다. 일상에서도 미처 느끼지 못하는 사이, 이미 많은 배려를 받고 있었으리라는 생각이 스쳤다. 나도 모르는 사이에 너무 자연스럽게 배려를 받고 있었다.

돌아보면 아내의 일상은 배려의 연속이었다. 어머니를 모시는 일, 자녀를 키우는 일, 집안일, 성도를 대하는 일, 목사인 나를 대하는 일 등 수많은 상황 속에서 보이지 않게 배려가 숨어 있었다. 아내는 그렇게 내 인생의 넘치는 사랑이었다. 떼려야 뗄 수 없는 깊은 사랑의 관계 속에서 삶의 배려들이 나와 연결되어 있었는데, 그것이 너무 자연스러워 잘 느껴지지도 않을 정도였다.

어쩌면 교회가 이런 관계이어야 할듯하다. 함께 어우러져 살아가는 일상 속에 보이지 않는 배려와 나눔을 끊임없이 자연스럽게 흘려보내는 곳이어야 한다. 너무나 당연하고 익숙한 섬김의 관계이지만, 어느 날 문득 떠오르듯 낯설지만 낯설지 않은 사랑의 풍성함을 깨닫는 관계가 되어야 한다. 평소에는 전혀 느끼지 못하다가도 깨닫는 그 순간에는 생수가 터지듯 기뻐하는 관계가 되어야 한다. 나는 김치 찢어주는 여자와 산다.

# ② 교회는 낯선 공간으로의 여행이다

## 낯선 추위를 덮는 포근함

개척 후, 가장 낯선 공간은 집이었다. 이전에는 작더라도 집이라는 공간이 있었지만 개척한 후로는 이마저도 없어졌다. 별도로 사택을 얻을 엄두를 못 냈다. 개척을 위한 비용 이외에 여윳돈이 없었다. 선택의 여지가 없었다.

교회가 임대한 상가 한편에 방을 꾸렸다. 세 사람이 누우면 꽉 차는 안방과 한 사람이 누우면 꽉 차는 방까지 두 개였다. 기둥을 중심으로 좁은 편에는 기다란 복도가 마련되었다. 한마디로 고시원 같은 구조였다. 안방은 우리 부부와 막내가 썼고 작은 방들은 첫째와 둘째가 사용했다. 작은 방들 위에는 다락방을 만들어 짐들을 넣어놓았기에 천장이 낮았다. 누우면 아담하면서도 무덤 같았다.

문제는 상가 건물인 데다가 건물의 꼭대기 층이다 보니 온도에 민감했다. 여름에는 엄청 덥고 겨울에는 무진장 추웠다. 여름에는 옥상에 내리쬐는 태양의 열기가 고스란히 전해져 찜통이 되었다. 겨울에는 난방이 잘 안 되어 있었기에 추운 공기를 차단하지 못했다. 특히 개척을 한 그해에는 36년 만의 최고 한파였고 7년 만에 쏟아진 대설주의보가 터졌다. 2015년 12월, 개척한 그해의 추위는 유난히 끔찍했다.

사택은 늘 추위가 감돌았다. 한기가 가득해서 집안에서도 두꺼운 잠바를 껴입고 있어야 견딜 수 있었다. 숨을 쉴 때마다 하얀 입김이 쏟아져 나왔다. 바닥에 전기 패널을 깔았기에 누워있을 때 등은 따뜻했지만 이불 밖은 한기로 가득했다. 그나마 추위에 덜 민감한 나보다 아내가 문제였다. 몸이 약한 것도 있지만 추위에 유독 약했던 아내는 견디기 힘들어했다.

아내는 새벽예배 시간만 되면 울었다. 앞자리 의자 등받이에 얼굴을 묻고 소리 죽여 흐느끼며 어깨를 들썩였다. 가끔 신음이 새어 나오면서 "이건 아니잖아요. 이건 아니잖아요."라는 세미한 소리가 흘러나왔다. 조용해진 아내를 흔들어 깨워서 들어가서 자라고 하면 통통 부은 눈으로 나를 바라보며 "자는 거 아니야~ 힘들어서 그래~"라는 자조 섞인 목소리를 내뱉고는 다시 고개를 숙였다. 남편의 소명을 따라 개척교회의 사모가 되었지만 현실의 고통은 피할 수 없었다.

난방제품을 알아보기 시작했다. 석유난로는 기름이 많이 들고 기름값을 감당할 수 없었다. 전기 제품 또한 전기세를 감당하기 어려울 듯했다. 상가 건물이기에 도시가스가 들어오지 않았고 그로 인해 저렴한 도시가스난로를 설치할 수 없었다.

다양한 고민과 방법 끝에 팰렛이라는 난로를 알게 되었다. 토끼똥 정도의 잘게 쓸린 나무를 태워서 열을 내는 화목난로 제품이었다. 재료인 나무는 저렴했으나 팰렛 기계는 가격이 천차만별이었다. 일단 가장 저렴한 제품을 샀다. 그리고 연기가 빠져나갈 연통을 사기 위해 철물점에 갔다. 철물점 사장님께 처한 상황을 소상히 고백(?)했다. 교회를 열심히 다니셨던 그분은 개척교회가 안타까웠는지 알고 있는 좋은 제품을 소개해 주셨다.

얼마 전, 공장에서 사용하기 위해 팰렛을 구매한 회사가 있는데, 공장에서 사용하기에는 용량이 적어 되팔기로 했다고 한다. 구입한지 몇 개월 되지 않은 것이라, 거의 새 제품이나 다름없다고 했다. 우리는 지체하지 않고 소개해 준 곳으로 갔다. 그런데 도착한 회사의 이름이 놀라웠다. '이레 OOO'라는 회사였다. 예비하신 여호와 이레의 은혜를 누리게 되었다. 금액도 기존에 사용하려고 샀던 저렴한 팰렛과 전기장판을 반납한 금액으로 구입했다. 새 제품의 5분의 1 가격이었다.

그해 남은 겨울, 무척이나 추웠지만 다행히 따뜻한 겨울을 보냈다. 용량이 큰 팰렛이었기에 사택 공간을 따뜻하게 하고도 남았다. 열기가 강해서 물을 끓이거나 고구마를 구워먹거나 계란부침도 해

먹었다. 팰렛 자재를 한 부대 정도 넣어 놓으면 자동으로 공급되었기에 몇 시간마다 공급해주면 되었다. 물론 연통을 어렵사리 설치해야 한 것과 하루 이틀 사이에 타고 난 재를 청소해줘야 하는 불편함을 감수해야 했지만.

낯선 추위가 우리를 괴롭혔다. 우리는 일단 엎드렸으며 그리고 알아보았다. 그리고 기적적으로 여호와 이레의 은혜를 누렸다. 교회는 낯선 추위와 같은 상황에 부딪칠 때가 많다. 어찌해야 할지 전혀 알 수 없는 상황 속에 던져졌다. 자신의 힘으로는 도저히 해결할 수 없는 낯선 어려움이 온몸을 휘감을 때가 있다. 그때, 우리는 절망과 포기의 깊은 골짜기 속에서 하나님을 찾는다. 서글픈 상황 속에서 하나님을 향해 간절히 토해낸다.

교회는 시대 속에서 낯선 추위를 만나고 새로운 길 위에서 낯선 상황을 만난다. 그러나 그곳으로부터 우리에게 주어진 은혜는 절망과 포기가 아니라, 결국 하나님의 은혜 안에서 누리게 된다. 비참한 우리 인생의 순간들은 슬픔이지만 그 안에서 하나님을 만난 기쁨으로 인해 역전되는 인생이다. 벼랑 끝, 절망으로 던져지는 아픔으로부터 독수리의 날개같이 나를 안으시는 하나님의 보호하심을 누리는 순간들이다. 낯선 추위를 낯선 포근함으로 바꾸시는 은혜를 누리는 곳이 교회다.

## 낯섦은 도리어 설렘이다

개척은 새로운 길을 닦는 과정이다. 개척은 아무도, 아무것도 없는 곳에서 시작한다. 차츰 새로운 길을 닦고 만들어 가는 여정이다. '어떤 분야를 처음으로 시작하여 새로이 닦거나 아무도 손대지 않은 분야의 일을 처음 시작하여 새로운 길을 닦는 것', '못 쓰는 땅을 파서 일으켜 쓸모 있는 땅으로 만드는 것'이 개척이다. 즉, 아무것도 없거나 손대지 않은 상대를 일으켜 세우고 새로운 길을 닦아내는 일이다.

시대의 변화에 따라 각 세대가 처한 상황들은 매번 달라져 왔다. 새로운 상황과 문제들은 늘 우리를 불안하게 만든다. 그러나 이런 문제와 상황들 속에서 그냥 주저앉아 있는 것은 그리스도인의 태도가 아니다. 하나님의 살아계심과 역사하심을 기대하며 지금 이 순간 순종과 성실로 살아가야 한다. 변혁의 방향을 바로 잡고 인내와 진실로 달려가는 열정으로 살아가는 인생이 그리스도인의 삶이다.

광야는 아무것도 없는 곳이다. 척박함과 막막함, 그리고 두려움과 외로움이 가득한 곳이다. 그러나 하나님이 함께 계심으로 모든 것이 있는 곳이다. 슬픔과 고통의 땅을 기쁨과 감격의 땅으로 바꾸는 일은 하나님 안에 거하는 우리를 통해 실현된다. 그 시기와 때는 우리의 판단에 있지 않다. 섬세하게 역사하시는 하나님의 손길이 우리를 놓지 않으신다. 하나님의 임재와 역사를 경험케 하시며 광야로 나선 걸음을 담대히 내딛도록 붙잡아 주신다.

출애굽 후 홍해 앞에서 애굽 군사들을 맞는 상황 속에서 이스라엘 백성들은 극도의 불안감을 표출한다.(출애굽기 14장) 육안으로 보이는 'See'의 관점에서는 막혀있는 홍해와 쳐들어오는 애굽 군사들이 보인다. 자신들의 경험과 생각으로 보는 'View'로 모세를 향하여 불같이 토해내는 원망과 허망을 드러낸다. 그러나 모세는 하나님을 향한 'Vision'으로 하나님의 역사하심 앞에서 잠잠할 것을 선포한다. 하나님의 구원을 신뢰하며 순종함으로 홍해를 향해 백성들을 이끌어 간다.

울부짖는 사람들과 그들의 불안 앞에 우리는 서 있다. 동시에 완전하신 하나님 앞에도 서 있다. 우리는 사람들의 울부짖음을 듣고 슬픔과 탄식을 함께 울어야 한다. 또한 하나님의 역사하심을 기대하며 바른길을 제시해야 한다. 성실과 인내로 개척의 현실을 감당해 내야 한다. 우리의 육안(See)이나 생각(View)이 아닌, 하나님의 계획(Vision) 앞에서 순종하며 나아가야 한다.


낯선 환경과 상황, 그리고 처지는 우리를 불안하게 만들 수밖에 없다. 광야와 같은 낯선 곳을 향해 걸어가는 발걸음 같다. 걱정하며 두려워하는 것이 지극히 정상적인 반응처럼 보인다. 그러나 그 낯섦이 절망적이지만은 않은 것은 하나님의 살아 역사하심 때문이다. 우리로부터는 두려움이지만 하나님으로부터는 설렘이다. 은혜의 떨림이다. 이제 곧 홍해가 갈라진다. 하나님의 뜻이 이루어진다.

## 낯선, 그러나 자유로운

산책, 운동, 전도를 위해 나서는 수많은 날 중에서, 한 달에 한두 번 정도는 일부러 낯선 길로 들어선다. 전혀 가보지 않은 골목들로 발을 내디뎌 걷기 시작하면 두려움과 설렘이 동시에 요동친다. 오랫동안 걸었기에 더는 새로운 길이 없을 거라 생각했다. 하지만, 이런 생각을 비웃기라도 하듯 언제나 새로운 거리와 사람들이 다양한 모습으로 나를 맞이했다.

한번은 아내와 함께 전도를 위해 나왔는데 놀이터에서 젊은 엄마와 어린아이가 놀고 있었다. 반가움에 인사를 나누고 음료수를 주며 이런저런 이야기를 나누었다. 남해 쪽에서 남편 직장을 따라 올라왔고 아이를 키우며 지낸다고 했다. 대화 중에 더욱 놀라웠던 것은 올라온 지 얼마 되지 않았고 교회를 찾고 있었다는 말이었다. 뜻하지 않게 신앙상담을 하며 교회에 초청할 수 있었다. 예측 불가한 만남 속에서 복음의 초청이 이루어졌다.

또 한 번은 교회에서 조금 떨어진 동네를 걷다가 놀이터 옆길로 들어섰다. 사람들이 지나간 흔적을 따라 들어선 길이었다. 작은 오솔길을 따라 언덕에 오르니 소나무가 가득한 숲이 눈에 들어왔다. 지하철 길과 아파트 사이에 소음을 줄이기 위해 기다란 숲이 조성되어 있었다. 20여 미터의 폭에 커다란 소나무들이 가득 있어서 자연스럽게 산책길이 되었다. 걸어서 가다 보니 제법 길었고 1km가량 되는 거리였다. 공식적인 공원이나 산책길이 아니기에 사람들이 많지 않다. 지하철 소리와 함께 새 소리와 바람 소리에 취해 걷는다. 가끔 책을 들고 천천히 걸으며 사색할 수 있어서 좋다.

또 다른 하나는 전도를 하다가 지역에 있는 다리를 건널 때 겪은 일이다. 다리 중간쯤 난간에 아래로 내려갈 수 있는 사다리로 연결된 문의 자물쇠가 풀어져 있었다. 누구라도 들어가려고 마음먹으면 쉽게 들어갈 수 있을 것 같았다. 어른들은 알아서 조심하겠지만 어린아이들은 호기심이 발동해서 들어가면 위험할 것 같았다. 얼른 사진을 찍어서 시의 관련 부서에 연락했고 얼마 후 안전하게 수리되었다. 교회와 직접적인 관련은 없지만, 사회 속에서 일어난 작은 부분을 고치고 수정할 수 있는 일에 참여했다.

낯선 길은 언제나 두려움을 동반한다. 어떤 일들이 일어나게 될지, 어떤 이들을 만나게 될지, 어떤 상황에 처하게 될지, 전혀 알 수 없기 때문이다. 그렇기에 낯선 상황에 대해 걱정하며 불안해한다. 그러나 동시에 자유롭다. 정해진 규칙이나 기준이 없기에 자유롭게 맞이할 수 있다. 새롭게 맞이한 상황들에 대해 그저 새로운 경험과 기준을 세워나가면 그만이다. 낯설기만 했던 상황들이 하나님의 동행하심으로 인해 설렘과 자유로 가득 차게 된다.

또한 의도적으로 낯선 걸음을 걸으며 두려움에 대한 나의 태도를 점검하기도 한다. 개척의 낯선 상황 속에서 막막함과 두려움이 나를 휘감으며 엄습할 때마다 어떠한 태도였는지를 돌아본다. 낯선 곳과 낯선 사람 앞에 섰을 때 나의 민낯이 드러난다. 전혀 새로운 곳에 떨어지게 되면 불안하고 걱정스러운 모습을 보이기 일쑤다.

이제는 새로운 만남 속에서 두려움보다 자유로움을 누리는 변화된 모습을 발견한다. 태어남 자체가 낯선 사건이고, 낯선 지구에 떨어져 낯선 하루를 살아가고 있다. 앞으로도 낯선 장소와 사람들을 만나겠지만, 도리어 하나님의 은혜 안에서 자유롭다. 낯선, 그러나 자유로운 만남과 관계 속에 새롭게 역사하시는 하나님의 섭리를 발견한다. 새로운 길을 만들어 가시는 은혜를 기뻐하고 기대한다. 낯섦은 하나님의 은혜 안에서 두려움이 아닌 자유로움이다.


## 기준과 가치가 다르다

돈이 없어도 행복할 수 있는 것은 인생의 기준이 돈에 있지 않기 때문이다. 부유함과 풍요로움이 우리를 좌지우지할 수 없는 것은 그것이 우리 인생에 절대적 의미가 아니기 때문이다. 하나님을 믿는 사람들은 하나님으로 인한 기쁨을 누리는 사람들이다. 즉, 우리의 기준은 이 땅에 있지 않고 하나님과 그의 나라에 있다. 이것은 세상과 완전히 다른 패러다임의 새로운 출발점이자 놀라운 변화이다.

개척교회의 현실만 보면 슬픔을 불러오는 원인 같아 보인다. 외롭고 초라하며 가난하고 왜소하다. 외적으로 보이는 많은 것들은 세상의 기준과는 정반대의 상황이다. 돈과 명예, 권세와 인기가 기준이라면 눈을 씻고 찾아봐도 보이지 않는다. 오히려 불쌍할 정도로 정반대의 상황에 처해 있다.

그러나 교회는 기준이 다르다. 하나님의 말씀과 은혜, 그리고 영원한 기쁨과 소망이 우리의 기준이다. 그리스도인들이 걷는 발걸음은 하늘의 가치를 드러내는 새로운 기준이 된다. 아무것도 없는 것 같아도 모든 것이 있는 감격의 존재로 살아가게 된다.

삶의 방식은 삶에 대한 자세와 관점이다. 자신의 삶을 어떻게 바라보느냐이다. 다른 말로 세계관이나 가치관이라 부른다. 이 삶의 방식은 모든 사람에게 서로 다르게 작동한다. 각자의 경험과 지식, 생각 속에서 형성된다. 그리스도인과 세상 사람들은 서로 세계관이 다르다. 비슷한 부분도 있겠지만 근원적인 가치와 기준은 다를 수밖에 없다. 서로 다를 수밖에 없는 이유는 하나님 말씀의 유무에 있다.

대표적인 특징으로 그리스도인은 이미 얻은 것으로 인해 기쁨으로 살아가는 인생이고, 세상 사람들은 무언가 얻기 위해 살아가는 인생이다. 이미 얻었다는 것에는 당연히 예수그리스도 안에서 십자가 죽음의 죄 사함과 부활, 그리고 의의 전가의 선언에 있다. 도무지 해결될 수 없었던 죽음과 사망의 원인을 알게 되었고, 죄의 해결을 받았으며, 그로 말미암아 현재의 하나님 나라와 영원한 생명의 소망을 누린다. 인류의 역사 속에 담긴 하나님의 깊은 섭리와 변치 않는 약속의 말씀을 통해 실제로 드러났다.

이것으로부터 각자의 삶의 방식이 달라진다. 아직 원인을 알 수 없는 인생은 불안하다. 자신이 누구인지, 무엇이 어떻게 자신의 인생에 다가올지, 전혀 알 수 없는 죽음 이후의 존재에 대한 두려움에 떨며 걱정한다.

결국 이 세상에서 취할 수 있는 것들로 자신의 허무함과 상실감을 채운다. 인간의 본성 안에서 아무리 먹어도 끝없이 배고픈 것처럼 각자 돈과 섹스와 성공을 향해 달린다. 그리고 다른 누군가가 상대적인 기준이 되어 '조금 더'라는 캐치프레이즈를 달고 살아간다. 다른 사람보다 더~ 좋은 학교, 좋은 직장, 좋은 결혼, 좋은 자식 교육, 좋은 삶, 좋은 노후를 위해... 끊임없이 달린다. 무엇을 위해, 왜 달리는지도 모른 채 폭주한다.

그러나 이미 얻은 생명을 소유한 자들의 인생은 다르다. 아니, 달라야 한다. 자신이 누구인지, 어디로 가는지를 명확하게 알고 있다. 이미 말씀하시고 인도하시는 이에 대한 신뢰 안에서 죽음에 대한 두려움을 넘어 자유를 누리며 기뻐할 수 있다. 원인과 이유를 아는 인생은 다양한 삶의 선택 과정에서도 유연할 수 있다.

이 땅이 최종 목적지가 아니기에 이 땅에 있는 것들에 목매지 않는다. 그저 주어진 자리에서 부르심에 합당한 인생을 기쁨으로 살아간다. 성령의 임재와 교통 안에서 예수그리스도의 구원과 통치를 누리고 하나님의 영원한 긍휼과 자비를 기뻐한다. 삼위 하나님의 절대적 기준 안에서 오히려 자유를 누리며 유연하게 선택한다.

이것은 이론을 넘어 실제다. 삶을 통해 구현되는 방식이다. 앎이 삶으로 전환되는 변화다. 단적으로 돈 때문에 사람을 미워하고 질투하며 이용한다면 돈이 기준이다. 그러나 하나님의 말씀을 기준으로 보면 돈이 기준이 아니라, 사람의 영혼이 기준이다. 사람의 생명을 얻을 수 있다면 돈을 버릴 수도 있다. 당연히 쉽지 않은 결정이다. 갈등 속에서 고민하게 된다. 하지만 이러한 씨름 후에 하나님의 말씀과 뜻대로 결정하기를 기뻐하는 이들이 그리스도인이다. 이미 얻은 생명의 기쁨 안에서 하나님을 신뢰하고 있기에 그렇다.

성숙한 그리스도인은 갈등의 상황 속에서도 일관성 있게 지속해서 하나님의 관점으로 결정한다. 기준이 선명할수록 판단이 명확해진다. 말씀으로 드러내신 하나님의 기뻐하심을 아는 이들은 흔들림 없이 부르심 앞에 순종하며 걸어간다.

우리는 나그네다. 이방인이며 외국인이다. 이 땅에서의 소명을 기쁨으로 감당하며, 영원한 본향을 향해 걸어가는 이들이다. 우리로부터가 아닌 하나님으로부터 주어진 인생을 살아간다. 겸손히 기쁨을 누리며 말씀에 순종하여 담담하면서도 유연하게 걸어가는 인생이다. 알 수 없는 길이 아니라, 이미 알고 있는 길을 걸어가는 인생들이다. 처음 살아보는 인생이기에 낯설고 두렵지만, 하나님의 동행하심을 신뢰하기에 설레는 삶을 산다.

우리가 선택한 삶의 방식은 곧 우리의 정체성이 투영되는 통로다. 우리가 누구인가? 그리스도인이자 거룩한 백성인 성도요, 하나님의 자녀이자 청지기이며 농부이고 종이다. 우리의 본분을 바르게 알고, 그에 맞게 살아가는 진실한 삶이 되길 소망한다.

고린도후서 4장 18절의 말씀에 '우리가 주목하는 것은 보이는 것이 아니요 보이지 않는 것이니 보이는 것은 잠깐이요 보이지 않는 것은 영원함이라.'는 고백과 같이 영원하신 하나님의 사랑과 은혜, 그리고 자녀 된 권세에서 오는 기쁨을 갖고 있기 때문이다.

## 갑작스러운 집 이사

개척 초기, 별도로 사택을 얻기가 어려워 교회 한편에 사택을 꾸렸다. 10평이 채 안 되는 공간에 작은 안방과 고시원 같은 작은 방 2개를 만들었다. 2년여의 세월을 보내면서 가장 힘든 것은 추위와 더위였다. 건물의 꼭대기 층이었기에 옥상 열기로 여름에는 더웠고, 난방이 잘 안 되는 벽과 구조 덕에 겨울에는 추위가 심했다. 결정적으로 교회 바로 밑이 청소년입장불가 노래방이었기에, 새벽까지 노랫소리와 우퍼소리, 그리고 도우미들의 힐 소리로 잠을 뒤척였다.

다행히 2년 정도가 지난 후 'LH 전세자금' 대상자가 되었다. 자녀가 3명이고 경제적 상황이 어려웠기에 대상자가 될 수 있었다. 하지만 전셋집을 찾는 과정에서 수많은 난관에 봉착했다. LH 전세자금 대출이 까다로운 편이어서 집주인들이 기피하는 현상이 있었다. 만약 가능한 집이 있다 해도 신축은 대출이 많으면 안 되고 구축은 불법 증축이 있으면 안 되었다. 이런 기준으로 인해 집을 찾는 데 어려움을 겪었다.

몇 개월간 집을 찾아보았으나 다섯 식구가 살기엔 너무 작거나 교회에서 거리가 너무 먼 곳이었다. 천만다행으로 계약을 한 달 여정도 남겨 놓고 입주 가능한 집을 찾았다. 방 2개에 화장실 1개의 집이었지만 거실이 넓어서 5식구가 살 수 있을 공간이었다. 안방을 아내와 내가 사용하고 작은 방을 딸이, 그리고 거실에 두 아들을 위해 침대를 놓았다.

그곳에서 2년의 세월을 보냈다. 그 사이 뇌경색과 치매 초기로 불편하신 어머니를 모시게 되면서 6식구가 살게 되었다. 교회와 가까운 곳에 있었기에 안방을 어머니께 내어드리고 아내와 나는 교회에서 주로 잠을 잤다. 그래도 가족이 함께 지낼 수 있는 공간이 있다는 사실에 큰 위안이 되었다. 공간은 넓지 않았지만 여름에 시원하고 겨울에 따뜻했다. 더 중요한 것은 엄청 조용했다는 사실이다. 처음에는 오히려 너무 조용해서 적응되지 않았다.

하지만 이마저도 2년 후 재계약을 해야 하는 시점에 나와야 했다. 집주인이 건물 수리를 이유로 집을 빼주길 부탁했기 때문이다. 집의 한쪽 벽에 물이 약간 새면서 곰팡이가 생겼다. 집을 뺄 정도는 아니라고 생각되었지만 집주인은 집 전체를 점검하고 수리해야 한다는 이유로 재계약을 하지 않았다. 어쩔 수 없이 새로운 집을 알아보아야 했다.

다시 집을 구하기 시작했다. 약 석 달의 기간을 부동산과 함께 틈틈이 알아봤지만 역시 쉽게 구할 수 없었다. 지역 안에 있는 몇 가운데의 부동산을 더 연결해서 알아봤다. 그렇게 한참을 알아봤으나 우리가 이사할 집을 찾기는 쉽지 않았다. 시간이 흘러가고 다행히 계약 만료일을 보름 정도 남겨놓고 교회에서 조금 먼 곳에 집을 얻게 되었다.

새로운 집으로 이사하기 전에 집에 대해 각자 원하는 바를 나누었다. 아내는 어머니를 모셔야 하기에 우리 부부의 방과 어머니의 방, 그리고 화장실 2개인 곳을 원했다. 큰아들은 전에 살던 곳의 아래층에서 쿵쿵거리는 소리 때문에 자주 올라왔기에 그런 의식이나 신경을 쓰지 않는 것을 원했다. 둘째 딸은 자신의 방이 있었으면 좋겠다고 했고 가장 어린 막내는 새집이면 다 좋다고 했다. 어머니는 그저 웃기만 하셨다. 놀랍게도 우리는 가족이 모두 바라던 집으로 이사를 하게 되었다.

4층 빌라에 가장 위층에 위치한 집인데 복층 구조로 되어 있었다. 본 층에는 방 2개와 작은 거실, 그리고 부엌과 화장실이 있었고 복층에는 넓은 거실과 방 하나, 그리고 화장실이 있었다. 우리 가족이 기도하던 내용대로 집을 얻을 수 있게 되었다. 아내의 바람대로 본 층에 있는 방 2개를 우리 부부의 방과 어머니의 방으로 사용하고 화장실도 각 층에 하나씩 있었다. 큰아들의 바람대로 복층은 편하게 걸어다녀도 아래층에는 소리가 전해지지 않았다. 딸의 소망대로 복층 방은 둘째에게 돌아갔고 막내의 소망대로 지은 지 얼마 안 된 새집에서 지내게 되었다.

개척교회 목회자 가정에 이사는 필수 불가결인 듯하다. 경제적인 어려움이나 집주인의 결정으로 인해 월세나 전세에 있는 목회자 가정은 이사할 수밖에 없는 상황으로 내몰린다. 결국 새로운 장소를 구하기 위해 낯선 장소로 향해야 한다. 그러나 이런 과정 속에서 소망의 인내를 누릴 수 있는 것은 하나님께서 함께하시기 때문이다.

두렵고 불안한 환경 속에서도 우리는 하나님의 인도하심과 보호하심으로 세워진 영원한 집을 기뻐할 수 있다. 눈에 보이는 집을 넘어서 눈에 보이지 않지만 영원한 하나님 나라의 집을 누릴 수 있다. 예수그리스도를 통해 이루신 하나님 나라의 영원한 집이 우리에게 있다. 언제, 어떻게 이사할지 전혀 예측할 수 없다. 다만 확신하는 것은 우리에게 예비된 영원한 집이 있다는 사실이다.

"전에 내가 사사에게 명령하여 내 백성 이스라엘을 다스리던 때와 같지 아니하게 하고 너를 모든 원수에게서 벗어나 편히 쉬게 하리라. 여호와가 또 네게 이르노니 여호와가 너를 위하여 집을 짓고 네 수한이 차서 네 조상들과 함께 누울 때에 내가 네 몸에서 날 네 씨를 네 뒤에 세워 그의 나라를 견고하게 하리라. 그는 내 이름을 위하여 집을 건축할 것이요 나는 그의 나라 왕위를 영원히 견고하게 하리라."(삼하 7:11~13)

## 영혼에 관심이 있는가

개척교회에서의 목회는 많은 것을 감당해야 하는 상황이다. 말씀과 기도를 필두로 전도와 양육, 교제, 심방, 세대 등과 함께 설비, 운전, 재정, 행정 등을 다뤄야 한다. 목회자 개인은 독서, 취미, 운동 등의 시간도 있어야 한다. 크게 구분해보면 본질(말씀, 기도, 전도)과 사역(양육, 심방, 세대), 그리고 관리(설비, 운전, 재정, 행정)와 개인(독서, 취미, 운동) 등 네 그룹으로 볼 수 있다.

이런 다양함 속에서 목회 영역을 단 두 개의 핵심으로 나눈다면 개인적으로 '말씀과 관계'로 볼 수 있다. 목회자의 가장 큰 역할은 하나님의 말씀을 가르치는 것이기에 성경과 신학, 교리에 대해 더욱 깊이 알아야 한다. 또한 시대 안에서 이해할 수 있는 언어로 바르게 전달되어야 한다. 동시에 하나님과 바른 관계 안에서 복음이 전달될 대상에 대한 이해와 소통으로 진실한 관계가 형성되어야 한다.

특히 '관계'의 영역 다룰 때, 실제 목회 현장에서 수많은 사람을 만나고 양육하고 회복시키는 과정이 있다. 한 사람을 이해하고 소통한다는 것은 그 스펙트럼이 굉장히 넓고 다양해서 이해하지 못할 때가 많다. 어느 시인의 말처럼 한 사람을 만난다는 것을 실로 어마어마한 일이기 때문이다. 한 사람을 대하는 것은 작은 우주를 대하는 것과 같다.

한 사람이 담고 있는 어제와 오늘, 그리고 내일에 대한 생각들과 마음들이 다르다. 삶에서 겪고 느끼는 희로애락이 교차하면서 다양한 상태에 처한다. 이해할 수 없는 일들이 일어나기도 하고 사람 사이에서 받은 상처로 아파하기도 하며 다양한 실패와 고난 속에서 지치기도 한다. 생활을 위해 정신없이 달리다 보면 다람쥐 쳇바퀴 같은 삶에서 허무함을 느끼기도 하고 막연한 인생의 목적 안에서 혼란스러워하기도 한다.

사자성어 중에 '인심난측(人心難測)'이라는 말이 있다. 사람의 속마음을 알기가 너무 어렵다는 의미다. 같은 의미의 속담으로는 '열 길 물속은 알아도 한 길 사람 속은 모른다.'와 '사람 속은 천 길 물속이다.'라는 표현도 있다. 한 길은 과거에 길이를 재는 단위였는데 일반적으로 사람 한 명의 키 정도를 말한다. 사람의 속을 얼마나 알 수 없으면 이런 표현들이 줄기차게 이어져 내려올까.


그렇기에 쉽지 않은 '관계'의 영역을 목회의 관점으로 가장 필요한 기준은 '영혼에 관심이 있는가.'이다. 단순히 외적인 것만을 보고 사람을 판단하지 말아야 하며 몇 마디 대화를 끝으로 사람을 단정하지 말아야 한다. 가진 것과 갖지 못한 것으로 기준을 세우거나 지식이나 경험의 폭으로만 사람을 평가해서는 안 된다.

기독교의 신앙과 목회의 관점은 하나님께서 '세상을 이처럼 사랑하사'로부터 온다. 여기에서 말하는 '이처럼'은 뒤에 이어지는 독생자를 주신 사랑을 말한다. 하나님의 사랑은 대상이 어떤 상태에 있다 할지라도, 비록 무가치한 상태라 할지라도 사랑하신다. 가장 기뻐하며 사랑하는 독생자를 십자가의 진노를 담당하시도록 내어주시기까지 기꺼이 영혼들을 사랑하신다.

목회에서 '관계'는 하나님이 사랑하시는 영혼을 향한 관심으로부터 시작된다. 한 영혼이 담고 있는 아픔과 슬픔, 기쁨과 즐거움을 이해하고, 비참함의 상태에 있는 이들을 향해 깊은 관심을 가질 때에 진정한 관계로 이어진다. '하나님의 마음으로 영혼에 관심이 있는가.'의 기준을 바르게 세우고 붙잡지 않으면 흔들릴 수 있다.

목회의 어려움이 날로 가중되는 상황 속에서 우리가 취할 바른 자세를 더욱 깊이 고민하며 감당할 수 있기를 기대하며 소망한다. 영원한 생명의 은혜를 얻은 자로서의 기쁨은 생명 주신 이를 향한 순종이다.


## 방향을 살펴야 한다

시대가 많이 변했다. 기독교의 성장은 몰락을 향해 달리고 있고, 세상에서 바라보는 시선은 "너나 잘하세요~"를 듬뿍 담고 있다. 이런 상황 속에서 내적으로는 목회자가 각 교단 신학교를 통해 많이 배출되었고 교회는 포화상태에 놓여있다. 특정 교단과 교회가 본질과 방향을 제시하기란 쉽지 않다.

안타까운 몇몇 소식들로 인해 오히려 개척(미자립)교회의 전도와 사역 현장은 더욱 곤란한 상황으로 내몰리고 있다. 밖으로 나가 불신자들을 만나면 현장의 온도를 체감할 수 있다. 각자도생의 실제 사역 현장에서 대신 욕을 듣는 이는 불신자 앞에 서 있는 개척교회 목회자들이다.

이마저도 시대의 흐름 속에서 복음 전도자가 감당해야 할 사명으로 여기며 기꺼이 감당하는 이들이 많다. 복음을 들어야 하는 이들의 마음이 열리기를 기대하며 연약함과 부족함 속에서도 간절히 헌신하고 눈물 흘리는 모든 사역자를 응원한다.

우리의 자신을 돌아보고 방향을 살펴야 한다.
무엇을 향해 있는지를 살피며 잘못된 방향이라면 조정해야 한다.

- '주관'이 아니라 '주권'을 향해야 한다.
: 목회자가 주관자가 되어서는 안 되고 맡기신 사명 안에서 겸손히 주권을 인정하는 사역을 감당해야 한다. 자기 생각과 경험, 그리고 신념(이념)을 의지하지 않고 성경을 통해 드러내신 하나님의 주권 안에서 순종함으로 감당하는 청지기이어야 한다.

- '소유'가 아니라 '소통'을 향해야 한다.
: 순례자의 삶에는 이 땅에서 무언가를 소유한다는 사실 자체에 큰 의미가 없다. 우리에게 주어진 돈이나 건물들이 마치 안개처럼 사라지는 것 같다 할지라도 은혜의 가치 안에서 가난하고 소외된 이들에게 나누고 베풀고 희생하며 소통하는 삶이어야 한다.

• '관리'가 아니라 '관계'를 향해야 한다.

: 수많은 사람의 일상과 마음, 그리고 그들의 아픔과 기쁨을 함께 누릴 수 있는 사역을 놓치면 안 된다. 예수그리스도께서 공생애 사역을 통해 드러내신 것은 하나님과 사람의 깊은 관계 안에서 일상을 함께 함으로 하나님의 나라를 살아내셨다.

• '연고'가 아니라 '연합'을 향해야 한다.

: 학교와 교단과 동기와 함께하는 것은 기쁜 일이다. 그 기쁨을 누림과 동시에 다른 사역자들과의 연합에 대해서도 스스럼없이 힘써야 한다. 우리의 사역은 편안함을 누리기 위한 것이 아니라 평안의 능력 안에서 서먹함을 뛰어넘어 하나 된다.

• '성장'이 아니라 '성숙'을 향해야 한다.

: 외적으로 커지거나 많아지는 것보다도 우리의 삶과 신앙이 더욱 성숙해져 가는 것에 초점을 맞추어야 한다. '내가 거룩하니 너희도 거룩하라'는 말씀 앞에서 우리의 삶이 더욱더 예수그리스도를 쫓아 살아가는 은혜의 삶으로 성숙해져야 한다.

• '기분'이 아니라 '기본'을 향해야 한다.

: 상황이나 상태에 따라 변모하는 우리의 방향과 사역은 이제 그만 멈춰야 한다. '우리가 누구인가?'라는 질문 앞에 존재가 갖는 가치 안에서 바르고 성실하게 지속해서 감당할 기본이 있어야 한다. 어떤 상황

속에서도 변하지 않는 기초가 있어야 한다.

- '태만'이 아니라 '태도'를 향해야 한다.
: 우리는 재정과 생활의 안정이나 여유를 위해 사역을 감당하고 있는 것이 아니다. 하나님 앞에서(코람데오) 우리의 자세를 점검하고 뜻을 정하여 마음으로 결단하며 나아가야 한다. 우리를 긍휼로 구원하신 은혜 안에서 하나님을 향한 진실한 마음을 찾아야 한다.

규모나 숫자와 상관없이 주님 앞에서(코람데오) 신실과 성실로 감당하는 모든 분이 하나님의 진정한 청지기이다. 나타난 것은 보이는 것으로 말미암은 것이 아니다. 외적으로 드러난 것에 휘둘리지 않고 부르심 앞에 온전히 서기 위해 씨름하는 모든 이들을 응원한다.

## 안전한 곳으로 피하십시오
### - 낯선 곳으로의 여행을 권면하며

육적으로, 외적으로 안전하다고 느끼는 곳을 피하십시오. 혹시, 하나님께서 허락하셨다고 하면서 자신이 있는 곳의 안위와 안전에 위로를 느끼며, 하나님 대신에 환경과 상황의 안전을 의지하고 있지 않은지 깊이 고민하며 돌아보십시오.

적당히 자리나 위치에 있는 것으로 자신의 소임을 다하고 있다고 느끼는 순간, 우리는 하나님 앞에서 소명으로 사는 것을 멈춘 것입니다. 하나님의 무한하신 사랑이 우리를 움직이게 합니다. 하나님의 마음으로 한 영혼을 향해 나아가야 합니다.

제발 점검하고 기도하고 말씀 앞에 진솔하게 엎드리십시오. 우리의 안전은 오직 하나님밖에 없습니다. 주님의 말씀과 주님과의 교통이 최고의 안전이고 기쁨입니다.

개척하십시오. 광야로 향하십시오. 교회의 개척뿐 아니라, 사역과 현장, 그리고 삶을 통한 모든 것에서 개척을 감당하시길 기도합니다.

주님의 마음으로 상처받은 사람, 아픈 사람, 슬픈 사람, 가난한 사람, 나를 미워하는 사람, 어린아이, 노인, 소외된 사람, 소망이 없는 사람, 골방의 청년, 청소년, 눈물을 흘리는 사람, 노숙자, 걸인, 독거 어르신, 산간벽지 등으로 다가가십시오.

하나님의 부르심 앞에 순종하십시오! 어느 곳에서든 주님이 우리의 안전과 위로가 되십니다. 주님이 기뻐하시는 발걸음을 옮기십시오!

# ③ 교회는 낯선 상황으로의 여행이다

## 번지점프를 하다

아내가 아프다. 온몸에 힘이 없고 의욕도 없고 잠도 잘 못 잔다. 며칠이 지나고 탈진한 것처럼 축 늘어져 있는 아내를 반강제로 병원에 데리고 갔다. 링거를 맞게 하고 검사를 받게 했다. 결과를 기다리는 동안 한없이 막막했다. 마치 절벽 앞에 서 있는 듯했다.

검사 결과, 백혈구 수치와 헤모글로빈 수치가 일반인의 절반도 안 되었다. 백혈구 수치는 보통 사람의 경우 1mm 세제곱당 6,000~8,000개 정도다. 그런데 아내는 2,000개 내외였다. 헤모글로빈 수치도 보통 15mg/dl인데 아내는 5mg/dl 내외였다. 거의 3분의 1 정도의 수치였다. 그나마 다행인 것은 골수는 건강한 상태였다.

링거를 맞으며 침대에 누워있는 지친 아내를 바라보며 미안함이 몰려왔다. 개척교회 사모로서 힘들고 어려운 상황들을 거치면서 마음고생이 얼마나 심했을까 하는 미안함이었다. 남몰래 고민하며 눈물로 기도했을 아내의 마음이 느껴져서 마음이 무척이나 힘들었다.

아내의 건강을 위해 아내와 함께 잘 먹고 잘 쉬면서 걷기 운동을 했다. 3~4시간을 함께 걸으며 이야기도 나누고 전도도 했다. 이런 과정에서 같은 마음으로 기도한 것은 하나님의 뜻을 구하며 성실히 순종하자는 것이었다. 몇 달 후 아내는 다시 회복되었고 이전보다 더 건강해졌다. 위가 약해 소화를 못 시켜서 밀가루 음식을 잘 못 먹었었는데, 가끔 먹게 되어도 아무 문제가 없게 되었다.

성도들이 떠나갔을 때, 아내 몸이 많이 아플 때, 자녀들의 필요를 지원해주지 못할 때, 카드 결제일과 대출 원리금 상환일이 다가올 때 등의 상황이 오면 마치 절벽에 서 있는 것 같다. 온몸이 굳어서 한 걸음도 움직일 수 없을 것 같았고, 쥐가 난 것처럼 고통스러웠다. 머리는 백지장처럼 하얗게 되고 눈앞이 캄캄해지면서 어떻게 해야 할지 몰라 방향 감각도 잃는다.

각자의 인생에서 서로 다른 절벽이 눈앞에 닥칠 때가 있다. 특히 개척의 현실에서는 더욱 절실하고 아찔한 절벽 앞에 선다. 목덜미가 쭈뼛거리고 온몸에 전율이 흐른다. 어찌할 바를 몰라 안절부절못하게 된다. 그러나 감사하게도 점차 은혜의 손길로 나를 붙잡고 계신 하나님을 보게 된다. 문제 속에 매몰되지 않고 믿음으로 빠져나올 수 있는 능력을 하나님께서 허락하셨다. 마치 안개가 걷히면서 선명한 길들이 보이는 것 같다. 잠시 길을 잃은 듯하지만 이내 새로운 길이 보이기 시작한다. 낭떠러지에서 떨어지는 순간, 날아오르듯 나를 붙잡고 함께 떨어지시는 주님을 보게 된다. 극심한 어려움 속에서 도리어 함께하시는 하나님의 보호하심을 발견한다.

만약, 아무런 보호 장치 없이 깊은 협곡에 몸을 던진다면 극도의 공포를 느끼게 된다. 견딜 수 없는 두려움에 휩싸인다. 낭떠러지에서 떨어지는 내내 극심한 공포와 두려움으로 빠져들게 된다. 그러나 안전한 끈에 묶여 떨어지면 두렵지만 동시에 신나고 즐겁다.

그리스도인의 삶도 이와 같다. 하나님의 손에 붙잡힌 자들은 신비와 즐거움 안에서 모험을 떠난다. 아무리 두렵고 떨리는 현실이라 할지라도 하나님께서 우리를 붙잡고 계시기 때문이다. 불안한 현실과 두려운 상황에도 흔들리지 않고 믿음으로 뛰어내리고 다시 날아오르는 삶을 살아가게 된다. 날개가 되어주신 하나님의 능력과 은혜의 품 안에서 함께 하늘을 누비는 자유를 얻게 된다. 우리는 믿음의 번지점프를 하는 '그리스도인'이다.

## 조율하지 않은 사역

개척교회는 성도가 거의 없기에 봉사할 수 있는 분도 적다. 여러 가지 나눔이나 활동을 소망하지만 현실은 냉혹하다. 대표적으로 찬양할 때, 반주할 수 있는 분이 없는 경우가 많다. 하루아침에 악기를 연주할 수 있는 실력을 갖출 수 없기에 사람을 세우기 어렵다. 반주기를 이용하거나 무음으로 찬양 인도할 수도 있지만 어색함과 아쉬움이 가득하게 된다.

개척하면서 큰아들은 피아노를, 나는 통기타를 배우기 시작했다. 코드가 담긴 프린트물을 보거나 동영상을 보면서 어설프게 차근차근 따라 했다. 한동안 기타를 치는 시간보다 코드 위치를 찾는 시간이 더 걸렸다. 한참 걸려서 코드를 잡았다 해도 주법이 제대로 따라오질 못했다.

느지막이 통기타를 배우면서 여러 생각이 교차했다. 손가락 끝이 찢어질 것 같은 아픔에 그만둘까도 생각했다. 짧은 손가락을 탓하며 잘 잡히지 않는 코드에 속상해하기도 했다. 형편없는 실력으로 인해 부끄러움이 가득한 화끈거림을 피할 수 없었다. 선천적 박치의 한계로 계속 틀리는 주법 때문에 하마터면 기타를 던질 뻔하기도 했다.

한편으로는 마음을 울리며 도전이 되는 부분도 있었다. 기타를 치기 전, 매번 기타 줄을 맞추는 일이었다. 어리바리했지만 반주 전에 늘 기타 줄을 맞추는 습관이 생겼다. 다행히 어플을 이용해서 기타 음을 조율했기에 절대음감이 아니어도 괜찮았다. 기타 줄을 조율하지 않으면 아무리 기타를 열심히 쳐도 낯선 소리로 인해 반주할 수가 없다.

'조율하지 않으면 아무 소용이 없다.'

손끝에 굳은살이 여러 번 박혔다가 벗겨져도, 능수능란하게 코드들 잘 잡는다고 해도, 현란하고 다양한 주법을 구사한다 해도, 가장 기본적으로 줄이 조율되지 않으면 아무 소용이 없다. 기타 음이 맞지 않으면 아무리 기타를 잘 친다 해도 소용이 없다.

사역에 있어서 존재와 본질은 언제나 중요하다. 다양한 목회 현장 속에서도 결코 놓치지 말아야 한다. 말씀을 통해 드러내신 하나님의 뜻과 사망에서 건져내신 예수그리스도의 십자가 사랑이다. 그리고 기도 안에서 성령의 인도하심을 받는다. 현란하고 능숙한 사역의 방법들과 기술들이 있다고 해도 날마다 바르게 조율되어야 한다. 말씀과 기도를 놓치면 각자 자기 좋을 대로 행하게 된다.

특히 새 통기타이거나 새 줄로 교체했을 경우, 오랫동안 사용한 기타보다 더 자주 조율 과정이 필요하다. 조율했더라도 반주를 하거나 줄을 눌러주면 금세 음이 떨어지기 때문이다. 말씀으로 삶이 조율되었다 할지라도 어린 세대들이나 신앙이 깊이 뿌리를 내리지 않은 이들은 다시 원래대로 회귀하는 일들이 많다. 더욱 깊이 살피며 말씀과 기도로 삶이 조율될 수 있도록 도와야 한다.

대표적으로 사사 시대의 가장 심각한 문제로 '여호와를 알지 못하고 여호와의 행하신 일들도 알지 못한 세대'가 일어났다. 성경은 이들을 향해 '다음 세대'가 아닌 '다른 세대'임을 분명하게 선언하였다. 혈통적으로는 분명히 이스라엘의 후손들이었으나 하나님을 알지 못하는 낯설고 생소한 다른 세대다. 즉 하나님의 말씀으로 조율되지 않은 이스라엘은 외적으로 같은 혈통이라 해도 하나님과는 상관없는 삶을 사는 사람들이었다.

우리는 어떠한가. 날마다 말씀과 기도 안에서 조율된 삶과 사역을 살아가고 있는가? 아니면 조율되지 않은 채 각자 좋을 대로 현란하고 능숙한 방법들만을 구사하고 있는가? 조율되지 않은 사역을 하고 있지는 않은지 돌아보며 살피고 점검해야 한다.

"그 세대의 사람도 다 그 조상들에게로 돌아갔고 그 후에 일어난 '다른 세대'는 여호와를 알지 못하며 여호와께서 이스라엘을 위하여 행하신 일도 알지 못하였더라."(삿 2:10)

## 가치의 방향으로 만든 길

우리는 막다른 골목에 들어서면 당황한다. 막힌 그곳에서 서성거리며 어찌해야 할지 고민한다. 길이 끊어졌다. 깊은 산에 들어섰을 때도 산길의 특성상 길이 끊어질 때가 있다. 간혹 오솔길 끝에 두세 갈래로 갈린 길에 들어설 때도 있다. 점점 희미해지는 길로 인해 당황하게 된다. 이전에 걸어갔던 이들도 갈피를 잃었었다.

이때, 가장 중요한 것은 방향이다. 환경과 상황에 상관없이 걸어갈 분명한 가치가 하나의 방향이 된다. 밤이라면 북극성을 찾아야 하고 낮이라면 태양의 위치를 확인해야 한다. 당연히 나침반이 있다면 길이 없어도 선택한 방향으로 꾸준히 걸어가면 된다.

코로나 시대를 맞이한 초반에 우리는 우왕좌왕했다. 온라인 예배와 가정에서의 성찬, 그리고 온라인 소그룹 모임 등 완전히 다른 환경 속에서 어떻게 헤쳐 나가야 할지 막막했다. 그러나 이내 방법을 찾아냈고 새로운 환경에서 새로운 길을 찾게 되었다.

핸드폰 하나로 어플을 이용해 실시간 방송을 진행하거나 미리 녹화해서 예배 시간에 송출하기도 했다. 다양한 프로그램과 장비를 활용하여 갑작스러운 상황들을 헤쳐나갔다. 기기나 프로그램을 활용할 수 없을 때는 예배 전날 미리 예배 순서지를 집집마다 나누어주어 주일 예배를 준비할 수 있도록 했다. 갑작스러운 변화 속에서도 각 교회의 상황과 환경에 맞게 대안을 마련하여 대응하는 모습을 볼 수 있었다.

이것이 가능한 이유는 생명에 대한 소중함과 하나님의 사랑을 전하며 나누는 가치가 있었기 때문이다. 외적으로 나타난 현상과 상황에 대한 필요 유무나 옳고 그름 이전에 생명에 대한 가치가 있었기에 성실과 진실로 대응할 수 있었다.

교회의 역할은 죽어 있는 영혼들에 복음을 증거하고, 한 생명이 하나님의 거룩한 백성으로 세워지도록 양육하는 일이다. 신자는 하나님의 말씀과 예수그리스도의 십자가 사랑을 통해 하나님 나라의 백성임을 공유하고 소통하며 하늘의 자유를 누리는 자들이다. 그렇기에 시대의 변화 속에서도 가치의 방향을 향해 각자의 자리에서 역할을 감당할 수 있다.

길이 없는 곳이라면 가치의 방향을 점검해야 한다. 가치가 옳고 바르다면 길 없는 그곳을 걸을 수 있어야 한다. 당장은 힘들고 어려운 발걸음이지만, 곧 그곳은 당신으로부터 새로운 길이 생긴다. 결국, 우리의 걸음은 외적으로 편안하거나 안락한 도로가 아니라, 하나님께서 각자에게 주어진 삶의 가치와 소명으로부터 드러난 새롭고 선명한 방향이다. 그것이 곧 교회의 길이다.

## 낯선 자신의 흔들리는 모습

뜨거운 가슴으로 신학교에 갔다. '사명'이라는 거창한 책가방에 이것저것 챙겨 넣고는 단호하면서도 확신에 찬 발걸음을 옮겼다. 고등학교 때 인격적으로 예수그리스도를 만나면서 은혜를 받고 수많은 서원 기도를 드렸었다. 그러나 가정 형편이 어려워서 생계를 책임져야 한다는 이유로 직장을 다녔었다. 직장 생활 11년 이후에 들어간 학부와 원부였기에 돌아온 탕자와 같이 뜨거운 열정으로 나아갔다. 그렇기에 더욱 뜨겁고 소중했으며 즐거웠다.

학부와 원부를 거쳐 가는 과정에서 많은 것들을 돌아보며 고민하기도 했다. 그럼에도 원대한 꿈으로 무장한 열심과 기쁨으로 감당하는 마음은 늘 있었다. 주어진 일에 최선을 다했다고 자부했고 남들보다 더 많은 시간을 교회에서 보내며 사역을 했다. 학교와 교회 사역, 그리고 가정이라는 트라이앵글 일상이 몇 년간 지속되었다. 물론 가정에 소홀했던 시간이 많았음을 인정할 수밖에 없다.

개척하면서 나의 발걸음은 더욱 힘 있게 내디뎠다. 환경과 상황을 떠나서 하나님께서 행하실 위대한 일들을 나의 판단과 기준으로 라인업해놓았다. 들떠 있던 나의 기대는 뭔지 모를 자뻑과 근자감으로 채워져 있었다. 따져보면 아무것도 아닌 인생이 뭐 잘났다고 그런 미래를 기대했는지 싶다. 그러나 눈에 뭐가 씌었는지 포장지를 걷어내지 않고 한껏 어깨에 힘이 들어갔었다.


낯선 광야의 현실에 던져졌다는 사실을 확인하는 데에는 그리 시간이 많이 걸리지 않았다. 전도를 위해 낯선 사람들을 만날 때면 한껏 움츠린 나를 발견했다. 몇 번의 거절과 무관심 앞에서 꼬꾸라지듯 넘어지는 마음을 일으켜 세우기 급급했다. 강력히 말씀을 전하면서도 변하지 않고 성숙하지 않는 이들에 대해 그들의 잘못인양 실망했다. 사람들의 마음을 충분히 이해하지 못했으며 긍휼의 마음으로 온전히 섬기지 못했다.

낯선 상황 속에서 흔들리는 나를 발견했다. 괜찮은 사람과 사역자로 걸어온 듯한 착각이 무참히 깨졌다. 완전히 다른 낯선 환경과 상황, 관계로 바뀌면서 나의 민낯을 발견하게 되었다. 착각의 견고한

틀을 깨뜨리기 위해서는 낯섦이 필요하다. 자신의 적나라한 모습을 발견하기 위해서도 낯섦이 필요하다. 그 낯섦은 마치 커다란 얼음 안에 갇혀서 얼어버린 생명을 살리기 위한 혈투가 아닐까 싶다.

'나의 나 된 것은 주님의 은혜라.'(고전 15:10)고 고백했던 사도 바울은 평탄하고 평안하게 이끄신 은혜를 말하지 않았다. 깨뜨리고 부수고 흔들어서 자신을 올곧게 바라볼 수 있도록 돕는 은혜를 말한다. 낯선 환경과 상황, 그리고 관계를 통해 낯선 자신의 모습을 발견케 하신다. 말씀이 우리의 혼과 영과 관절과 골수를 쪼개고 마음과 생각을 판단하시면서(히 4:12) 새롭게 하는 은혜를 베푸신다. 그 때 낯선 자신의 모습을 끌어안고 씨름하는 것은 아름다운 은혜의 시간이다.

개척 상황에서 이상과 현실 사이의 치열한 씨름이 삶에 있다면 잘하고 있는 거다. 힘들거나 눈치 보이거나, 다른 사람의 말이 크게 들리거나 신경 쓰고 싶지 않거나, 치워버리고 싶은 마음이 있어도, 낯선 자신의 모습을 붙잡고 씨름하는 것 자체만으로도 아름답다. 결과나 열매가 당장 눈앞에 펼쳐지지 않는다 해도 충분히 의미가 있다.

이것은 하늘 시민권자로서 말씀의 능력을 붙잡고 삶을 씨름하는 모습이다. 세상은 바보 같다 말해도 우리는 하나님께서 말씀하신 소중한 가치와 진리들을 온전히 이루어내기 위해 치열하게 씨름하는 인생들이다. 우리는 나그네와 외국인으로 살아가는 낯선 삶이지만, 영원한 본향을 향해 소망과 기쁨으로 살아가는 삶이다.

## 의자 조절과 사랑

자동차 운전석에 앉아서 가장 먼저 하는 일은 의자 조절이다. 앉자마자 무언가 불편함을 느낀다. 곧바로 의자 좌측의 조절 레버를 당겨서 두 칸 정도 뒤로 눕힌다. 직전에 아내가 운전했다.

아내는 거의 직각으로 의자를 놓고 운전한다. 시야가 조금 더 확보되고 바로 앞부분을 더 많이 인식할 수 있다. 배에 살이 없기에 직각의 자세가 더 편한 듯하다. 하지만 나는 약간 뒤로 눕혀서 앉는 게 좋다. 등을 의자에 붙여서 약간 눕듯이 기울어진 게 좋다. 배가 나와서 일수도 있고 여유 있는 느낌이 들어서 그럴 수도 있다.

문제는 탈 때마다 매번 조절해야 한다는 점이다. 내가 운전하는 때도 있지만 아내가 심방과 아이들을 위해 운전하는 때도 많기에 그렇다. 내가 운전할 때는 내가 편한 데로, 아내가 운전할 때는 아내가 편한 데로 조절한다. 그렇다 보니 매번 서로 의자를 조절한다.

사실 처음에는 불편함에 아내에게 몇 번을 물었었다. 왜 의자를 직각으로 놓는지와 그것이 왜 편한지를 물었다. 부드럽게 물었지만 '제발 의자를 조절하지 말고 내가 맞춰놓은 대로 썼으면 좋겠다.'는 속내가 담겼었다.

하지만 얼마 지나지 않아 당연한 듯 조절하며 운전했다. 불편함은 사라지지 않았지만 별다른 대안이 없기 때문이다. 각자의 차가 있는 것이 아닌 이상, 서로 조절하며 살아야 한다. 당연히 지금도 운전을 위해 자동차에 타면 가장 먼저 의자를 조절한다. 이제는 당연한 일이 되어서 그저 자연스럽다. 아내도 나도 아무렇지 않게 당연한 듯 조절한다.

그런데 얼마 전 새로운 생각이 들었다.

번거로운 의자 조절이 도리어 기쁨이 된 생각이었다. 의자를 조절할 때마다 누군가 내 옆에 있고 서로 다르지만 함께 하는 사람이 있다는 사실을 감지할 수 있음에 감사했다. 전혀 다른 생물학적 유전과 자란 환경과 배경이 서로 다른 사람이 만나서 사랑을 하게 되었다. 그리고 아옹다옹하면서도 사랑의 끈을 놓지 않고 20년이 넘는 시간을 보냈다. 사랑하는 아내가 옆에 있다는 사실을 매번 느낄 수 있어서 좋다.

또한 내가 불편한 만큼 아내도 불편했을 텐데 그 모든 것을 감수하며 함께하고 있다는 생각이 들었다. 오히려 내가 불편했던 것들보다 더 많이 불편했을 듯하다. 아내가 감내하며 조절한 일들이 나보다 더 많았을 것 같다. 누군가 사랑의 마음으로 나를 위해 불편함을 감수했다는 사실이 정말 고맙고 감사했다.

불편함을 당연히 받아들였던 순간을 낯설고 생소하게 느껴지면서, 이전에는 미처 보지 못한 것과 알지 못한 것을 발견했다. 당연하게 받아들였을 때는 무의식적으로 감각 없이 반복했었다. 하지만 낯선 일들을 당연하게 받아들이지 않고 불편함을 살펴보니, 새로운 의미가 있음을 발견하게 되었다.

이제 운전을 마치고 내릴 때, 아내를 위해 조절해 놓아야겠다.

아내가 불편함을 느끼지 못할 정도로.


## 나를 위한 낯선 선물

개척 전후 거의 10여 년 만에 나를 위한 선물로 런닝화를 샀다. 스스로 런닝화를 산 것은 태어나 처음이라서 더 특별했다. 치열한 현실과 미래를 알 수 없는 불안함 속에서 나를 위해 무언가를 산다는 것은 그동안 사치 같이 느껴졌다. 사실 지금 처한 현실은 더 힘든 상황이다. 또한 코로나 상황에서 답답하고 막막한 시간만 흘러가고 있다.

대여섯 개의 병을 안고 계신 어머니의 병원 검진이 계속되었고, 전도를 할 수 없는 분위기 속에서 전도하기 위해 노력하고 있지만 쉽지 않다. 매달 돌아오는 임대료와 결제일이 커다란 쓰나미처럼 느껴진다. 성도들이 안고 있는 현실의 어려움과 걱정들을 함께 고민하고 아파하지만 쉽게 풀릴 기색이 보이지 않는다.

이런저런 상황들 속에서도 절대 낙심하거나 절망하지 않을 수 있다. 그 이유는 하나님의 함께 하시는 놀라운 은혜가 있기 때문이다. 사랑하는 아내의 따뜻한 섬김과 협력, 그리고 부르심의 소명이 있기 때문이다. 막막한 현실의 벽이 우리 앞을 가로막고 있을지라도 힘써 주님을 붙잡고 일어나는 일상이 신자에게는 가능하다.

런닝화를 산 이유는 실제로 달리기를 위한 것도 있지만, 사역의 연장선 안에서 지치지 않고 힘껏 달리기 위한 상징적인 의미도 있다. 지치지 않고 외적, 내적으로 건강하게 사역을 잘 감당할 수 있기를 소망하기 때문이었다. 비싸지도 않고 유명 메이커가 아닐지라도 자신을 위로하며 다시금 새롭게 길을 떠날 수 있도록 북돋아 주는 동기부여는 꼭 필요하다.

개척 현장의 어려움 속에서 자신도 모르는 사이에 힘겨움이 누적된다. 그렇기에 새롭게 전환하는 작은 기점들을 만들어줄 필요가 있다. 정기적이거나 일정한 패턴이 주어지면 좋지만 그렇지 않더라도 마음과 몸의 힘겨움 속에서 새롭게 충전할 기회를 스스로에게 주는 것이 좋다. 하나님께서는 소명의 헌신과 함께 영혼의 숨과 안전을 더욱 기뻐하신다. 몸의 회복을 통해 감당하는 은혜 또한 기뻐하신다. 엘리야의 로뎀나무 아래에서의 휴식처럼.

어려운 상황일수록 자신과 가족을 잘 챙겨야 한다. 영혼의 안락과 마음과 생각의 정리, 또한 몸을 위한 휴식과 섭취까지 작지만 즐거움을 누릴 수 있는 소중한 투자가 필요하다. 사람들을 사랑하기 위해 세워진 자리이지만 자신을 사랑하며 아끼지 않으면 감당할 수 없는 자리이다. 이것은 단순한 소비가 아닌 회복을 위한 일종의 자신을 위한 선물이다.

# 살아있는 생물, 교회

얼마 전, 엄청난 관심과 호응 속에서 끝난 '싱어게인'이라는 프로그램이 있었다. 다른 오디션과는 다르게 실제 앨범을 내고 가수 활동을 했던 이들 중에서 무명인 이들이 참여하는 경쟁 프로그램이다. 이 프로가 끝나고 나서 우승자를 비롯한 톱3에 대한 관심은 연일 유튜브를 뜨겁게 달구고 있다.

그 프로그램의 우승자들은 활동이 활발해지면서 다양한 곳에 출연했다. 그중 한 잡지사에서 진행한 영상 인터뷰를 보게 되었다. 싱어게인 톱6와 함께 심사위원이었던 유명 가수가 함께 출연했다. 인터뷰 내용 중에서 유명한 가수에게 물어본 '심사 기준에 대한 답변'이 인상 깊게 다가왔다.

"저는 사실 노래한다는 것은 '생물' 같은 거라고 생각해요."

노래한다는 것은 단순히 기능이나 기술이 딱 맞아떨어지는 것만이 아니다. 물론 음정과 박자, 그리고 멜로디를 잘 구현하는 것이 기본적으로 깔려있어야 한다. 하지만 노래에는 더 중요하게, 음악에 대한 이해와 함께 감정을 통한 호소와 진정성이 잘 담겨 있어야 한다. 음악을 통해 전하고자 하는 내용이 잘 전달되는 총체는 단순한 기능을 뛰어넘는다.

인터뷰 내용을 듣다가 갑자기 교회가 떠올랐다.

교회는 우주적 생물이다. 살아있는 존재다. 눈에 보이지 않지만 지금도 역사하시는 하나님의 놀라운 은혜 안에서 살아 움직이며 성장하고 성숙하는 공동체. 단순히 기능적으로 외적 성장이나 운영을 위한 구조를 확보하는 모임이 아니라, 성령의 임재 안에서 전 인격적인 관계의 자녀들이 누리는 기쁨의 모임이다. 하나님께서 허락하신 온전한 기쁨을 충만히 누리는 모임이 교회다.

"교회는 그의 몸이니 만물 안에서 만물을 충만하게 하시는 이의 충만함이니라."(엡 1:23)

'충만'은 하나님의 임재하심과 채워주심으로 온전히 넘치도록 가득한 상태를 말한다. 우리로부터가 아닌 예수그리스도로부터의 영원하고 완전한 성취와 완성을 의미한다. 교회는 하나님의 선포와 역사 안에서 이미 만물의 충만으로 존재한다.

당신은 교회다. 예수그리스도를 주로 고백하며 부활의 소망을 뜨겁게 끌어안고 살아가는 당신은 교회다. 하나님으로 인하여 넘치도록 채워지는 은혜로 말미암아 기쁨을 누리는 당신은 교회다. 전 인격적으로 주님을 따르며 섬기며 말씀에 순종하는 당신은 교회다.

지금도 동서남북 수많은 곳에서 교회는 이미 승리한 전쟁을 치르는 존재로 각자 서 있다. 교회는 단순히 조직을 구성하고 외적으로 성장하고 사람들을 모으기만 하는 빈약한 신앙이 아니다. 하나님의 은혜와 말씀으로 충만하게 존재하며 살아간다. 사랑이 명사가 아닌 동사인 것처럼 교회도 명사를 넘어 동사로 존재한다.

그러므로 '교회'에 대한 정의는 '성경의 가치 안에 근거'해야 하고 '각자의 자리에서 성도의 삶으로 증명'되어야 한다. 당신은 교회를 무엇이라고 정의할 것인가?! 성경의 가치에 근거하면서도 나의 삶으로 교회의 정의를 살아낼 수 있어야 한다.

당신은 살아있는 충만한 교회다.
당신을 통해 만물의 충만함이 드러나고 있는가?

"주께서 생명의 길을 내게 보이시리니 주의 앞에는 충만한 기쁨이 있고 주의 오른쪽에는 영원한 즐거움이 있나이다."(시 16:11)


## 일상의 순간은 일생의 영원이다

가정형편의 어려움 속에서 직장생활 11년 후 32살에 학부를 다녔다. 12살의 차이가 나는 조카뻘의 동기 학생들과 4년의 세월을 보냈다. 학부 졸업 후 중대한 고민이 생겼다. 신대원을 선택하는 문제였다. 교단에 속한 문교부 인가가 난 대학원이 있었지만 총회 직영 신학교에 마음이 갔다. 재정적인 여건이나 관계 때문이기도 했지만, 당시 교수님들이 각 분야의 전문성과 깊이가 있어서 좋았다. 주변에서는 학위와 관련해서 우려를 표했지만 크게 개의치는 않았다.

어떤 학교냐의 기준이 외적인 명성이나 학위도 있겠지만, 누가, 어떤 내용을 가르치느냐가 더 중요하게 여겨졌기 때문이다. 각자의 관점이 다르겠지만 결과적으로 나의 결정에 후회는 없다. 당시 나로서는 바른 방향과 기초를 견고히 다질 수 있는 분들을 만난 것에 감사했다.


낯설고 생소해서 어리둥절한 선택의 순간들이 있다. 불확실함 속에서 확실해져야 하는 부담이 밀려온다. 그때 가장 중요한 기준이 무엇인지를 선명하고 명확하게 세울 필요가 있다. 개척 상황에서도 수많은 고민과 결정의 순간들이 있다. 때론 환경에 떠밀려 가기도 한다. 바른 기준이 세워져 있지 않다면 의지와 상관없이 끌려가게 된다.

우리는 끊임없이 선택한다. 아주 사소한 일로부터 인생 전체를 뒤바꿀 일까지, 우리는 다양하고 끝이 없는 선택의 기로에 서 있다. 혼란스럽고 광범위하고 다양한 선택이기에 기준이 필요하다. 그러나 우리의 기준은 현세의 문화와 경험에 근거를 두기 때문에 한계를 갖고 있다. 바른 선택과 결정은 영원의 시점이 필요하다. 현재의 쾌락과 이익이 우선시 되면 우리의 존재의 가치가 터무니없이 흐려진다. 하나님의 형상으로, 예수그리스도의 십자가 죽음 앞에서 구원받은 그 존재의 가치가 한없이 무기력해지게 된다. 완전한 사랑을 받은 자들은 그 사랑을 베푸신 영원한 존재 앞에서 선택했을 때 바른 결정을 하게 된다.

오늘도 나는 선택한다. 물론 고민에 고민을 거듭하지만, 결국 선택은 영원의 관점으로 결정한다. 아니, 그렇게 결정하려고 노력하고 기도한다. 나의 결국은 주님께 있고 영원에 있기 때문이다. 영원의 시점으로 현재를 선택하라.

# 5장

## 교회는
## 말씀이면 충분하다

말씀이면 충분하다고 믿었다
말씀으로 충분하지 않았다
그래도 말씀이면 충분하리라
말씀으로 충분한 이야기들

# 윤용 목사

일반 성도였을 때 학원 강사로서 치열한 삶을 살았다. 일상의 삶에서 신자로서의 정체성이 흔들리는 듯한 괴로움을 심하게 겪었다. 살기 위해 말씀에 삶을 걸었고, 말씀 때문에 회복을 누렸다. 그 회복을 성도들과 나누기 위해 늦은 나이에 신학을 공부하여 목사가 되었다. 목사로 살아가는 지금도 매일 말씀에 삶을 걸고, 말씀 속에서 생명을 누려간다. 오직 말씀만이 신자를 신자답게 세워갈 수 있다고 믿고, 성도 스스로 말씀을 묵상하고 말씀에 순종하는 삶을 살아가도록 돕는 것을 목사로서의 사명으로 생각하며 목회하고 있다.

신자답게 살아가고 싶은 열망이 컸지만 열망과 반대로 늘 실패하는 자신의 모습에 좌절했다. 은사를 추구해 보기도 했고 멘토를 찾기도 했고 교회 봉사에 열심을 내보기도 했고 독서에 심취해보기도 했지만 그 실패와 좌절은 극복되지 않았다. 대학 때 배운 Q.T.에 삶을 걸어보기로 했다. 그저 매일 말씀을 묵상하는 것에 삶을 걸었을 뿐인데, 삶이 조금씩 좋아졌다. 환경이 달라지지 않았음에도 환경을 대하는 마음이 달라짐을 느꼈다.

　　신자에게 말씀이면 충분하다는 확신이 생겼다. 집사 신분으로 담임 목사님의 허락을 받고 교회에서 말씀묵상 세미나를 진행했다. 그리고 묵상 나눔 모임도 진행했다. 행복했다. 말씀 사역을 더 깊이 하고 싶었지만 일반 신자 신분으로는 한계가 있었다. 그래서 신학을 배워 목사가 되었다. 교회는 말씀이면 충분하다는 한 가지 확신을 가지고, 신학 공부를 하는 중에 겁 없이 교회를 개척했다. 교회가 말씀이면 충분한지 아닌지를 교회를 개척하고 섬겨온 6년 여를 통해서 경험한 이야기를 풀었다. 교회는 참으로 말씀이면 충분하다.

# ① 말씀이면 충분하다고 믿었다

## 부산을 떠나 경기도로 이사한 이유

45세의 나이에 부산에서 학원 강사로 살아가던 삶을 정리하고 경기도로 터전을 옮겼다. 신학을 공부하기 위해서였다. 늦은 나이에 신학을 공부하기로 결심한 이유는 단 한 가지, 말씀 때문이었다. 한 사람의 직업인으로 살아가면서 나름 치열하게 말씀을 묵상하고 다른 이들과 나누기 위해 여러 시도들을 해보았지만 나의 삶도 다른 사람의 삶도 큰 변화가 없어서 괴로웠다.

말씀을 묵상하는 것 하나에 삶을 걸고 살아보자 생각했다. 일상의 치열함보다 더 치열하게 매일 아침 말씀을 묵상하면서 나의 내면도 삶도 조금씩 변화되는 경험을 했었다.

말씀으로 살아나고 회복되면서 말씀으로 누군가를 돕고 싶었고,

말씀을 나누는 모임을 갖고 싶어졌다. 일반 신자로서 말씀묵상 세미나를 진행하고, 묵상 나눔 모임을 만드는 시도도 몇 번 해보았다. 그러나 잠시 유지되던 모임들은 이내 와해되기를 반복했다. 묵상 나눔 모임이 유지되려면, 말씀을 가르치고 묵상에 대한 도전도 지속해서 해야 하는데, 일반 신자인 내가 그걸 계속할 여건이 되지 않았다.

목사가 되어야 말씀으로 제대로 사역을 할 수 있겠다 싶어 목사가 되기로 결심했다. 쉽지 않은 결정이었다. 생활비를 벌면서 신학 공부를 해야 했기에 평생 살았던 부산을 떠나서 경기도로 이사를 했다. 삶의 위기로 내몰리면서까지 신학을 공부하고 목회를 하려 한 이유는 '말씀묵상 나눔 모임'을 만들기 위해서라고 해도 과언이 아니다. 신자에게 말씀 하나면 충분하리라 믿었기에 말씀 하나에 삶을 걸고, 말씀 하나에 운명도 걸었다. 그렇기에 아는 사람도, 생활할 직장도 없는 타지로 이사한 것이다.

## 셀 교회에서 묵상을 나누다

경기도로 처음 이사한 곳은 고양시였다. 학원을 인수해 운영하면서 출석 교회를 찾았다. 생활비 버는 책임을 아내에게 부담을 줄 생각이 없었기에, 학원이 어느 정도 안정되면 신학 공부를 할 생각이었다. 여러 교회를 다녀보다가 셀 교회로 유명한 교회에 등록했다. 목사님 설교와 예배 분위기가 좋았고 무엇보다 '셀 모임'이 마음에 들었다. 묵상한 말씀을 맘껏 나눌 수 있는 모임이 셀 모임이라고 생각했기 때문이다.

　그 교회에서 셀 원으로 살아가면서 처음에는 즐겁고 행복했다. 주일 오후에 셀이 모였고, 자신들의 삶을 함께 나누었다. 각자의 고민과 기도 제목을 나누고 서로를 위해 기도하기도 했다. 그런데 얼마 지나지 않아 조금씩 아쉬움이 생기기 시작했다. 셀 모임에서 '삶의 이야기'는 있고 '교제'도 있는데 '말씀'을 나누진 않았기 때문이다. 말씀을 묵상하는 사람도 별로 없었고 묵상한 말씀을 근거로 자신의 삶에 적용하면서 고민하는 대화도 없었다. 말씀은 배제되고 삶의 이야기만 나눈다는 생각이 들어서 안타까웠다.

　어떻게 해야 할까 고민하다가 빨리 셀 리더가 되기로 했다. 셀 리더가 되면 셀 모임을 인도할 수 있으니, 그때는 셀 모임을 말씀묵상 중심으로 인도할 수 있겠다 싶었다. 열심히 셀 활동을 해서인지 머지않아 셀 리더가 되었다. 교회의 시스템상으로는 매우 짧은 시간에 셀 리더가 된 것이라고 했다. 아마 적극적인 셀 활동을 통해 나의 갈망이 조금이나마 전달되었기 때문이 아닐까 생각한다.

　셀 리더가 된 후에 셀 원들을 모으고 셀 원들과 말씀을 나누는 시간이 행복했다. 말씀과 연결해서 삶의 이야기를 나누는 것도 즐겁고 좋았다. 셀 원들은 말씀을 거의 묵상하지 않았지만 혼자서라도 말씀을 열심히 묵상했다. 묵상한 말씀을 기준으로 삶에 연결해서 나누는 시간이 참 감사했다. 셀 원 중 바빠서 참석을 못 하시는 경우에는 그분을 찾아가 일대일로 셀 모임을 진행했다. 몸은 힘들었지만 마음은 행복했다. 간혹 결석한 셀 원을 찾아가서도 일대일로 교제하며 말씀을 나누었을 때, 셀 원이 "감동했다."고 말한 것을 지금도 잊을 수가 없다. 그런 시간을 보내면서 말씀묵상을 나누는 것 하나로 교회가 세워질 수 있겠다는 꿈이 더 견고해졌다.

## 모바일 앱으로 한 말씀묵상 나눔

다니던 교회에 성도 한 분이 교회가 사용할 모바일 애플리케이션을 만드셨다. 암에 걸려 시한부의 시간을 보내고 있었는데, 교회를 위해 의미 있는 일을 하고 싶어서 전공을 살려 만든 것이다. 교회 앱에 '말씀묵상'을 올릴 수 있게 된 것을 보고 나는 매일 묵상한 말씀을 올렸다. 수천 명의 교인이 있는 교회인데 매일 앱에 올라오는 묵상은 5~6개 정도였다. 그나마 한두 줄 또는 서너 줄 정도였다. 매일 수십 줄의 묵상 글을 올리는 사람은 나 혼자뿐이었다. 너무 혼자서만 길게 묵상 글을 올리는 것 같아서 '이제 그만 올려야겠다.'라고 생각했다. 그즈음에 교회 앱을 만드신 성도님에게서 전화가 왔다.

"윤용 집사님이세요?"
"네. 그렇습니다만..."
"저는 교회 앱을 만든 ○○○ 집사입니다. 집사님께서 매일 앱에 묵상을 올려주셔서 정말 감사합니다. 은혜 많이 받고 있습니다. 저는 얼마 살지 못할 겁니다. 남은 날 동안 가장 큰 소원이 제가 만든 교회 앱이 의미 있게 사용되는 것을 보는 것입니다. 그런 의미에서 집사님이 매일 올려주시는 묵상 글이 저에게 큰 힘과 위로가 됩니다. 앞으로도 잘 부탁드립니다."

이제 그만 올려야 하는 것 아닌지 고민하던 내가 부끄러워졌다. 묵상 글을 올리는 것만 해도 얼마 남지 않은 그분의 삶에 기쁨을 드릴 수 있다면 열심히 올려야겠다 다짐했다. 매일 올리는 묵상 글에 그분이 열심히 반응해주셔서 힘이 나기도 했다.

사건이 하나 생겼다. 담임 목사님은 내가 앞으로 신학 공부를 할 것을 알고 계셨고, 최선을 다해 나를 지원하겠다고 말씀하셨다. 그런데 어느 날 내가 쓴 묵상 글 중에 목사님의 목회 방향과 다른 내용을 보셨던 모양이다. 목사님이 문자를 보내셨다. "이런 식이면 집사님을 지원할 수 없습니다. 교회 앱에서 집사님의 독주가 염려스럽습니다. 게다가 묵상 글 내용이 상당히 불쾌하네요."라는 내용이었다. 목사님이 불쾌하다고 말씀하신 그 내용은 그 목사님이 좋아하는 유명한 목사님의 글을 인용한 부분이었다. 유명한 목사님이 말하면 괜찮지만, 일개 집사가 적으면 불쾌해지는 것은 참 이상한 일이었다.

해명하고 싶었다. 묵상 글 올리는 걸 중단하려 했는데, 죽어가는 분의 부탁을 거절할 수 없었노라고 말씀드리고 싶었다. 해명 후에 사과를 드리고 싶었다. 묵상 글 내용이 성경적으로 틀린 것은 없었다. 다만 목사님의 목회철학과 다른 내용을 교회 앱에 글로 남긴 부분은 내 잘못이라 생각했기 때문이다. 그러나 목사님은 대화 자체를 할 생각이 없으셨는지 부목사님을 보내서 일방적으로 자기 생각만 전달하셨다. 할 수 없이 나도 문자로 목사님께 정중하게 사과했다. 한동안 목사님은 내 얼굴을 보지 않았고, 예배 후 교인들과 인사할 때도 나를 모른 척했다. 그 사건 이후, 교회 앱에 묵상 글을 올리는 코너는 사라졌다.

목사님이 목회하는 교회라서 그런지 목사님 뜻에 맞지 않으면 성도가 해명할 기회도 없이 사과해야 하는 그 구조가 참 이상했다. '교회는 모든 성도의 교회요, 모든 성도는 다른 것이 아니라 말씀을 생명으로 붙들어야 하는 것 아닌가?' '그렇다면 혹시 말씀을 묵상하다가 작은 실수가 있어도 목사는 바르게 묵상하도록 인도하고 가르쳐주어야 하는 것 아닐까?' '왜 목사님은 나와 대화 자체를 하지 않으려는 것일까?'라는 질문들이 꼬리에 꼬리를 물고 계속 들었다. 말씀이면 충분하다 믿었는데, 현실은 결코 녹록치 않음을 확인했다. 말씀이 아닌 무언가가 교회를 이끌어가고 있음을 또한 확인한 것 같아서 마음이 슬펐다.


## 운영했던 학원에서 생긴 일

인수한 학원이 어려워졌다. 수천만 원의 권리금을 주고 인수한 학원인데 2년이 채 되기 전에 학생들이 많이 빠져나갔다. 재정적인 어려움을 겪게 되었고 학원을 매각하기로 결정했다. 뜬눈으로 밤을 꼴 딱 새며 잠을 자지 못한 것은 평생 처음이었다. 온갖 종류의 근심이 다 몰려왔다. 뒤늦게 신학 공부하러 왔다가 공부를 시작하기도 전에 쫄딱 망하는 것은 아닌지 얼마나 두려웠는지 모른다.

아침에 자리에서 일어나 말씀을 펼치고 묵상했다. 감사하게도 말씀이 나에게 힘을 주었다. 말씀 속에서 나를 향한 주의 음성을 들으니 살 것 같았다. 이런 절망적인 상황 중에서도 말씀이면 충분하다는 작은 확신을 갖고 폭탄 같은 학원으로 출근할 수 있었다. 이후 그 학원은 권리금을 거의 받지 못한 채로 다른 분에게 넘겨졌고, 다른 지역의 학원을 인수해서 다시 운영을 시작했다.

새로 학원을 인수하기 위해서 원장을 만나고 있었다. 서류가 완성되었고, 그다음 날부터 내가 학원을 운영하게 되는 날이었다. 중학생 3명이 학원으로 와서 학원에 다니고 싶다고 했다. 내가 상담을 위해 상담실로 들어가는데 인계해주는 원장이 말했다.


"쟤네들 담배 피우는 문제아들입니다. 받지 마세요. 학원 이미지 버립니다."

그 말을 듣고 상담을 시작했다. 아이들의 이야기를 한참 듣고 나서 내가 물었다.

"애들아. 너희들 담배 피지?"

학생들이 당황해서 손사래 치면서 아니라고 부정했다. 나는 다 알고 묻는 거니 솔직하게 대답하라고 했고 곧이어 아이들이 인정했다.

'이 학원도 못 다니겠구나.' 하는 눈빛이 보였다. 실망한 듯한 학생들에게 내가 물었다.

"선생님이나 어른들이 너희들을 어떻게 보시는 것 같냐?"

"쓰레기로 보겠죠."

"너희들 쓰레기냐?"

"아뇨~!" 학생 셋 모두가 큰소리로 말했다.

"그럼 쓰레기가 아니라는 사실을 증명해 보일 수 있겠냐?"

"어떻게요?"라고 아이들의 표정이 묘해져서 알 수 없다는 듯 물었다.

"담배를 피우지만 착한 학생, 담배를 피우지만 공부 열심히 하는 학생이 될 수 있겠냐는 말이야."

"네~!" 3명의 학생이 목청을 높여 소리를 질렀다.

다음 날 3명의 학생은 10명을 더 데리고 학원에 왔다. 모두 담배를 피우는 학생들이었다. 총 13명의 학생으로 한 반을 따로 만들어 주었고, 이 아이들과 씨름하는 고된 학원 원장으로서의 삶이 시작되었다.

그 아이들을 원생으로 받은 이유는 기대하는 마음이 있었기 때문이었다. '이 아이들에게 복음을 전할 수 있을까?'라는 기대와 '이 아이들을 말씀을 통해 변화시킬 수 있을까?'라는 소망이었다. 믿지 않을 뿐 아니라 사람들이 불량하게 보는 아이들을 차근차근 사랑하면서 결국 말씀의 사람이 되게 하고 싶었다. 소망과 기대 가운데 학원생으로 받은 것이다.

길거리에서 담배를 피워 동네 주민들의 항의가 들어와 학원 화장실 한 칸을 흡연 화장실로 만들었다. 시험이 끝나면 학원 바닥에 박스 깔고 고기를 구워 먹으면서 하루를 자면서 놀기도 했다. 방학이면 펜션으로 1박 여행을 가서 함께 놀기도 하면서 즐겁게 보냈다. 어느 날은 13명 모두 학원에 오지 않았는데 오락실에 있다는 첩보를 받고 잡으러 갔던 적도 있었다.

애들을 학원으로 데려와서 말했다.

"회초리로 종아리를 맞고 학원 계속 다니든지, 아니면 지금 당장 학원을 그만두든지 둘 중 하나를 선택해라. 그런데 종아리는 좀 세게 때릴 거야. 오늘은 너희들이 날 너무 실망하게 했기 때문에 그냥은 넘어갈 수가 없어."

내 말에 아이들이 전부 종아리를 걷었고 정말 아프게 종아리를 때렸다. 그 사건 이후로 아이들은 학원에 열심히 다녔고, 사고도 열심히 쳤다. 그런 시간을 제법 보낸 후 어느 날 아이들에게 슬쩍 말한 적이 있었다.

"얘들아. 선생님이 나중에 신학 공부를 해서 이 학원 교실에서 교회할 건데, 그러면 교회 다닐래?"

아이들이 말했다.

"그럼 선생님이 목사님 되시는 거예요?"

"그렇게 되겠지."

"선생님이 목사님 되시면 당연히 그 교회 다녀야죠. 걱정하지 마세요. 선생님."

그 이후에 수원으로 이사를 하는 바람에 그곳에서 교회는 결국 하지 못했지만, 그 아이들과 보낸 시간은 잊을 수 없는 추억으로 남아있다. 말씀으로 그런 아이들을 변화시킬 수 있으리라 믿었던 나의 순수한 믿음도 추억처럼 남아있다.


## 학원 바닥에서 잠을 자다

수원으로 이사를 했다. 수원에 있는 학원을 인수했는데 집은 아직 이사하지 못한 채로 한 달 이상을 보냈다. 평일에는 수원에서 학원 운영하면서 보내고 주말에는 고양시에 있는 아파트로 돌아가서 생활했다. 평일에 학원에서 보내는 수원에는 숙소가 없어서 매일 잠을 자는 것이 큰 문제였다. 할 수 없이 하루는 학원 바닥에 전기장판을 깔고 자고, 다음 날은 찜질방에서 잤다. 학원에서 잔 날에는 아침에 일어나 세수를 하고 간단히 아침 식사를 했다. 그런 다음 수업 준비를 하고 아내는 학원에서 하루 종일 아이들과 씨름했고, 나는 다른 학원으로 가서 아이들과 씨름했다. 일과가 끝나면 저녁에 다시 아내가 있는 학원으로 가서 전기장판을 깔고 잠을 잤다. 학원에서 하루를 자고 나면 다음 날은 찜질방에 가서 맘껏 샤워하고 잠을 잤다. 고달프고 쉽지 않은 생활이었다.

아는 사람 하나 없는 외로운 상황, 그리고 낯선 수원이라는 도시에서 아내와 나는 무슨 힘으로 살았을까? 집도 없는 상태로 학원 바닥이나 찜질방에서 자면서 한 달 이상 생활하는 가운데 아내와 나는 붙들 것이 전혀 없었다. 기꺼이 그리고 어쩔 수 없이 말씀 하나만 붙들고 살았다. 아침에 일어나면 학원 바닥이건 찜질방이건 말씀을 묵상했고, 저녁에 학원 바닥에 전기장판 깔고 앉아서 아내와 함께 성경을 읽었다.

요한복음을 읽었을 때가 생생히 기억난다. 그 당시 읽었던 성경책에는 예수님의 말씀이 전부 빨간 글씨로 되어 있었다. 그 빨간색 부분을 읽을 때마다 주님이 바로 내 옆에서 나에게 다정하게 말씀하시는 것 같아서 너무나 큰 위로가 되었다. 일과를 마치고 요한복음을 읽으면서 울 때가 많았다. 아침에도 말씀을 펼쳐서 묵상했다. 말씀 한 구절 한 구절이 살아 움직이면서 가슴으로 파고드는 것 같았다. 어려운 상황 가운데 있어서인지 말씀이 더 깊이 들어왔고 말씀이 주는 위로와 생명력으로 하루하루 버티며 살 수 있었다. 말씀이 없었다면 한 달 이상 치열하게 보냈던 시간을 어떻게 버텼을까 싶다.


## 교회를 만나다

한 달이 지나고 집도 이사를 해서 수원에서의 생활이 본격적으로 시작되었다. 학원을 인수하고 나면 두어 달 정도는 정신이 없다. 학생들과 주변 환경에 적응해야 하고, 지역의 교육 환경도 파악해야 했기 때문에 쉽지 않았다.

정신없이 일주일을 보내고 처음 주일을 맞이했다. 아침이 되어서야 갈 교회를 아직 정하지 못했다는 사실을 깨달았다. 오전 10시 30분쯤에 교회 갈 준비를 끝내고 집을 나서기 전에 식탁에 앉아 잠시 기도했다. "주님. 좋은 교회, 우리 부부에게 딱 맞는 교회를 만나게 해주세요." 그리고 밖으로 나가 길을 따라 걸었다.

5분 정도 걸었을까? 전면이 전부 유리문으로 된 낡은 건물 하나를 만났다. 유리를 검은색으로 썬팅을 해두었고, 그 유리에 흰색으로 무언가 많이 적혀 있었다. 영어 문장들이 많았고 영어 과외를 안내하는 내용도 있었다. '영어 공부방인가보다.'생각하고 발길을 옮기려는데, 한쪽 귀퉁이에 '주일 예배 안내'라고 쓰여 있었다. 고개를 들어 위로 올려다보니 교회 간판이 보였다. 교회였다.

문이 열리고 한 분이 우리에게 들어오라고 하셨다. 들어갔더니 내부는 삼각형 구조였다. 6~7평 남지 되는 공간에 10명 채 안 되는 인원이 둘러앉아 있었고, 삼각형의 꼭짓점 부분에 머리를 짧게 깎은 젊은 남자분이 회색 목티에 회색 재킷을 입고 앉아 있었다. 마치 스님 같은 느낌이 들었다. 순간 '이단은 아닐까?'라는 생각이 스쳐 지나갔다. 조금 시간이 지나고야 그분이 목사님인 줄 알았다. 간단히 인사를 나누고 11시가 되어 예배를 드렸다. 아내와 나는 예배 시간 내내 울고 또 울었다. 그 작은 공간 안에 생명의 은혜가 충만함을 느꼈기 때문이었다.

저녁에 목사님을 찾아가서 대화를 나누었다. 영어 과외를 하면서 자비량 목회를 하고 계신 젊은 목사님이었다. '선배 목사님들이 싸놓은 똥을 치우다 가는 것'이 우리 시대의 목사들이 감당해야 할 사명이라고 말씀하셨다. 지방회에서는 나이 든 선배 목사님들이 '사례도 받지 못하고 변변한 예배당도 없다.'고 자신을 '실패한 목회자'로 치부한다고 하셨다. 나는 곧 신학 공부를 할 예정인 집사라고 소개하고, "목사님은 절대 실패한 목회자가 아닙니다. 너무 멋진 목사님인 것 같습니다."라고 말씀드렸다. 목사님의 크고 순수한 눈동자에서 굵은 눈물이 뚝뚝 떨어졌다. 내 눈에서도 같은 눈물이 떨어졌다.

하나님께서 만나게 하신 교회로 생각되었다. 학원 운영에 정신없이 일주일을 보내고 갑자기 주일을 맞이해서 갈 교회조차 찾지 못했는데 이렇게 좋은 교회를 만나게 해주신 하나님께 감사했다. 그저 말씀을 묵상하길 포기하지 않았을 뿐인데, 좋은 교회와 좋은 목사님을 만나서 교제할 수 있게 되었으니 참으로 기쁘고 감사했다.

## 학원 공간을 교회로 제공하다

수원에서는 아주 작은 학원 두 개를 운영했다. 아내에게 학원 하나를 맡기고 나는 다른 학원을 운영해야 생활비가 나올 수 있어서였다. 아내가 맡은 학원에는 교실 한 칸이 제법 컸다. 그 학원을 인수한 이유 중 하나는, 큰 교실 공간을 나중에 교회로 사용할 수 있겠다 싶어서였다.

우연히 만난 작은 교회에서 행복한 신앙생활을 하다가 신대원에 입학했다. 내가 매일 말씀을 묵상하고 SNS에 포스팅하는 것을 알게 되신 목사님이 내게 월 1회 주일 설교를 부탁하셨다. 그래서 신대원 입학하자마자 설교자와 전도사로서의 삶도 시작되었다. 목사님도 매일 말씀을 묵상하셨는데, 교회 전체에 말씀묵상과 나눔이 뿌리내리도록 하기 위해 노력하셨다. 또한 말씀묵상에 대해 나와 의논을 하기도 하셨다. 이제 막 신학 공부를 시작한 전도사의 영향을 받는 것을 전혀 꺼리지 않는 겸손함에 고개가 절로 숙여졌다. 젊은 목사님과 함께 교회를 섬기는 기쁨을 만끽한 시간이었다.

시간이 지나 교인들이 조금씩 늘었고 목사님의 사택 겸 공부방 공간이 너무 좁아 주일예배가 어려워졌다. 공간을 구하자니 재정이 없었다. 이런 상황을 보면서 마음이 불편해졌다. 비어있는 학원 공간이 있었기 때문이다. 학원 공간을 예배당으로 내어주어야겠다는 생각이 들었는데 쉽게 결정할 수가 없었다. 그 공간에서 내가 교회를 개척할 생각이었는데 '지금 교회에 공간을 내어주면 나는 어떻게 교회를 개척할까?' 싶어서였다. 고민을 아내에게 말하고 어떻게 하면 좋을지 의논했다.

아내가 말했다. "공간을 내어준다면 당신이 여기서 개척할 생각은 포기해야죠."

결국 언제 할지도 모를 나의 개척 때문에 지금 섬기는 교회에 공간을 제공할 이 기회를 놓친다는 것은 말이 안 된다는 결론을 내렸다. 목사님을 만나서 학원 공간에서 예배하자고 말씀드렸다. 그래서 평일에는 학원인 곳이 주일에는 교회가 되었다. 학원에 교실 몇 칸 있었기에 나눔 모임이나 교회학교 교육도 어느 정도 가능했다. 나중에 내가 교회를 개척할 때는 어떻게 될지 모르는 상황이었지만, 생업을 위한 공간인 학원이 주일에는 교회가 될 수 있다는 사실에 감사하고 행복했다. 말씀 하나로 만난 교회였는데 학원 공간을 내어주어 교회가 되는 기쁨까지 누리게 되었으니, 하나님의 섭리라고밖에는 설명할 길이 없었다.

## 교회 개척할까?

말씀을 묵상하는 것이 신앙생활의 본질에 가깝다고 생각하지만, 누구에게라도 말씀묵상을 강요할 생각은 없다. 그건 아내에게도 마찬가지였다. 아내가 말씀을 묵상하길 원했지만 한 번도 강요한 적이 없었고, 그저 스스로 매일 말씀을 치열하게 묵상할 뿐이었다. 나는 전도사가 되어서도 여전히 매일 치열하게 말씀을 묵상하고 있었다.

당시 주로 아침 일찍 식탁에서 묵상했는데, 어느 날 묵상하고 있는 내게로 아내가 다가오더니 "나도 같이 묵상해도 돼?"라고 물었다. "당연히 되지."라고 기쁨으로 답변하고는 환영해주었다. 당일 묵상 본문을 함께 읽고 나서 따로 묵상했다. 묵상이 끝날 즈음에 각자 묵상한 내용을 나누었는데 나눔에서 큰 은혜를 누렸다. 혼자 묵상할 때보다 훨씬 좋았고 행복했다. 이전에 느꼈던 것보다 훨씬 더 큰 충만함을 경험했다. 말씀에 대해서도 충만하고 서로의 관계에 대해서도 충만해지는 느낌이었다.

　그렇게 말씀을 함께 묵상하고 나누는 시간을 한 달 정도 보내었을 즈음이었다. 어느 날 아침에 묵상을 끝내고 나서 아내가 말했다.

　"여보. 이렇게 묵상을 나누니까 너무 좋네. 주일예배도 은혜롭지만 당신과 함께 말씀을 묵상하고 나누는 시간이 훨씬 더 은혜로워."

　"그래? 그럼 우리 교회 개척할까?" 농담처럼 한 말이었다.

　그런데 아내의 대답에 깜짝 놀라고 말았다. "그래. 하자."

　'생각해보자.'라거나 '신학 공부한 지 1년밖에 되지 않았는데 무슨 개척?'이라고 말할 줄 알았다. "그래. 하자."라는 의외의 답변에 당황스러움을 감추지 못했다. 그래서 아내에게 다시 물었다.

　"정말 개척해?" 아내는 다시 확인해주었다.

　"응. 교회 개척해도 좋을 것 같은데? 둘이서 이렇게 예배하면 되잖아."

　아내의 그 반응을 보고 교회를 개척하기로 했다. 돈 한 푼 없었고 교인도 있을 리 만무한 상황에서 오직 말씀의 은혜만을 근거로 교회를 개척하기로 했으니 생각해보면 참 무모했던 것 같다. 말씀 하나만으로도 모든 것이 충분할 것이라 믿었기 때문에 아무것도 없는 상황에서 교회 개척을 결심할 수 있었다.

## 교회를 개척하다

그로부터 몇 개월 뒤였다. 신대원 1학년이 끝난 겨울 방학 때인 2015년 1월 10일에 정말 '말씀의빛교회'를 개척했다. 신학 공부 1년 밖에 하지 않았고, 목회를 배운 적도 없는데 교회를 세웠으니 무모한 도전이기도 했었다. 말씀 하나면 교회는 충분하다고 믿었기 때문이었고, 아내와 둘이서 말씀의 교제를 나누기만 해도 올바른 교회가 되리라 생각했기에 개척할 수 있었다. 만약 한두 사람이 더 온다면 그분들과 함께 '말씀묵상 나눔모임'만 해도 충분히 좋은 교회가 될 것이라고도 생각했다. 동탄 지역에 작은 학원을 운영하고 있었기 때문에 장소 문제는 해결되었다. 학원 교실 한 칸을 예배당으로 사용하기로 하고 개척했다.

개척하면서 아내에게 "여보. 경기도 지역에 우리가 아는 사람이 없으니 개척 멤버가 없을 거야. 우리 둘이서 예배하게 될 테니, 매월 첫 주는 일산에 가서 예배하고, 매월 셋째 주는 부산에 가서 예배하는 '출장 예배 전문 교회'를 하자."라고 말했다. 일산에 말씀으로 교제했던 분들이 있었고, 부산에도 함께 신앙적인 고민을 나누었던 분들이 있었기 때문이었다. 그런데 막상 개척할 때는 감사하게도 7명의 성도가 함께 해주셨고 '출장 예배 전문 교회'는 실행에 옮기지 못했다.

평일에는 학원으로 학생들을 열심히 가르치던 교실이, 주일에는 예배당이 되어 7명의 성도와 함께 예배한다는 것이 매우 큰 의미로

다가왔다. 독립된 예배당 공간이 아니었고 많은 성도가 있는 것도 아니었지만, 예배할 수 있는 공간이 있고 함께 예배하는 분들이 계신다는 사실만으로도 행복했다.

주일에 교회에 와서 예배하고 설교를 듣고 일주일 동안 말씀을 묵상한 내용이나 말씀을 듣고 느낀 내용으로 나눔을 갖는 것을 교회의 중심으로 삼았다. '교회 일'이나 소위 '교회 부흥'에 집중하지 않는 교회를 하고 싶어서 모든 의무를 없앴다. 헌금도 봉사도 전혀 강조하지 않았고 그저 말씀 하나에만 집중하자고 권면했다. 학원 운영을 하고 신대원 학생으로 공부하고 교회를 섬기는 3중직(?) 사역을 시작한 것이다. 모든 과정이 너무 행복했다. 학원 운영이 조금 어려웠고 신대원 공부를 병행하기도 쉽지 않았지만 교회를 개척하고 섬기면서 내 인생의 모든 시간 중에서 가장 행복한 시간을 보냈다.

'목회자의 야망을 추구하지 않는 교회', '성도의 참된 행복을 추구하는 교회', '대형화를 추구하지 않는 교회', '말씀 하나에 삶을 거는 성도들의 모임인 교회' 등을 표어로 삼아서 기쁘고 행복하게 목회했다. 주일 하루밖에 모이지 않았고 설교도 주일 한 번뿐이었다. 한 주간의 일상을 살아가면서 신대원을 오가는 지하철 안에서, 학원에서 학생들이 문제를 풀 동안에 짬짬이 설교를 준비했고, 그걸 나누는 주일예배 시간이 감사와 행복으로 충만한 마음이었다. 매일 말씀을 묵상해서 교회 밴드에 올려서 공유하는 것도 기뻤다. 이렇게 말씀 하나로만 교회가 세워져 가고 있다는 사실이 꿈만 같은 시간이었다.

# ② 말씀으로 충분하지 않았다

교회는 말씀 하나면 충분해야 한다고 믿었고 말씀 하나로 충분한 교회가 되어가고 있다고 생각했다. 그래서 학원을 운영하며 신학생으로 학업을 하고 개척한 교회를 섬기는 3가지 일에도 기쁘고 즐겁고 행복했다. 말씀 하나로만 성도들을 잘 세워 가면 되겠다 싶었다. 그런데 문제가 생기기 시작했다. 말씀 하나로 충분하다고 말하기 어렵게 만드는 것들이었다.

## 신천지로 오해받다

교인 중 한 분이 교제하던 분을 교회로 초청하셨다. 교회와 목사들에게 상처를 많이 받고 교회를 떠돌면서 다니다 말기를 반복하던 분이셨다. 한 교회에 한 달 이상 다닌 적이 없이 신앙생활 한 지가 10년이 넘었다고 하셨다. 우리 교회도 오래 다니지는 않겠다고 생각했다. 그래도 상관없으니 우리 교회에서 내면의 상처를 조금이라도 치유 받고 다른 곳으로 가시면 좋겠다고 생각했다.

한 주, 두 주 예배에 참석하시더니, 언젠가부터 설교 때 훌쩍거리며 울기 시작하셨다. 그 후 거의 매주 설교를 들으면서 우셨다. 몇 개월이 지나도 눈물이 멈추지 않은 채로 계속 예배에 참석하셨다. 그분을 교회에 데려오셨던 교인이 말씀하셨다. "이 사람이 이렇게 한 교회를 오래 다닌 것이 10년 만에 처음이랍니다." 한 영혼이 주께로 돌아오게 된 것 같아 감사하고 기뻤다. 다른 프로그램은 전혀 없이 오직 말씀 하나만 제대로 전하려 노력했고 신자 스스로 말씀을 묵상하도록 도울 뿐인데, 한 영혼이 놀랍게 회복되는 것을 보는 것은 참으로 깊은 감동이었다.

그런데 갑자기 그분이 몇 주 동안 교회에 나오지 않으셨다. 왜 그런지 이유를 알 수 없었다. 나중에야 다른 사람을 통해 이유를 듣게 되었다. 그분의 동생 때문이었다. 언니를 자신이 다니는 교회에 데리고 가려고 그렇게 노력했는데 동생 따라 한 번 가보더니 다시는 가지 않았다고 한다. 그랬던 언니가 교회 건물도 없는 작은 교회에 몇 개월을 계속 다니는 것이 이상했던 모양이다. 자신이 다니는 교회 목사에게 우리 교회가 이상한 교회가 아닌지 알아봐 달라고 부탁했다고 한다. 그런데 그 목사가 말씀의빛교회를 감별한 감별법이 황당했다.

그때에도 성서유니온의 《매일성경》을 본문으로 매일 묵상을 해서 SNS와 교회 밴드에 올리고 있었는데, 그때 《매일성경》 본문이 사사기였다. 그분의 동생이 나의 묵상 글을 자기 교회 목사에게 보여주었는데, 그 묵상 글을 보고 그 목사가 이렇게 말했다고 한다. "신천지가 지금 사사기 성경 공부를 하고 있는데요. 아무래도 신천지인 것 같습니다." 동생은 그 말을 언니에게 했고 동생의 말을 들은 언니는 그 길로 말씀의빛교회에 나오지 않았다는 것이다. 나중에 그 사실을 알고 전도하셨던 성도가 찾아가 설명을 했다고 한다. 그분은 그 설명에 대해 알겠다고 말하면서 다시 교회로 돌아오지는 않았다.

그렇게 한 영혼이 주께로 돌아오는 기회를 잃어버린 것이 너무 화가 났다. 억울했다. 이렇게 끝내 버릴 수는 없다는 생각이 들어 어렵게 수소문을 해서 신천지라고 했던 목사에게 전화했다.

"목사님. 안녕하세요? 혹시 ○○○ 자매님을 아시나요?" "네. 우리 교회 집사님입니다만..."

"그분의 언니가 다녔던 교회의 담임전도사 윤용이라고 합니다. 왜 우리 교회를 신천지라고 말씀하셨는지요? 저에게 연락 한번 하신 적이 없고, 저를 만나보신 적도 없고, 저희 교회에 와보신 적도 없지 않으십니까? 무슨 근거로 그렇게 하셨는지요?"

그 목사는 "그런 적 없습니다. 그런 사람 모릅니다."라고 말하고 나서 알 수 없는 욕 비슷한 말을 약하게 남기고 전화를 끊었다. 더 따지고 싶었지만 그 목사가 그렇게 비겁하게 전화를 받는 것을 보고 그럴 가치도 없겠다는 생각이 들었다.

10년의 방황을 말씀 하나로 넘어설 기회를 그 자매는 그렇게 잃어버리고 말았다. 그분이 다시 올바른 가르침을 주는 좋은 교회를 만나서 신앙을 회복할 수 있길 기도한다. 말씀만으로 충분하다고 생각했는데, 그리고 사심 없이 말씀 하나로 한 사람의 신앙이 회복되는 놀라운 기쁨을 누렸을 뿐인데, 이런 오해를 받을 수도 있다는 사실에 마음이 너무 아프고 답답했다. 말씀만으로 정말 충분한 것인지 더욱 깊이 고민하며 기도했다.

## 설교 때문에 성도를 잃다

개척 맴버가 된 부부가 있었다. 교회를 찾기 위해서 몇 개월 동안, 지역에 있는 교회들을 매주 한 교회씩 다녀보셨다고 했다. 그런데 기복적인 설교, 신비주의에 빠진 교회들, 세속주의에 깊이 빠진 교회의 모습들만 보게 되면서 실망만 하고 계셨다. 그러다가 내가 개척한다는 말씀을 들으시고 개척에 동참해주셨다.

매주 그 부부는 말씀을 듣고 은혜를 누리시면서 행복해하셨다. 개척한 지 몇 개월 후에는 이런 말씀을 하기도 하셨다.

"전도사님. 참 이상하네요. 교회들이 다 기복적이고 세속적인 메시지를 전하고 있어서 다닐 교회를 찾기가 어려운 것이 현실 아닙니까? 그런데 왜 우리 교회에 사람들이 오지 않을까요? 이렇게 바른 말씀이 전해지는데 말입니다."

"집사님. 그렇게 단순하다면 뭘 걱정하겠습니까? 왜 기복적이고 세속적인 메시지를 전하는 목사들이 많을까요? 교인들이 그런 메시지를 듣고 싶어 하기 때문이 아닐까요? 게다가 우리 교회는 돈이 없어서 건물도 없고 사람들의 이목을 끌만한 프로그램도 전혀 없지 않습니까? 오직 말씀 하나만 붙들자고 말하는 교회에 사람들이 많이 오기는 쉽지 않은 것 같습니다."

집사님은 "저는 우리 교회가 세워지면 몇 개월 만에 수십, 수백 명이 모일 줄 알았습니다. 제가 크게 착각했네요."라고 말씀하시며 아쉬워하셨다.

그렇게 생각해주셔서 감사한 마음이 들었고, 집사님 부부가 말씀 안에서 신앙이 잘 성숙해 가길 온 마음으로 기도하며 말씀으로 섬겼다.


그러던 중 『안식일은 저항이다』라는 제목의 책을 읽고 그 내용과 관련한 설교를 두 주간 했다. 그 설교 이후 안타깝게도 그 집사님 부부는 교회를 떠나셨다. 여자 집사님이 주일에도 일할 수밖에 없는 직업을 가졌었는데, 주일에 관한 설교에 상처를 받으신 모양이었다. 자본주의 사회를 살아가면서 일주일에 하루를 예배에 집중하는 것은 일종의 '저항'이라고 설교했다. 그러나 혹시 매 주일 예배할 여건이 되지 않는다면 일을 하면서 '예배하는 마음으로' 살아가는 것이 또한

'저항'이라고 설교했다. 집사님은 주일에 일 할 수밖에 없는 처지였기 때문에, 주일에 관해 두 번이나 연속 설교를 한 것만으로도 상처를 입으신 것이다.

말씀을 말씀답게 전하기 위해 최선의 노력을 다했는데 결과가 두 분의 상처라니 허탈하고 괴로웠다. 두 분의 떠남을 통해 목회자와 설교자로 살아간다는 것이 결코 만만한 것이 아님을 뼈저리게 느꼈다. 말씀에 갈급하신 분들조차도 자신에게 상처가 되는 설교는 받아들이기 힘들어하실 수밖에 없고, 또한 설교의 내용을 오해해서 회복하지 못할 상처로 받아들이는 경우도 있음을 경험하고 마음이 참 어려웠다.


## 말씀묵상은 하지 않는 성도들

나는 '말씀을 묵상하여 스스로 은혜를 생산해내는 성도'를 세우기 위해 교회를 개척했다. 그 이유가 아니라면 목사가 될 필요도, 교회를 개척할 필요도 없었다. 그 한 가지를 위해 교회의 모든 방향을 설정했다. 주일에만 예배하고, 주일 예배 후에는 함께 식사하고 나서 말씀묵상 나눔모임을 갖는 단순한 교회를 세워갔다. 성도들이 말씀 이외의 다른 것에 신경을 쓰지 않게 하기 위해 가능하면 교회에서 다른 일들을 만들지 않았는데 이는 성도들이 말씀묵상에 집중하도록 위해서였다.

온라인에 묵상을 나눌 공간을 만들고 매일 묵상을 올렸다. 처음부터 성도들이 말씀을 묵상하길 어려워하시리라 생각했기 때문에 내가 올린 묵상을 성도들이 읽는 것으로 묵상을 시작하도록 했다. 성도들은 묵상 글에 거의 반응이 없었지만, 매일 하는 묵상을 교인들과 나눌 수 있다는 사실만으로도 행복하고 즐거웠다. 시간이 흘러 때가 되었다 싶어서 말씀묵상 세미나를 진행했다. 6주간 주일 오후 시간에 성도들은 열심히 세미나를 들으셨다. 매 주일 설교의 내용으로 말씀묵상에 대한 도전을 받으셨을 것이고, 묵상 세미나까지 들으셨으니, 이젠 본격적으로 묵상을 시작할 때가 되었다고 생각했다.

매일 내가 올리는 묵상 글을 읽고 댓글을 다는 것으로 말씀묵상을 시작해보자고 말씀드렸다. 말씀묵상은 하나님과의 대화이고 하나님과의 대화는 사람과의 대화로부터 출발하기 때문에 누군가의 묵상 글을 읽고 그 글에 댓글을 다는 것은 묵상의 좋은 출발이라고 볼 수 있다. 그렇게 부탁을 드렸는데 여전히 묵상 글에 대해 댓글이 없었다. 주일이 되었다. 묵상 글을 매일 읽고 댓글 다는 것이 힘들 수도 있겠다 싶어서 광고 시간에 이렇게 부탁을 드렸다.

"일주일에 한 번 이상만 묵상 글에 댓글을 달아주시면 감사하겠습니다. 단순히 '아멘'이라고만 댓글을 다셔도 됩니다. 그게 말씀묵상의 좋은 시작이 될 것입니다."

그런데 10여 명의 교인들이 있었음에도 일주일 전체 동안 한두 개의 '아멘'만 댓글로 달렸다. 마음에 작은 의문으로 시작해서 절망이 찾아오기 시작했다. '아멘'이라고 댓글 다는 것이 어려운가 싶어서 더 쉬운 방법을 찾아보아야 하는지 고민하기도 했다. 그러나 아무리 생각해도 그보다 더 쉬운 방법은 없을 것 같았다.

성도 각자가 말씀을 묵상하고 묵상한 내용을 글로 적어서 온라인 공간에 올리는 것, 그리고 서로의 묵상 글을 읽고 댓글로 소통하는 공동체를 세우는 것이 내가 기대하던 묵상 공동체였다. 나는 여전히 매일 말씀을 묵상하여 묵상 글을 올렸고, 교인들은 댓글로 거의 응답하지 않는 상태가 거의 2년 반 동안 계속되었으니, 절망이 되지 않았다면 거짓말일 것이다. 그러나 강요할 생각은 없었다. 강요해서는 결코 좋은 결과가 생기지 않는다고 생각했기 때문이었다. 말씀묵상이 얼마나 좋은 것인지를 보여주면서 가르치는 것이 내가 할 일이라고 믿었다. 강요나 은근한 협박은 폭력배나 하는 짓이지 목사가 할 일은 아니지 않은가? 그래서 교인들이 댓글 달지 않는 것, 묵상하지 않는 것에 대해서는 마음을 내려놓았다. 그저 내가 할 수 있는 일을 계속했다. 내가 할 수 있는 일이란 매일 말씀을 묵상하고 그 내용을 교인들이 공유할 수 있도록 온라인 공간에 나누는 것이다. SNS에도 포스팅하고 그 내용을 주일 설교를 통해 더 깊게 전하는 일이었다. 교인들이 말씀을 묵상한다는 것이 얼마나 어려운 일인지 뼈저리게 경험하게 된 시간이었다.

## 성도들이 거의 다 떠나가다

학원을 운영하다가 메르스 사태 때 어려워진 학원이 회복되지 않아 학원을 폐업했다. 생활비를 벌어야 했기에 다른 학원에 강사로 취업했다. 그런 와중에 신대원 공부를 마치고 드디어 졸업했다. 3년간의 신대원 공부가 끝난 것이다. 학원이 어려워질 때마다 휴학하고 학원을 되살려야 할 것 같은 부담감이 있었다. 몇 번이나 휴학해야 할 것 같은 상황이 있었다. 그러나 한 번 휴학하면 다시 복학하기가 쉽지 않을 것 같아서 학원을 폐업하면서까지도 신대원 공부를 중단하지 않았다. 그렇게 힘든 시간을 보내고 드디어 졸업한 것이니 나에게 신대원 졸업은 특별한 기쁨이었다.

신대원 공부가 끝났으니 이제 교회에 신경을 조금 더 써야 할 것 같았다. 교회를 알리는 일을 한 번도 해본 적이 없었지만 처음으로 교회를 알릴 전도지를 만들었다. 그리고 교회를 어떻게 세워가야 하나 본격적으로 고민했다. 목회 컨퍼런스나 세미나 등에 참석했고 다른 교회의 목장 모임에 성도 몇 분과 함께 탐방을 하러 가기도 했다.

시간이 흐른 어느 날, 성도 두 분이 개인적으로 만나자고 요청했다. '심각한 이야기겠구나'라는 느낌이 왔지만, 특별한 사건이 있었던 것은 아니니 무슨 일인지 궁금했다. 약속한 날에 예배당에서 만났다.

"전도사님. 대형화를 추구하지 않는다고 하지 않으셨나요?"

"네. 당연히 대형화를 추구하지 않죠."

"그런데 왜 요즘 전도지를 만들고 세미나에 가고 다른 교회 탐방도 다니고 그러시나요?"

"네? 그게 이상한가요? 제가 신대원 졸업을 했으니 당연히 그렇게 해야 하지 않겠습니까? 교회가 정상화될 만큼은 자라야 하지 않겠습니까?"

"교회를 대형화하려고 그러시는 것 아닙니까?", "우리 교회 교인이 20명도 안 되는데 대형화라는 말은 너무 안 어울리는 것 같은데요. 교회가 자립을 할 만큼 자라는 것은 대형화와 아무 관계가 없는 것 같습니다. 그걸 위해 노력하지 않는 건 목회자의 게으름이 아닐까요?"

"전도사님이 교회의 대형화에 관심이 없는 분이고, 자비량 사역을 하고 계신다고 다른 분께 소개하고 다녔는데... 이제 교회에 대해서 전도할 내용이 없네요."

황당함이 밀려왔다. 내가 잘못한 것이구나 싶은 마음도 생겼다.

"본질과 다른 내용으로 전도를 하셨네요. 제 잘못입니다. 대형화가 되지 않고, 자비량 사역을 한다는 것을 저도 모르는 사이에 강조했으니 집사님이 그런 내용으로 전도를 하셨겠죠. 죄송합니다. 그런데 앞으로는 그런 내용이 아니라, 말씀을 통해서 집사님이 은혜를 받고 변하고 있는 부분으로 전도하시면 좋겠습니다. 그리고 대형화는 적어도 수백, 수천 명은 넘어갈 때 적용할 수 있는 단어인 듯합니다.

저는 그렇게 되고 싶은 마음이 전혀 없습니다. 그러니 그런 걱정은 하지 않으셔도 될 것 같습니다."

내가 그렇게 말씀드리자 "전도사님, 변질되셨네요."라고 말씀하셨고, 이후에 몇 가지 크고 작은 문제들에 대해서 의견이 달라지는 것을 느꼈다. 그로부터 몇 주 후에 두 분 중 한 분이 교회를 떠나셨고 그분이 전도했던 분들이 한 주에 한 분씩 떠나가셨다. 그리고 마지막에는 3명의 교인만 남고 모두 교회를 떠나셨다. 순식간에 교회가 사라질 것 같은 상황이 된 것이다.

말씀 하나로만 교회를 세워간다는 것이 얼마나 어려운 것인지 절감했다. 성도들 스스로 말씀을 묵상하는 성숙한 신앙인으로 세워가는 것만을 유일한 목표로 삼고 나름 사심 없이 목회를 해왔다고 생각했는데, 성도들은 전혀 다르게 받아들이고 있었던 것 같아서 마음이 절망스러웠다. 말씀만으로 교회를 세워가려는 마음을 접어야 하나 고민이 되었고, 한 걸음 더 나아가 목회를 계속해도 되는지까지 고민되었다.

# ③ 그래도 말씀이면
충분하리라

## 하나님, 저를 속이셨죠?

20명에 가까웠던 교인들이 다 떠나고 3명의 성도만 남았다. 3명과 함께 예배 공간을 옮겼다. 감사하게도 연기학원을 운영하는 집사님께서 주일에 무료로 공간을 내어주셨기 때문에 예배 공간을 옮길 수 있었다. 주일이면 예배 전에 일찍 연기학원으로 가서 의자를 펴고 프로젝터를 설치하고 강대상으로 사용할 보면대의 자리를 잡고 성도들이 마실 차를 배열했다. 예배 때는 혼자 기타 치며 찬양 인도하고 설교하면서 혼자서 몇 가지 역할을 했다. 3명의 성도에게 감사하는 마음이었다. 원래 아무것도 없는 교회인데, 이제 성도까지 거의다 떠나버렸으니 정말 가진 것도 볼 것도 없는 교회가 된 것이다. 그런데 함께 해주시니 어찌 감사하지 않을까? 이렇게 함께 하시는 이유는 오직 말씀 하나뿐이라고 생각되어 더 감사했다. 그리고 3명의 성도와 함께 교회를 다시 이룰 수 있어서 기뻤다.

나는 왜 기뻤을까? 왜 서러움과 억울함에 종속되어 우울함에 빠져 살아가지 않을 수 있었을까? 두 가지를 했기 때문이 아닐까 싶다. 우선 나는 교인들이 하나둘 떠나갈 때 괴로웠다. 죽을 듯 괴로웠다. 내가 받는 오해 때문에 괴로웠고 억울하기도 했다. 그런데 나는 떠나가는 분들을 원망하지 않았다. 그분들은 그분들 나름대로 교회를 선택할 권리가 있는 것이니 그분들이 떠나간다면 나는 수용할 수밖에 없다고 생각했다. 그런데 하나님을 향해서는 달랐다. 나의 억울함과 답답함과 슬픔을 하나님께는 다 쏟아놓았다. 그 절망적인 상황 속에서도 아침마다 말씀을 묵상하길 멈추지 않았고, 말씀을 묵상하는 그 시간이 하나님께 나의 마음을 정직하게 쏟아놓는 시간이었다.

어느 주일 아침이었다. 말씀을 묵상하는데 너무 서러웠다. 하나님께 기도했다. 눈물이 났다. 서러움에 복받쳐 올라왔다. 엉엉 울면서 하나님께 항변했다.

"하나님. 왜 나에게 신학 공부해서 목회할 도전을 주셨습니까? 내가 목사할 자격이 없는 인간이라면 신학 공부를 할 도전이 생기지 않게 하셨어야죠. 제가 수십 년 동안을 말씀을 묵상했는데, 묵상을 통해서는 말씀 하나로 목회하면 행복할 것이라고 도전을 주셨지 않습니까? 그런데 말씀 하나로 목회하는 이 놀라운 기쁨을 맛보게 하시고 나서, 이제야 내가 목회할 자격이 없음을 드러내시면 나는 어떻게 해야 합니까? 하나님. 너무 하신 것 아닙니까? 저를 속이셨습니다."

떠나신 분들께는 마음을 정리해서 괜찮았는데, 하나님께는 왠지 너무 서러운 그 마음을 다 쏟아 놓고 목놓아 울었다. 내가 엉엉 소리를 내고 우는 소리를 듣고 아내가 놀라서 달려와서 물었다.

"왜 그래요? 무슨 일 있어요?"
내가 계속 엉엉 울면서 대답했다. "하나님이 나를 속이셨어..."
나의 말을 듣고 아내가 한 마디를 툭 던지고 방에서 나갔다.
"괜찮네."

그랬다. 나는 괜찮았다. 그 사건 때문에 사람을 원망하고 억울한 감정에 빠지고 우울함에 집어 삼켜졌다면 전혀 괜찮지 않았을 것이다. 그런데 사람을 향해서는 원망하지 않았고 하나님과는 담판을 지으려 했으니 괜찮은 것이 맞았다. 목회를 실패한 것 같은 상황이 되었지만, 매일 말씀을 묵상하기를 포기하지 않았고, 말씀을 묵상하면서 하나님과 소통하고 교제하는 것도 멈추지 않았기 때문에 나는 망가지지 않았고 무너지지 않았던 것 같다. 말씀의 힘이 나를 지켜주었다고 지금도 믿고 있다.

## 8만 원짜리 카메라

교인들이 떠나고 교회가 없어질 뻔한 상황이 되었음에도 남은 성도 3명과 함께 내가 행복할 수 있었던 두 번째 이유는 무엇이었을까?

나는 엄청난 타격을 받았다. 첫 목회가 실패한 것 같았다. 그런데 포기할 수는 없었다. 도망칠 수 없었다. 이제 말씀 하나로 사람을 세워간다는 것이 얼마나 귀하고 행복한 일인지 알아버렸기 때문이었다. 그런데 한편으로는, 내가 인격도 능력도 목회하기에 너무 부족하다는 사실을 생생하게 경험해 버렸다. 하나님 앞에 가서 그 절망을 다 쏟아놓을 수밖에 없었다. 아이러니하게도 하나님께 다 쏟아 놓았다는 사실 때문에 나는 살아날 수 있었다.

하나님께 항변하면서 살아나고 회복되었지만, 그래서 마음에서 행복과 기쁨을 놓치지 않을 수 있었지만, 한 가지를 깊이 깨닫게 되었다. 목회하면서 스트레스를 받지 않는 것은 불가능하다는 사실이었다. 그렇다면 스트레스를 어떻게 관리할지가 문제였다. 스트레스를 관리하지 못한다며 목회를 계속할 수 없겠다는 생각이 들었다. 그래서 8만 원짜리 중고 카메라 하나를 구입했다. 바디와 렌즈 겉면에 온통 흠집 난 것이 마치 내가 받은 상처 같다는 느낌이 드는 중고 카메라였다. 놀랍게도 바디 내부와 렌즈 속은 멀쩡해서 카메라 성능은 완전히 정상이었다. '나도 이 카메라처럼 내면은 멀쩡할 수 있을까?' 라는 생각을 하면서 카메라 들고 갈 수 있는 곳을 무작정 걸으며 셔

터를 눌렀다. 시간도 돈도 없어서 멀리 '출사'라는 건 갈 엄두조차 내지 못했고, 과외 공부하러 갈 때 30분에서 1시간 정도 일찍 가서 그 동네 주변을 찍고, 약속이 있어서 어딘가 가게 되면 근처의 공원을 검색해서 먼저 가서 사진을 찍는 정도였다. 카메라를 들고 꽃이나 풀이나 풍경을 향해 셔터를 누르는 동안에는 온전히 그것에만 집중이 되었다. 자연을 보는 눈이 새롭게 생겼다. 자연과 대화를 나누기도 했고, 꽃과 풀과 하늘과 구름 속에서 하나님을 보는 듯하기도 했다. 말씀을 묵상하며 만나는 하나님과 자연 속에서 만나는 하나님이 어우러져 나의 내면은 깊은 안정을 누려갈 수 있었다.

그 과정을 통해 중요한 사실 한 가지를 정리했다. 말씀이면 충분하다는 것은, 말씀 외에는 다 버린다는 의미가 아니라는 사실이었다. 말씀이면 충분하다는 것은, 말씀 때문에 다른 모든 것의 의미를 찾는다는 뜻이고, 모든 좋은 것들이 말씀으로 올바르게 해석된다는 뜻이고, 말씀 때문에 삶의 구석구석을 더 깊이 누려갈 수 있다는 뜻임을 알게 되었다. 이 충만한 균형을 성도들과 함께 누려가고 싶은 마음이 가득해졌다. 이런 과정을 경험했기에 3명의 성도와 함께 교회를 다시 시작할 수 있었고, 3명의 성도를 향해 설교하고 나눔을 갖는 교회를 하면서도, 그중 한 명의 성도와 일대일 성경 공부를 하면서도 충분히 행복할 수 있었다.

# 첫 번째 후원

어느 날이었다. 학원에서 수업하고 있었다. 시험 기간이라서 학생들이 자율학습을 하고 질문을 받는 시간이었다. 갑자기 스마트폰 메시지 어플이 활성화되었고, 알지 못하는 분으로부터 메시지가 왔다.

"안녕하세요? 저는 ○○○ 권사라고 합니다. 목사님의 묵상 글을 보고 은혜를 많이 받고 있습니다. 정말 감사합니다. 제가 제법 오랫동안 목사님의 묵상 글을 지인들에게 공유해오고 있었습니다. 지인들도 은혜를 받고 감사하다고 말씀을 해주고 계십니다. 그런데 목사님의 묵상 글을 받아 읽던 지인 중 한 분이 목사님께 후원을 조금 하고 싶다고 하십니다. 직접 연락을 하기는 부담스럽다고, 목사님 계좌번호만 좀 알아달라고 하시네요."

말씀을 묵상하고 묵상 글을 SNS에 올린 지 6년쯤 되는 때였다. 이게 무슨 일인가 싶었다. 그분과 메시지를 통해서 많은 이야기를 주고받았다. 자신이 교회에서 겪었던 아픔, 자신은 말씀을 나름 묵상하는데, 주변에 묵상을 나눌 사람이 없어서 묵상을 계속하기 어렵다는 사정 등을 나누었다. SNS를 통해서 이런 분을 만난다는 사실이 기적 같았다.

며칠 뒤에 계좌로 후원금이 들어왔다. 전혀 모르는 분으로부터 이렇게 후원을 받는다는 것이 놀라웠다. 3명의 성도와 함께 교회를 새로 시작하긴 했지만, 교회가 거의 없어지다시피 한 사실이 나에게 은 근한 상처가 되었고, 그 상처가 아직은 아플 때였는데, 한 분의 후원이 나의 마음에 제법 큰 위로를 주었다. 돈 때문이 아니라 내가 쓰는 말씀묵상 글에 은혜를 받는 분이 계신다는 사실이 위로되었다. 앞으로도 묵상 글을 계속 올려도 되겠구나 싶은 마음이 들었고, 묵상 글을 올리는 것이 허튼짓이 아니었다는 생각이 들어서 눈물이 날 만큼 감사했다.

그 권사님과는 몇 년이 지난 지금도 좋은 관계로 지내고 있고, 후원하시는 그분은 지금도 계속 후원을 해주고 계시니, 참으로 감사한 일이다. 낙심하고 좌절할까 봐 하나님이 나에게 주신 작은 위로가 아닐까 생각하고 있다. 그리고 말씀 하나에 삶을 걸 때 어려움이 있겠지만, 결코 그 삶을 포기하지 말라는 하나님의 작은 격려이기도 하겠다는 생각이 들었다. 그 권사님께도, 후원하시는 분께도, 무엇보다 하나님께 정말 감사한 마음이었다.

## 어떤 분과 만나다

주일에는 연기학원 무용실에서 3명의 성도와 함께 예배하고, 평일에는 입시학원에서 강사로 근무했다. 어느 날 SNS의 메신저로 한 분이 연락을 주셨다. 강원도에서 근무하시는 분인데 댁은 경기도라고 하셨다. 묵상 글을 읽고 있는데 한번 만나고 싶다고 하셨다. 평일에는 학원에서 근무하고 과외도 하고 있어서 바쁘기도 해서 만남을 거절했는데, 다음에 다시 연락을 주셔서 만났다. 함께 식사하면서 이런저런 대화를 나누었다. 질문이 많으셨다. 직장인 성경 공부 모임의 지역대표를 맡고 계신 분인데, 교회와 함께 하는 것이 쉽지 않으셨던 고민도 말씀하셨다. 많은 질문 중에서 인상적인 내용이 있었다. 자신의 경험과 연결된 질문이었다.

"제가 강원도에 있는 교회에 다녔었는데, 성경 공부하는 사람들을 교회로 데리고 가서 함께 다녔습니다. 목사님과도 친하게 되었고, 교회에서 성경 공부를 인도하는 상황이 되었습니다. 그런데 시간이 지나면서 제가 하는 성경 공부를 성도들이 좋아하게 되자 목사님이 불편하게 생각하더군요. 그런 상황이 심화되어 교회를 나오게 되었습니다. 목사님은 만약 이런 상황이 된다면 어떻게 하시겠습니까?"

그분의 아픔이 이해가 되었다. 과거에 내가 일반 신자였을 때 교인들과 성경 공부를 하고 싶었던 때도 생각났다. 그분의 말씀을 향한 갈망이 너무 귀하게 여겨졌다. 그분에게 말씀드렸다.

"집사님. 저는 그런 분이 있으면 너무 기쁠 것 같습니다. 제가 일반 신자였을 때 말씀 사역을 너무 하고 싶었기 때문입니다. 만약 그분이 저보다 교인들에게 더 인정을 받게 된다면, 그 사실은 인정해 드리고 함께 기뻐하면서, 저는 자극을 받아서 더 열심히 성경을 연구

해서 설교하고 가르칠 것 같습니다."

대충 그 정도의 대답을 드렸던 것 같다. 행복한 만남의 시간을 뒤로하고 그분과 헤어졌다. 다음 주일에 그분이 혼자서 예배에 오셨다. 예배 끝나고 가시면서 "의자가 너무 적지 않나요?"라고 말씀하시고 가셨다. 의자 10개를 깔아놓고 예배를 드렸고, 그분까지 청중은 5명이었으니 의자는 전혀 부족하지 않았다. 다음 주일이 되었다. 평소처럼 의자 10개를 바닥에 깔고 예배 준비를 마쳤는데, 만났던 그분이 가족을 데리고 오셨다. 처형 가족을 포함해서 총 6명이었다. 깜짝 놀라서 의자를 더 깔고 예배를 드렸다.

그분은 그때부터 말씀의빛교회 성도가 되셨고, 부족한 목사인 나에게 든든한 지원자가 되어주고 계신다. 그분은 지금도 여전히 직장인 성경 공부를 화상으로 인도하시면서 행복하게 일하고 기쁘게 사역을 하고 계신다. 말씀 하나로 이런 멋진 신앙인을 만나게 된 것이다. 말씀이 아니면 만날 수도, 만날 이유도 없는 분을 이렇게 만나서 교제한다는 것은 참으로 기쁘고 감격스러운 일이다.

## 어떤 분들과 만나다

SNS 메신저로 전화가 왔다. 메신저로 전화 통화가 가능하다는 사실을 처음 알았다. 얼마 전부터 SNS에 종종 댓글을 남기는 분이었다.

자신이 겪은 신앙의 여정, 교회 생활의 이야기, 그리고 운영하는 사업체 이야기를 하셨다. 긍정적으로 부정적으로 충격의 연속이었다. 세 개의 교회를 경험하면서 동일하게 목사의 도덕적 타락으로 인해 상처를 받으신 분이었다. 통화의 결론은, 지금 자신이 가나안교인(교회에 안 나가는 교인)이 되었다는 것이었다. 교회에 다니고 싶은데 또 어떤 목사를 만날지 몰라서 무서워서 교회에 갈 수가 없다고 말씀하셨다. SNS에 매일 올라오는 나의 묵상 글을 몇 개월 동안 읽으며 은혜를 받으셨다고 하셨다. 그동안 SNS상의 나의 친구들을 다 살펴보기까지 하시면서 내가 어떤 사람인지 파악을 해본 후에 연락한 것이라고 하셨다. 나를 한 번 만나고 싶어 하셨다.

다음날 그분을 찾아갔다. 서울에서 작은 사업체를 운영하고 계셨다. 부부가 함께 만나서 대화를 나누었다. 지난 교회들 이야기는 전화로 대충 들었지만, 구체적으로 들으니 속이 뒤틀리고 욕이 나오려고 했다. 돈과 성의 문제로 인하여 타락한 한국 교회와 목사들의 이야기를 모르는 바 아니지만, 구체적인 상황을 들으니 속이 너무 상했다. 교회와 목사 이야기가 어느 정도 마무리된 후에 운영하시는 사업체 이야기를 하시는데 너무 놀라웠다. 매일 아침 모든 직원이 말씀묵상 나눔 모임을 한다고 하셨다. 성서유니온의 『매일성경』이라는 묵상 책을 사용하시는데, 나의 묵상이 그 책 본문을 따라가고 있기 때문에 묵상 시간에 나의 묵상을 매일 읽어준다고 하셨다. 내가 너무 놀라서 두 분께 여쭈었다.

"저는 교회를 통해서 묵상 나눔을 진행하려 하는데 쉽지 않더군요. 그런데 기업에서 이런 일을 하시다니 놀랍습니다. 비결이 무엇일까요?"

대답은 심플했다.

"월급을 주고 하게 하니까 되더라고요."

근무 시간 외에 다른 시간에 말씀을 묵상하고 나누게 하는 것이 아니라, 근무 시간 중 한 시간을 빼서 말씀을 묵상하고 나누는 시간을 가지기 때문에 가능하다는 말씀이었다. 몇 시간을 대화하면서 생명이 나눠지는 경험을 했다. 대화가 대충 마무리되었을 무렵 두 분에 나에게 요청하셨다.

"주 1회 직원 전체 예배가 있는데, 그때 오셔서 설교해주실 수 있으신지요?"

"네. 할 수는 있는데, 먼저 말씀드릴 것이 있습니다. 저는 기업을 모르고 사업도 모르고 성공하는 법 등에 대해서도 전혀 모릅니다. 저는 그저 말씀을 말씀답게 전하는 것만 조금 할 수 있습니다. 그렇게 설교해도 되겠습니까?"

"저희가 원하는 것이 바로 그것입니다."

그렇게 하기로 하고 돌아서 나오는데 마지막 인사가 인상적이었다.

"우리는 고아가 된 줄 알았습니다. 그런데 하나님이 우리를 고아처럼 버리지 않으시고 전도사님을 만나게 하셨네요."

나는 이렇게 대답했다.

"저는 하나님께 '말씀에 진정으로 갈급한 성도가 이렇게 없습니까?'라고 항변했는데, 하나님이 저의 항변에 대한 응답으로 두 분을 만나게 하신 것 같습니다."

저도 두 분도 눈물지으며 헤어졌다.

매주 기업으로 가서 설교했다. 오직 말씀만 전했다. 기업에서 이런 설교를 할 수 있다는 사실에 매주 놀라면서 설교했다. 말씀 하나에 신앙뿐 아니라 목회의 운명을 다 걸고 살아왔을 뿐인데 이런 연결이 되었다는 사실도 그저 놀라울 따름이었다.

## 기업체에서 말씀묵상 세미나를 하다

매주 1회 아침에 기업체 예배에서 설교했다. 기업체에서 설교하면서 돈이나 세상 돌아가는 이야기가 전혀 없이 오직 말씀만을 전할 수 있음이 신기했다. 대표님 부부와 직원들이 초롱초롱한 눈으로 말씀에 집중하는 모습을 보면서 감동이 되었다. 설교를 들으면서 구석구석에서 훌쩍거리는 모습이 자주 보이기도 했다. 어느 날 대표님 부부가 나에게 말씀하셨다.

"목사님. 말씀묵상 세미나를 좀 해주시면 안 되겠습니까?"

깜짝 놀랐다. 자본주의의 첨단에 있는 기업체에서 말씀묵상 세미나라니, 놀라지 않을 수가 없었다. 너무나 기쁘게 그렇게 하겠다고 말씀드렸다. 매주 예배 시간에 6주간 말씀묵상 세미나를 진행했다. 그 시간이 너무 소중해서 시간이 흘러간다는 사실이 아까울 정도였다. 매주가 아까운 마음으로 최선을 다해 말씀묵상에 대해 강의했다. 세미나가 끝나면 일부러 찾아와서 감사하다고 인사하는 직원들이 제법 있었으니, 그들에게 세미나가 도움이 된 것 같아서 기뻤다. 6주간의 세미나가 끝나자 대표님 부부는 다시 나에게 말씀하셨다.

"말씀묵상 심화반 세미나도 있다고 말씀하셨죠?"

"네. 있기는 한데, 아직 한 번도 강의한 적은 없습니다. 심화반 세미나를 할 기회가 주어지지 않았네요. 강의안도 아직 완성되지 않았고요."

"아. 그럼 우리 회사에서 심화반 세미나를 처음으로 하면 되겠네요. 부탁드립니다."

몇 주 후에 말씀묵상 심화반 세미나를 처음 하게 되었다. 너무 하고 싶었던 세미나인데, 그동안 누구도 강의할 기회를 주지 않아서 못했던 세미나였다. 다시 7주간 심화반 세미나를 기업에서 진행하면서 너무 행복했다. 세미나가 끝나자 기업의 분위기가 말씀을 묵상하고 나누고자 하는 분위기로 많이 달라졌다고 하셔서 더 기뻤다.

말씀에 갈급한 사람이 이렇게 없냐고 주님께 항변했었는데, 교회가 아니라 의외의 곳에서 이렇게 말씀을 사랑하는 분들을 만나게 하셨고, 말씀묵상 세미나를 해서 말씀묵상에 대한 도전을 드릴 기회가 있으면 좋겠다고 늘 생각했는데, 생각지도 못한 기회를 얻어서 심화반 세미나까지 처음으로 하게 된 것이다. 그저 말씀 하나에 삶을 걸고 목회적 운명도 걸겠다는 마음으로 살았을 뿐인데, 이런 의외의 길이 열리다니, 역시 창조의 하나님이시라는 생각이 들었다. 나는 전혀 창조적인 사람이 아닌데 창조의 하나님께서 놀랍게 창조적인 길을 열어가신다는 생각이 들었다. 말씀 하나에만 삶을 걸어도 되겠다는 확신이 마음 깊은 곳에서 생겼다.

## 외부에서 말씀묵상 세미나를 하다

용인에 있는 연기학원 무용실에서 예배를 드리고 있을 때였다. SNS상에서 친구인 목사님 한 분이 메시지를 주셨다.

"목사님, 제가 내년 목회 계획을 세우고 있는데 내년에 저희 교회에서 말씀묵상 세미나를 해주시면 감사하겠습니다."
전혀 유명하지 않은 나이기에 의외의 부탁이었다.
"저는 외부에서 말씀묵상 세미나를 한 적이 거의 없는데, 저를 어떻게 아시고 묵상 강의를 맡기려 하시는지요?"
"목사님의 묵상 글을 매일 읽고 있습니다. 이런 묵상을 하시는 분에게서 말씀묵상에 대해서 듣고 싶었습니다."

몇 개월 후에 전라도에 있는 그 교회에 말씀묵상 세미나를 하러 내려갔다. 교회에 가서 깜짝 놀랐다. 생각보다 규모가 큰 교회였기 때문이다. 3일간 말씀묵상 세미나를 진행하면서 너무 행복했다. 예배당을 가득 메운 성도들과 말씀묵상에 대해서 나눌 수 있다는 사실만으로도 기뻤고, 말씀에 반응하는 성도들을 보면서 더 기뻤다. 그리고 목사님 부부와의 교제는 행복했다. 교인 10명 정도인 교회의 목사인 데다, 목사 된 지 1년도 채 되지 않은 새내기 목사인 나를 형님, 또는 선배 대우를 하면서 목회에 대해서 겸손히 물으셔서 당황스러웠고 난감했다. 오랜 친구인 듯 목사님과 교제하면서 3일간의 말씀묵상 세미나를 행복하게 마쳤다. 참으로 귀한 교회와 목사님과의 만남이었다.

그 후로 집에서 일상을 보내는 중에 모르는 번호로 갑자기 전화가 오는 경우가 가끔 생겼다. 받아 보면 "○○교회의 ○○○ 목사입니다. 말씀묵상 세미나를 부탁드리려고 전화했습니다."라는 내용이었다. 그런 전화를 받을 때마다 놀랐다. 나를 전혀 모르실 텐데 어떻게 아시고 나에게 연락을 하셨을지 궁금하기도 했다. 한 교회가 말씀으로 회복되고자 함이니 얼마나 감사한 일인가? 이 일에 나를 불러주심에 깊이 감사하는 마음으로 시간이 허락하는 한 외부 말씀묵상 세미나에 최선을 다했다.

내가 살기 위해서 매일 말씀을 묵상하고 그 내용을 SNS에 올릴 뿐인데, 이런 일이 일어나는 것이 놀랍기만 했다. 그런데 놀라운 것으로 끝날 수는 없었다. 오히려 조심해야 할 것 같았다. 최선을 다해서 외부 교회나 모임에서 말씀묵상 세미나를 하는 이유가 분명해야 했다. 내가 유명해지는 것이 기분 좋은 것이라면 나는 외부 세미나를 하지 말아야 했다. 나의 마음을 점검하고 외부 세미나를 하는 이유를 확인했다. 내가 외부 세미나를 하는 이유는 분명했다. 세미나를 듣는 사람 중에서 단 한 사람이라도 말씀을 묵상하는 것에 삶을 걸게 되는 것이었다. 그 목표는 지금까지도 변함이 없다. 몇 명이 모이는 모임에서든, 수백 명이 모인 곳에서든 말씀묵상 세미나를 할 때면 나의 목표와 기도 제목은 동일하다. 그 세미나를 듣는 사람 중에서 단한 사람이라도 말씀에 삶을 거는 사람이 일어나는 것이다. 이 목표를 정확하게 정리하고 나니 말씀묵상 세미나를 할 수 있다는 사실이 더 감사하고 더 기대되었다.

코로나19가 터지면서 예약되었던 외부 말씀묵상 세미나가 전부 취소되었다. 나의 원래 성향으로 본다면 실망스러울 만도 한데, 이상하게 마음이 괜찮았다. 외부 세미나를 하는 것이 나의 존재의 어떠함과 아무 상관이 없다는 생각이 들어서였다. 나는 외부 세미나를 하든 하지 않든 상관없이 매일 말씀을 묵상함으로 하나님의 생명을 누려가고 있고, 그 누림을 멈추지만 않으면 된다고 생각했다. 그래서 코로나 19로 인해 축소된 나의 활동 영역이 슬프거나 아깝거나 두렵지 않았다. 이럴 때가 있으면 저럴 때도 있는 것이니, 그저 주어진 상황 속에서 말씀을 통해 하나님과 더 깊이 교제하기만 힘쓰면 되겠다 생각했다.


## 교회를 합치다

기업체를 운영하시는 집사님 가족은 주일에 회사 식당에서 예배하고 계셨다. 다닐 교회를 찾을 수가 없어서였다. 가족만 모여 예배하는 데 다른 분들이 와서 함께 예배하기도 했다고 한다. 그렇게 해서 회사 식당에서 주일에 10명 가까운 인원이 함께 예배하고 있었다. 목사인 나는 평일에 회사 예배에서 설교하고, 주일에는 용인에 있는 연기학원 공간이 예배당이 되어 10명 채 안 되는 인원이 모여서 예배했다. 그 상태로 1년 반 정도가 흘렀다.

그 과정 중에 두 개의 교회를 하나로 합치면 좋겠다는 생각이 들었다. 그러나 내가 먼저 그 의견을 말하지는 않았다. 이미 여러 명의 목사로부터 상처를 받으신 분들이어서, 내가 그런 말을 꺼내면 욕심으로 비추어질 수 있겠다 싶어서였다. 그러던 어느 날 조심스럽게 교회를 합치면 어떻겠냐는 의견이 나왔다. 그러나 쉽지 않은 문제가 있었다. 회사 식당에서 예배하던 분들은 대부분 목사에게 상처를 받았던 분들이라서 목사인 나를 쉽게 믿기 어렵다는 문제였다. 집사님 부부는 그동안의 설교와 말씀묵상 세미나를 경험하면서 목사 중심의 교회가 아니라 말씀 중심의 교회가 될 것을 믿으셨지만, 다른 분들은 반신반의하셨다. 충분히 이해되는 일이었기에 섣불리 결정하지 말고 기도해보자고 의견을 모았다. 기도하는 시간이 길어졌지만 서두르지 않았다. 누군가의 욕심을 채우려고 교회를 합치는 것이 아니었으니 서두를 이유가 없었다. 양쪽 모임 모두에서 성도들의 의견을 모으는 것이 중요했다. 서울과 용인이라는 거리 차이부터, 신앙의 컬러가 조금 차이가 나는 분도 계셨고, 특히 또 목사 중심의 교회가 될까 두려워하는 분들도 계셨기 때문에 기다림이 중요하다 생각했다. 결국 1년 반 정도가 지나서야 비로소 교회를 합치기로 결정이 났다.

마침 기업체 사옥 한 공간이 비게 되어서 그 공간으로 교회가 월세로 들어가기로 했다. 인테리어를 하는 동안에도 목사인 나는 교회 공간과 거리가 멀어서 매일 가보지 못했다. 회사가 문을 열 때는 집사님 부부가 인테리어의 모든 것을 책임지고 하셨다. 드디어 입당을 하는 주일에 일찍 예배당으로 갔다. 아름답게 꾸며진 예배당에 앉아서 기도했다. 제대로 된 예배당 공간을 처음 가지게 된 것이니 감개무량할 줄 알았다. 그러나 그 아름다운 공간을 얻어서 감개무량한 마음보다 비교할 수 없이 큰 감사가 먼저 나왔다. 말씀 하나로 교회가 세워지고 성도들의 마음이 모아지는 것이 감사해서였다. 말씀 외에는 다른 어떤 것도 주인 노릇 하지 못하는 공간이 되길 간절히 기도했다.

회사 예배에서 설교를 시작할 때도 말씀을 말씀답게 전하는 것만 하겠다고 말씀드렸고, 설교와 묵상 세미나를 통해서 회사에 속한 분들이 말씀의 사람이 되도록 도왔을 뿐이었다. 말씀 하나 외에는 다른 아무것에도 관심을 두지 않았다. 그랬을 뿐인데 생각지도 않게 교회가 합쳐지고 예배당이 생기는 기적 같은 일이 일어났다. 말씀 때문에 놀라운 일들을 경험했으니, 목사인 나는 이 공간에서 오직 말씀을 바르게 전하고, 말씀에 삶을 거는 성도를 세워가는 것 외에는 아무것도 할 일이 없다고 생각했다. 하나님이 이 아름다운 공간을 주신 것은 다른 어떤 이유 때문이 아니라, 오직 말씀에 삶을 거는 말씀의 사람을 세우기 위함이라는 확신이 생겼다.

## 코로나19의 한계를 극복하다

성도들과 나는 행복하게 교회 생활을 했다. 주중에는 온라인으로 묵상을 나누고 주일에는 모여서 예배하고, 예배 후에 함께 식사하고 난 후에 묵상 나눔 모임을 했다. 주일 일정을 마치고 집으로 돌아오는 차 안에서 나는 아내에게 이렇게 말하곤 했다. "여보. 우리 참 좋은 교회에 다닌다. 그렇지?"

그렇게 행복하게 교회를 섬기고, 성도들과 함께 말씀을 통한 교제의 기쁨을 누리던 중에 뜬금없이 '코로나 19'라는 사상 초유의 사태가 발생했다. 예배당이 있는 건물이 회사 사옥의 일부라서, 교회가 현장 예배를 고집하다가는 회사에 피해를 줄 수도 있겠다 싶었다. 성도들에게 의견을 물으니 절대다수가 온라인 예배를 드리자고 하셨다. 온라인 실시간 방송을 하는 방법을 급하게 배웠다. 어설프지만 온라인으로 실시간 방송을 하면서 예배를 인도했다. '몇 번 이렇게 예배하고 나면 금세 원위치가 되겠지.'라고 생각했는데, 온라인으로 예배한 지가 벌써 1년이 훌쩍 넘었다. 1년이 넘는 동안 온라인으로만 예배한다는 것이 결코 쉬운 과정은 아니었다. 그러나 말씀의빛교회는 나름 의미 있는 시간들을 보내온 것 같다. 몇 가지 면에서 그렇다.

첫째, 말씀 하나에만 삶을 거는 교회였음이 온라인 예배를 통해 빛을 발한 것 같다. 말씀의빛교회는 원래 주일 하루만 모이는 교회였다. 주일 하루만 모여서 예배하는 것을 온라인으로 예배하는 것으로 바뀐 것뿐이었으니, 성도들이 적응하기가 비교적 쉬웠던 것 같다. 그리고 예배 시간에도 다른 행사가 거의 없었고, 주중에 묵상했던 말씀을 깊이 있게 전하는 것에 포인트를 두는 예배였다. 그 예배가 온라인으로 전환되었으니, 성도들은 오히려 설교에 대한 집중도가 높아져서 좋다고 하시기도 하셨다. 주중에는 원래 성도 개개인이 말씀을 묵상하고 그 내용을 온라인으로 나누면서 교제했으니, 그 부분은 달라진 것이 전혀 없었다. 코로나19라는 낯선 상황에 적응하기가 비교적 쉬웠다.

둘째, 화상 교제를 활성화했다. 말씀의빛교회의 주일 모임은 예배와 묵상 나눔 두 가지가 중심이면서 전부라고 말해도 좋을 것이다. 온라인 실시간 방송을 통해서 주일 예배는 잘 드릴 수 있지만, 나눔이 문제였다. 고민하던 중에 화상회의 시스템을 알게 되었고, 매 주일 연령대로 그룹을 지어 화상으로 묵상 나눔을 진행해오고 있다. 물론 현장에서 직접 만나서 교제하는 것만큼의 친밀감은 느끼지 못하지만, 아쉬운 대로 나눔의 효과를 누릴 수 있으니 그나마 다행이고 감사한 일이라 생각했다. 감사하게도 주일의 온라인 실시간 예배와, 화상 나눔 모임과 주중에 묵상 글을 통해 온라인으로 하는 교제를 통해서 코로나19가 주는 제한과 한계를 어느 정도는 극복하는 것 같다.

목사인 내가 탁월한 지혜가 있어서 이렇게 된 것이 아니고, 성도 중에 탁월한 사람이 있어서 이렇게 된 것도 아니다. 오직 한 가지, 모든 성도가 스스로 말씀을 묵상하고 말씀의 가치에 따라 살아가는 말씀의 사람이 되는 것에 집중했을 뿐인데, 코로나19라는 특별한 재난에 나름 잘 대처하게 되었으니, 하나님의 은혜라고밖에는 말할 수 없을 것 같다.

# 4 말씀이면 충분한 이야기들

말씀 하나에 목회의 운명을 걸고, 교회의 운명을 거는 목회를 할 수 있는 이유는 사실 간단하다. 내가 다른 곳에서 목회를 배운 적이 없기 때문이다. 나는 목회에 대해 아는 것이 없다. 그냥 일반 신자였을 때 갈급했던 부분을 채우는 목회를 하고 싶었다. 성도 중에서 과거의 나처럼 오직 말씀 하나에 갈급한 분들이 분명 있을 것이라 믿었다. 그래서 내가 먼저 말씀에 삶을 걸고, 성도들도 목사에게 의존하는 신앙이 아니라, 오직 말씀에 삶을 거는 신앙의 삶을 살도록 세워가는 것에만 집중하는 목회를 해왔을 뿐이다. 그런데 우여곡절을 겪은 후에 이제 말씀이면 충분하다는 사실을 증명해주는 이야기들이 여기저기에서 들려온다. 작은 이야기일 수 있지만 계속 말씀 하나에 목회적 운명을 다 걸어도 되겠다는 확신이 생기게 하는 이야기들이다. 그 작은 이야기들을 몇 가지 나누어 본다.

## 설교 좀 보내주세요

　몇 년 전에 지방에 사는 초신자 한 분이 나에게 연락을 주셨다. 삶의 상황은 어렵고 신자답게 사는 게 무엇인지는 모르겠고, 바로 믿고 싶은데 바로 믿는 삶이 무엇인지 모르겠다고 이런저런 질문들을 해오셨다. 최선을 다해 대답해 드리고 녹음된 지난 설교들도 몇 개 보내드렸다. 그리고 신앙의 방향을 잘 잡으시길 기도해드리겠다고 말씀드렸다.

　그분이 어려운 일로 해외 출장을 가셨다. 문제가 풀리지 않는 막막한 시간을 보내야 하는 힘든 상황이셨다. 나에게 연락이 왔다. 무작정 기다리는 시간이 너무 지루하고 힘든데, 내 설교를 몇 개만 보내주면 안 되냐는 연락이었다. 한 달 분의 설교 음성 파일을 보내드렸다. 하루 만에 다시 연락이 와서 설교 파일을 더 보내주면 안 되겠냐고 하셨다. 하루밖에 되지 않았으니, 보내드린 설교를 한 번씩 더 들으시면 어떻겠냐고 말씀드렸다. 그분의 대답이 다소 충격적이었다. 세 번씩 다 들으셨다고 하셨다. 고민하던 많은 부분이 해결되어서 너무 좋다고, 다른 설교도 너무 듣고 싶다고 하셨다. 제법 많은 분량의 설교 음성 파일을 보내드렸다. 그분은 결국 해외 출장 가신 일은 잘 해결되지 않았지만, 신앙적인 부분의 고민을 많이 해결했기에 너무 행복한 출장이었다고 하셨다.

　그분이 얼마 전부터 말씀을 묵상하기 시작하셨다. 처음에는 나에게 카톡으로 묵상 내용을 보내주시더니, 이제는 교회의 온라인 카페에 올리신다. 카톡으로 묵상을 보내주실 때 이런 내용이 있었다.

"어제 회사에서 속상할 뻔한 일이 있었다. 작년에는 비슷한 일로 누군가와 크게 싸운 적이 있었다. 그런데 어제는 그보다 더한 일이었는데도 신기하게 화가 나지 않았다. 예수님께 물어보는 과정을 거쳤더니 그건 아무것도 아니라고 생각되어서였다. 그냥 웃음이 나왔다.
그 문제를 가지고 온 직원은 어리둥절한 표정이 되었다. 왜냐하면 작년에 그 일을 겪었을 때, 내가 열 받아서 화내고 싸우고 했던 것을 그 직원이 알고 있었기 때문이다. 그 직원을 보내고 잠시 기도를 했다. 감사의 기도가 저절로 나왔다."

이분은 이런 변화가 말씀을 묵상하면서 생긴 변화라고 고백하셨다. 말씀에 관심을 두고, 말씀을 묵상하기 시작하면서 작은 변화로 보이지만, 사실은 크고 본질적인 변화를 경험하시는 이분의 고백을 읽으며 행복해서 눈물이 나려 했다. 이분은 말씀의빛교회 성도가 아니다. 그래도 너무 기쁘고 좋고 행복하다. 그분이 하나님 나라의 가치관으로 살아가는데 목사인 내가 조금의 도움을 드릴 수 있었기 때문이다.

내가 말씀에 삶을 걸고, 말씀에 삶을 거는 성도를 세우는 것에 목회적 운명을 걸고 살아가는 나에게 주어지는 것은 감사하게도 '행복'이다.

이분의 또 하나의 묵상 글에 마음 깊이 감격했다. 그 묵상 글의 내용은 아래와 같다.

"나는 원래 잔치에 초대받지 못했던 사람인데, 누군가의 강권함으로 초대를 받는 중이다. 그 누군가는 '말씀'이다. 말씀이 나를 강권하여 하나님의 나라 잔치에 초대한다. 나는 원래 이 세상에서 잘 먹고 잘사는 것이 삶의 목표였는데, 그 목표 때문에 엉망진창 복잡했던 내 머리 속이 말씀과 함께하면서 천천히 정리가 되는 것 같다. 말씀을 듣고 읽는 과정을 통해 궁금했던 비밀과 같은 것들이 하나씩 하나씩 풀려가는 것 같다. 그래서 내 삶의 목표가 바뀌었다. 과거에는 이 땅에서 잘 먹고 잘사는 것이 삶의 목표였는데, 이제 하나님의 말씀을 내 안에 더 많이 채우는 것이 목표가 되었다.

아직은 내 삶이 크게 바뀐 것 같지 않지만 내 마음의 안쪽에는 조금씩 변화가 일어난다. 오늘 본문에서 잔치에 초대받는 자들은 말이 없다. 그냥 조용히 초대받아 그 자리에 앉아 있다. 가난하고 몸 불편한 사람들, 마음이 가난하고, 세상 사람들이 보기에 뭔가 부족한 사람들이라도 하나님이 보시기엔 다 잔치에 초대받을 사람이 된다. 그런데 오라 할 때 말없이 순종하려면 말씀에 귀 기울이고 집중해야 할 것 같다. 그 초대 받음을 알게 하는 것이 말씀의 힘이 아닐까. 말씀이 나에게 알려준다. 하나님의 잔치에 초대받았으니 어서 빨리 오라고. 하나님의 잔치의 초대장인 하나님의 말씀과 함께 하는 오늘 하루가 되고 나의 남은 평생이 되길 소망한다."

## 말씀으로 불행을 극복하다

처음 만났을 때 그분은 불행하셨고 슬프셨고 괴로움이 많으신 분이셨다. SNS를 통해 나의 묵상 글을 보시고 나와 연결이 되었는데, 내가 한 설교를 듣고 싶어 하셨다. 괴롭고 슬픈 자신의 상황 속에서 살아남기 위해 설교를 몇 번씩이나 반복해서 듣는다고 하셨다. 설교 내용을 설교한 나보다 더 자세히 아실 정도로 말씀에 대한 열정이 크셨다.

말씀묵상 세미나와 일대일 제자 양육 세미나도 들으셨고, 언젠가부터 말씀을 묵상하기 시작하셨다. 말씀을 묵상해서 묵상 글을 쓰시고 그걸 지인들에게 카톡으로 보내기 시작하셨는데 거의 아무도 반응을 해주지 않는다고 말씀하셨다. 얼마 전부터 시작한 회원제 온라인 묵상 나눔 밴드에 초청했다. 매일같이 묵상 글을 올리시는데, 묵상의 깊이가 깊어지고 계심이 보였다. 그분의 묵상 글을 읽으며 마음이 뜨거워질 때가 많다. 분명히 슬프고 괴롭고 아픈 분이셨는데, 상황이 달라진 것은 전혀 없는 것 같은데 그분의 고백이 달라졌다. 그분의 묵상 글의 일부를 소개한다.

"나는 행복한 여자일까? '어느새 내가 행복한 여자가 되어 가는구나' 하는 생각이 들었다. 내가 한 것이 아무것도 없는데, 그토록 찾고 되길 원했던 행복의 주인이 되어가고 있다. 내가 한 것이라곤 하나님 안에 있기를 갈망한 것뿐인데, 하나님은 나에게 은혜를 베풀어 주시고, 성령을 부어주시고 말씀을 주셨다. 좋은 부모 만나고, 능력 있는 남편 만나고, 자식들 다 출세하고, 어디 아픈 데 없이 팔팔하고, 돈 걱정 안 하면 행복할 줄 알았는데, 이 조건들이 내게 하나도 채워지지 않았는데도 나는 행복한 여자가 되었다. 너무나 감사하다. 행복의 조건은 오직 하나님 안에, 오직 말씀 안에 있는 것임을 잊지 않는 내가 되길 간절히 소망한다. 아멘!"

## 단 한 번의 예배가 남았다면…

나는 말씀의빛교회 성도들의 묵상과 온라인 묵상 나눔 모임에서 올라오는 묵상, 말씀의빛교회 카페에 올라오는 묵상, SNS에 올라오는 묵상을 읽고 답글을 달면서 소통하느라 종일 바쁜 편이다. 누가 옆에서 보면 '목사가 스마트폰을 저렇게 많이 보냐?'라고 생각할지도 모르겠지만, 나에게는 이 모든 것이 말씀으로 교제하며 생명을 누리는 귀한 '사역'이다.

어느 날 잠들기 전에 올라온 말씀의빛교회의 한 성도님의 묵상에 깊은 공감과 은혜를 누렸다. 다음은 그 묵상 글의 일부다.

"일주일 내내 말씀을 한 번도 펼쳐보지 않고 한껏 분주하다가, 별다른 마음의 준비 없이 주일에 예배에 참석하곤 했다. 설교가 바른 소린지 그른 소린지 분별할 수 없었고, 예배 후에 무엇을 먹을지를 고민하거나, 가까운 성도와 교제할 내용을 생각하다가 예배가 끝나기도 했다. 마치 밀린 숙제를 하듯이 주일 예배를 해치우고도 아무렇지도 않았다. 그 시절에 주님이 오셨다면 나는 어떻게 되었을까? 주님이 아직 오시지 않음이 나에겐 기회가 되었다.

말씀을 만난 지금은 일주일 내내 말씀을 읽고 궁금해하고, 다른 이의 묵상을 읽어보기도 하고, 부족하지만 내 묵상을 통해 마음에 샛별이 뜨기도 하고... 그렇게 한 주간을 보내다가 주일에 주님을 만나는 예배는 깊이 집중된다. 일방적으로 듣는 예배가 아니다. 죽은 세포 하나하나가 말씀에 반응해서 깨어난다. 설교를 통해 내가 묵상한 관점과 다른 관점의 말씀을 들을 때, 또는 궁금해하던 포인트나 이해되지 않던 구절을 알게 되고 깨달아가는 경험을 하면서, 말씀의 진주알이 꿰어지고 또렷이 해석된다. 말씀이 그리고 예배가 이토록 재미있다니 신기하다.

기쁘게 공감하면서 온 마음으로 참여하는 예배다. 내 삶에 단 한 번의 예배가 남아 있다면, 지금처럼 예배하고 주님을 맞고 싶다."


## 나눔의 효과

말씀을 묵상하기가 쉽지는 않다. 그리고 묵상을 했다 해도 그걸 나누는 것은 더 어렵다. 여러 가지 생각이 들기 때문이다. 그런데 묵상을 글로 나누는 것은 그것보다 더 어렵다. '이 정도의 글을 사람들에게 공개하는 건 너무 부끄러워.'라는 생각이 들기 때문이다.

나도 그랬다. 글을 특별히 잘 쓰는 것도 아닌데 괜히 묵상 글을 포스팅했다가 수치만 잔뜩 당하는 것 아닌지 참으로 많이 고민했다. 그런데 그런 생각을 하면서도 묵상 글을 써서 포스팅한 이유는, 묵상을 나눌 사람이 없어서였다. 경기도로 이사 와서 근처에 아는 사람이 전혀 없었고, 부산에서 아는 사람이 있을 때도 막상 묵상을 나눌 사람은 잘 없었다. 살기 위해 묵상을 하는데, 묵상한다는 것은 나눔을 포함하는 말임을 알고 있었다. 그래서 'SNS에서라도 나눔을 해보자' 싶어서 묵상 글 포스팅을 시작했다.

묵상 글을 매일 포스팅한 지 몇 년이 지나면서 '좋아요' 숫자가 조금씩 올라가고, 댓글도 제법 많이 달리기 시작했다. 나는 내 글이 부족하다는 사실을 너무나 잘 안다. 그런데 누군가 댓글로 응원과 지지를 해주면 마음이 기쁘고 힘이 났다. 반대로 비난, 조롱, 비아냥거리는 댓글을 보면 '묵상 글을 포스팅하지 말아야 하나?' 하는 생각이 들었다.

나의 이런 경험을 배경으로 해서 회원제 온라인 묵상 나눔 모임을 만들었다. 30명 정도가 참여하고 계시는데, 아주 중요한 원칙 하나를 세웠다. '누군가 묵상 글을 올리면 열심히 반응하되, 칭찬과 격려의 댓글만 다는 것'이었다. 물론 나도 그렇게 하고 있다. 올라오는 모든 묵상 글과 내 글에 달리는 댓글에 또 댓글을 다는 것이 결코 쉽지 않은 과정임에도 나는 기쁘게 그 일을 한다. 공감과 격려와 칭찬이 가지는 힘을 믿기 때문이다.

어느 날 묵상 글을 올리신 한 분께 제가 달아드린 댓글을 보고, 그 글 쓰신 분이 이렇게 답을 다셨다.

"묵상 글을 올리기가 부끄럽지만, 목사님께서 잘한다고 응원해 주시니 용기가 생깁니다. 생각만 하고 있던 것을 글로 쓰면서 더 은혜가 되네요. 나눔이 없었다면 벌써 그만뒀을 것 같아요. 감사합니다."

이런 글들을 보면서 온라인 묵상 나눔 모임 만들길 정말 잘했다는 생각이 든다. 교회라고 따로 조직을 만들지 않아도, 이런 일이 일어나고 있다면 그것도 교회가 아닐까 하는 생각도 든다. 온라인 묵상 나눔 방 회원 중 다수는, 얼굴 한번 뵌 적 없다. 그런데 말씀 하나로 이렇게 함께 교회가 되어갈 수 있음이 한없이 기쁘다.

## '행위'에 근거한 믿음 vs '말씀'에 근거한 믿음
- 《말씀의빛교회》 성도 간증 1

교회의 예배와 성경 공부와 세미나와 모임으로 바쁘게 살아가는 것을 신앙인의 모습이라고 배웠다. 종교적인 행위를 강화해 가는 것으로 믿음을 증명하려 했다. 이렇게 살고 있으니 당연히 하나님과의 관계도 좋은 거라고 굳게 믿었는데, 돌아보니 내 행위를 근거로 한 믿음이었다. 행위에 집중할수록 마음은 딱딱하게 굳어져갔고 그만큼 외로움도 깊어갔다.

내가 새벽기도를 하면 새벽에 기도하지 않고 자는 사람이 불편했고, 내가 헌금을 드리면 드리지 않는 이들을 정죄했다. 예수를 믿는데 평안함이 없었다. 왜 그랬을까? 예전에 다녔던 교회에서 제법 큰 고난을 겪었다. 여러 상황이나 목회자 때문이라고 여겼다. 그런데 돌아보니 목사라는 사람을 따르면서 하나님을 따른다고 굳게 믿었기 때문에 겪은 고통이었고 흔들림이었다. 그 사실을 깨닫고 두려웠다. 하나님과 나 사이에 사람 우상이 없기를 기도했다.

말씀을 모르면서 하나님을 믿으려 했으니, 말씀을 아는 사람인 목사를 믿을 수밖에 없었던 불쌍한 나였다. 말씀을 스스로 먹으라고는 들었지만 어떻게 먹는지를 아무도 가르쳐 주지 않았다. 그래서 목사의 가르침에 완전히 의존할 수밖에 없었다. 말씀묵상집『매일성경』을 펴 말씀을 보다가 『매일성경』으로 묵상하는 목사님을 페이스북에서 만났다. 하나님과 성도 사이에 서려 하지 않고, 성도가 말씀을 <u>스스로 먹을 수 있도록</u> 돕기로 작정한 분 같았다.

그저 좋은 목사님을 만난 것 같은데, 어느새 나는 목사가 아닌 말씀에 집중하고 있다는 사실이 신기하다. 바르게 읽고 느리게 읽고 질적으로 읽는다. 하나님의 말씀을 듣기 위한 읽기다. 나뿐 아니라, 성도 한 사람 한 사람이 하나님의 말씀을 만난다. 말씀을 읽고 묵상하는 공동체가 되어가고 있으니 얼마나 아름다운지 모르겠다.

행위에 근거한 믿음에서, 말씀에 근거한 믿음으로 옮겨가고 있다.

내 의의 잣대로 사람에게 세우던 벽이 허물어지고 있다. 코로나 시대에 말씀만이 나를 바르게 인도해 주심을 더 깊이 느낀다. 더 이상 모일 수 없고 사람을 의지할 수도 없는데, 말씀을 읊조리며 코로나 성벽을 뛰어넘는다. 죄인일 뿐인 목사를 따르다 많은 고통에 빠졌던 내가 이런 삶을 살아가고 있다니 참으로 기적 같다. 말씀이신 하나님이 나를 찾아오셨다. 말씀이신 하나님만 따르는 신앙과 삶이 되길 소원한다.


## 맹목의 신앙에서 스스로
## 하나님을 알아가는 능동의 신앙으로!
- 《말씀의빛교회》 성도 간증 2


몇 중 축복을 이야기하는 유명 대형교회에서 오랜 세월 신앙생활을 했다. 남들이 알 만한 대형교회 교인의 신분이 마치 대기업 사원인 양 생각하며 20년 이상을 다닌 것 같다. 교회를 다닌다는 말이 이상하지만 그 말이 꼭 맞는 말이었다. 교회에서 시키는 대로 봉사하고 헌금하고 예배마다 참석하는 것이 올바른 신앙생활이라 생각했고, 목사님 말씀이 하나님 말씀이라 생각하고 절대 순종하는 삶을 신앙이라 생각했다.

그러나 안수집사가 되고 교회의 내부 상황을 조금씩 알게 되었다. 비상식적인 일투성이였다. 고민하고 또 고민하다가 힘겹게 그 교회를 나오게 되었다. 작은 교회를 선택했다. 검소한 목사님이었고 말씀을 잘 풀어주는 설교를 하셨다. 탁월하게 설교하고 가르치는 목사님에 매료되어, 목사님이 시키는 대로 하루를 25시간처럼 살면서 열심히 신앙생활을 했다. 너무 열심히 살았기 때문에 나의 신앙도 많이 성장했다고 생각했다.

그런데 그 목사님이 교회에 불미스러운 일을 일으켰다. 어쩔 수 없이 교회를 나오게 되었다. 믿었던 목사님을 향한 실망과 배신감으로 다시 교회를 찾기가 무서웠다. 그래서 주일에 우리 가족만 따로 모여 예배하는 소위 '가나안 성도'가 되었다. 그동안 신앙이 성장했다고 믿었던 것이 헛된 것이었다. 그 목사님을 통해 조금 알게 된 성경 지식이 나를 성장시킨 것이 아니라, 다른 사람을 판단하고 정죄하는 무기가 되어 있었다. 나는 여전히 하나님이 아닌 설교 잘하는 목사님을 믿었던 잘못된 신앙인이었음을 깨닫고 절망했다.

끈 떨어진 연처럼 불안하고 갈급한 시간을 보내던 중 페이스북을 통해 한 목사님의 말씀묵상을 접하게 되었다. 《매일성경》으로 같은 본문을 보던 나에게는 마치 한줄기 샛별이 비추는 것 같은 희망이었다. 그 목사님을 만나 교제하면서 1년여를 알아가는 시간을 가졌다. 목사님에 대한 맹목적인 순종이 몸에 밴 나로서는 지켜보고 기다리는 시간이 필요했기 때문이다.

어느 정도 확신이 생겨서, 말씀의빛교회에 등록했다. 일대일 제자 양육 성경 공부와 말씀묵상 세미나를 듣고 스스로 말씀을 묵상하기 시작했다. 그 과정을 통해서, 진정한 신앙이란 스스로 하나님을 알아가고 자신의 연약함을 보고 돌이키는 것이라는 걸 알게 되었다. 목회자를 맹목적으로 따르는 것이 아닌, 말씀을 따르는 것이야말로 신자가 해야 할 일이라는 것도 알게 되었다. 목회자는 하나님을 대신하는 분이 아닌, 내가 하나님을 직접 만나서 교제하도록 돕는 분이라는 사실도 알게 되었다. 진정한 신앙이란 교회 생활을 열심히 하고 믿음 좋은 척, 거룩한 척하는 것이 아닌, 말씀을 통해 하나님이 나에게 하시는 말씀을 듣고 그 말씀을 내 삶에 적용하는 삶임을 깨달았다.

코로나19로 인해 모여서 예배하기도 어렵고, 목사님과 자주 만날 수도 없고, 성도 간의 교제도 힘들어졌다. 이전 같으면 교회 생활을 못해서 불안했을 것이고, 생기는 삶의 문제들에 대해 목사님과 상의하지 못해서 불안했을 것이다. 그런데 말씀을 통해 하나님과 직접 만나고 하나님께 물을 수 있으니 감사하다. 여러 가지로 불안하고 두려운 시대를 살아가고 있지만 말씀으로 인해 이토록 평안하고 든든할 수 있음이 너무나 감사하다.

교회는 [＿＿＿＿＿＿＿＿＿＿] 이다.